|부 통신

최근 전 세계 극장가를 뜨겁게 달군 영화가 있습니다. 바로 디즈니·픽사의 애니메이션 <인사이드 아웃2>인데요. 국내에서도 개봉한 직후부터 흥행가도를 달리는 듯 하더니 18일 만에 500만 관객을 돌파하기도 했죠. 이러한 흥행요인으로는 '전 세대를 아우르는 공감의 힘'이 꼽혔습니다. 특히 앞선 2015년에 공개됐던 1편에서 어린이였던 주인공 '라일리'가 사춘기에 접어들며 경험하게 되는 다양한 감정에 대한 이야기가 20~40대의 공감을 불러일으키면서 '어른' 관객을 사로잡았습니다. 일반적으로 애니메이션의 주 관객층은 어린이나 청소년이라는 통념을 생각해보면 '라일리'의 성장 스토리가 어른 관객들에게도 통했다는 것을 알 수 있죠. 이번 영화는 기존에 다섯 가지 감정 캐릭터로 묘사됐던 내면을 주인공의 성장에 맞춰 아홉 가지 감정 캐릭터로 확장시켜 타인의 시선에 민감하게 반응하는 청소년들의 불안정한 심리와 혼란스러운 감정을 세밀하고 효과적으로 표현해냈는데요. 바로 이 점이 남녀노소를 불문하고 여러 관객층의 호응을 얻을 수 있었던 이유라는 평이 많았습니다. 이동진 영화평론가는 <인사이드 아웃2>에 대해 "그 모든 게 나였다. 그 전부가 세월이었다. 하나도 남김없이"라는 한 줄 평을 남겼는데요. 이 짧은 한마디를 통해 영화가 관객들에게 준 울림이 무엇이었는지 알 수 있는 것 같네요. 영화가 주는 메시지처럼 우리 모두 있는 그대로의 '나'를 받아들이고, 스스로를 더 사랑할 수 있는 사회가 됐으면 좋겠습니다.

발행일 | 2024년 8월 5일   발행인 | 박영일   책임편집 | 이해욱   편집/기획 | 김준일, 이보영, 이세경, 남민우, 김유진   창간호 | 2006년 12월 28일
표지디자인 | 김지수   내지디자인 | 장성복, 채현주, 곽은슬, 남수영, 고현준   동영상강의 | 조한   마케팅홍보 | 오혁종   등록번호 | 제10-1521호
편저 | 시사상식연구소   발행처 | (주)시대고시기획   주소 | 서울시 마포구 큰우물로 75[도화동 538번지 성지B/D] 9F   홈페이지 | www.sdedu.co.kr
대표전화 | 1600-3600   인쇄 | 미성아트

※ 이 책은 저작권법에 의해 보호를 받는 저작물이므로 동영상 제작 및 무단전재와 복제를 금합니다.
※ 잘못된 책은 구입하신 서점에서 바꾸어 드립니다.

지난호에서는 지원을 피해야 할 악덕기업에 대해 소개했다. 그러나 악덕기업을 넘어 힘없는 취업준비생들을 유인해 금전적 피해까지 입히는 범죄기업이나 조직도 존재한다. 지난호에 이어 이번호에서는 절대 지원해서는 안 되는, 즉 취업사기의 유형과 주의사항에 대해 알아보도록 하겠다.

너, 낚인 거야

01

🚨 "취업하는 데 돈이 든다고?"

취업 소개와 자격증 취득을 명목으로 금전을 갈취하거나 상품을 강매하는 취업사기 형태다.

❗ **자격증 따면 고소득 직장을 보장한다는 취업알선업체** : 자격증만 취득하면 고소득 직장을 연결해준다는 취업사기다. 자격증 취득을 명목으로 학원비, 교재비 지불을 강요한다. 또 대개 민간자격이기 때문에 취득을 하더라도 취업이 된다는 보장이 없다.

❗ **일 하려면 물건부터 사라는 회사** : 택배사 취업의 경우 업무에 필요한 차량 구매를 강요하는 업체도 있다. 각종 소개비로 중고 택배차를 비싸게 구입하게 하고 잠적해버리는 수법이다.

❗ **'영업관리직'이라더니 다단계?** : 단순 영업관리직으로 입사했는데, 대뜸 회사제품을 내주며 일정수량을 팔아오지 못하면 불이익을 준다는 다단계 행태다.

❗ **돈 주면 공무원 시켜준다고?** : 취업을 알선해준다며 대놓고 돈을 요구하는 경우도 있다. 자기가 대기업 임직원이나 공무원이라며 일정금액을 주면 일단 계약직으로 입사한 뒤 정규직으로 전환시켜준다는 말로 현혹한다.

🚫 주의사항 TIP

• 자녀나 본인의 취업을 알아봐주겠다며 먼저 접근하는 경우는 대부분 사기다.

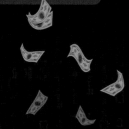

취업사기란?

법률적으로 취업사기로 처벌을 받는 경우는 취업을 미끼로 금품 등을 요구하는 행위에 해당될 때다. 아울러 현실에서 취업사기는 기업이 '채용절차법'을 위반했을 경우를 가리키기도 한다.

채용절차법 위반!

- ❗ 회사를 홍보하거나 구직자의 아이디어만 빼먹기 위해 거짓 채용광고를 낸 경우
- ❗ 채용광고의 내용이나 명시했던 근로조건을 정당한 이유 없이 구직자에게 불리하게 변경한 경우
- ❗ 구직자의 채용서류 등 저작권에 관련된 지식재산권을 자기 회사에 귀속시키려 강요한 경우

취업사기 조심하세요!

02

🚨 "고수익 꿀알바는 없다"

SNS에서 흔히 '초보가능, 재택가능, 고수익 꿀알바'와 같은 구인광고를 찾을 수 있다. 그러나 이런 광고에 혹해 섣불리 지원하게 되면 자칫 전과자가 될 수도 있다.

- ❗ **핸드폰으로 문자 500통만 보내면 당일 5,000원 지급** : 불법 스팸문자를 대신 전송하는 것인데, 단순가담만으로도 최대 3,000만원 미만의 과태료 처분을 받을 수 있다.
- ❗ **합법은 아니지만 불법도 아니라는 말로 속여, 현금 회수 심부름 등을 종용** : 잘못하면 보이스피싱, 마약거래 등 범죄자금 수거에 연루될 수 있다.
- ❗ **쇼핑몰 부업으로 위장한 신종 사기** : 구매대행 쇼핑몰에서 상품을 대신 주문해주면 구매비에 아르바이트 수수료를 더해 환급해주겠다고 속인 뒤 거액을 편취하는 신종 사기다.

🔍 주의사항 TIP

- 성명불상자 또는 모르는 연락처로부터 재택근무로 손쉽게 돈을 벌 수 있다며 오는 광고나 권유는 십중팔구 사기다.
- SNS 채용공고만 보고 서류를 보냈는데 합격통지가 온다면 일단 의심해봐야 한다.

03

🚨 "너 납치된 거야", 해외 취업사기도 기승

최근에는 고연봉 해외취업을 알선한다며 동남아 등지로 입국한 구직자를 납치·감금하는 사건도 벌어지고 있다.

- ❗ **입국하면 핸드폰·여권 빼앗고 감금** : 캄보디아 등 동남아 등지에서 좋은 조건으로 20~30대 구직자를 현혹해 현지로 입국시킨 다음, 체류기간 연장 등을 이유로 핸드폰과 여권을 빼앗고 감금한다.
- ❗ **보이스피싱·로맨스스캠 등 범죄 가담** : 감금된 구직자들은 현지에서 보이스피싱·로맨스스캠·불법주식리딩방 등 범죄 가담을 강요받으며, 이를 거부하면 폭행당하거나 거액의 숙박비, 항공료 등을 청구받게 된다.

🔍 주의사항 TIP

- 대부분의 회사는 채용 시 금전을 요구하지 않고, 공개적이고 정상적인 절차를 밟아 직원을 채용한다는 사실을 꼭 기억하자.

08 August

SUN	MON	TUE	WED	THU	FRI	SAT
				1 공 해외자원개발 바로알기 공모전 접수 시작	**2** 대 대학생 바자대장정 대원·서울국제작가축제 서포터즈 모집 마감	**3** 공 한국영상자료원·경기교통공사·음성테크노파크·전북개발공사·한전KPS 필기 실시 / 자 물류관리사 실시
4 자 경기도교통연수원 필기 실시 / 자 토익 제521회 실시	**5**	**6**	**7** 자 한국해양수산개발원 필기 실시	**8**	**9** 대 DMZ국제다큐멘터리영화제 차의화 자원활동가·철렴비아우니버시티 서포터즈 모집 마감	**10** 대 한국도로공사·서울여성가족재단·광주도시관리공사·인천항만공사·울산항만공사 필기 실시
11 공 에너지·환경 탐구대회 접수 마감 / 자 CS리더스관리사·토익 제522회 실시	**12**	**13**	**14**	**15** 공 2024년 지역사회서비스 우수사례 공모전 접수 마감	**16** 대 서울복지방인월드비전 필기 실시 / 공 수소경제 바로알기 공모전 접수 마감	**17** 공 해양수산과학기술진흥원·한국원자력안전재단 필기 실시 / 자 한국어교육능력검정시험 실시
18 공 도시영화제·경제부문 일반공모 접수 마감 / 자 KBS한국어능력시험·독학학위제 시험 실시	**19** 공 청소년 방송콘텐츠 경연대회 접수 마감 / 공 공리N 과학동영상 공모전 접수 시작	**20**	**21** 대 자유기업원 서포터즈 모집 마감	**22**	**23** 공 한국은행 화폐사랑 콘테스트 공모전·청년 평화 에세이 공모전 접수 마감	**24** 공 정보통신기획평가원·한국장애인개발원 필기 실시 / 자 TESAT·SNS광고마케터 실시
25 공 대한민국 청소년 사진 공모전 접수 마감 / 자 토익 제523회 실시	**26**	**27**	**28**	**29**	**30** 공 내가 만드는 LG영상 공모전·갤러리로 보는 세상 포토 콘테스트' 접수 마감	**31** 대 Together 문화다양성 축제 서포터즈 모집 마감 / 자 법무사·공인노무사 실시

대외활동 Focus | 2일 마감

2024 서울국제작가축제 서포터즈 '리라이터즈(Rewriters)' 3기 모집

서울국제작가축제 서포터즈

8월에 열리는 서울국제작가축제에서 서포터즈 '리라이터즈'로 활동할 인원을 모집한다. 홍보글과 리뷰글을 작성하고, 독서모임 후기를 작성하는 등의 개인·팀 미션을 진행한다.

채용 Focus | 10일 실시

ex 한국도로공사

한국도로공사

한국도로공사의 2024년 일반직 5급 신입사원 선발이 시작된다. 행정직과 기술직 등 163명을 선발할 계획이며 10일 필기시험이 치러진다. 추후 온라인검사, 1·2차 면접으로 이어진다.

09

September

SUN	MON	TUE	WED	THU	FRI	SAT
1 공 에스코 가스안전 공모전 · 대전디자인아워드 접수 시작 자 증권투자권유대행인 실시	**2** 공 서초시니어넷 채널명 홍보영상 공모전 접수 마감	**3** 공 2024 우체국 문화전 접수 마감	**4** 공 2024년 제19회 금융 공모전 접수 마감	**5**	**6** 공 MAMF 문화다양성 아이디어 공모전 접수 마감	**7** 자 빅데이터분석기사 필기 · 은행텔러 · 관광종사원 · 토익 제524회 실시
8 자 정기 기능사 4회 필기 실시	**9**	**10** 공 서울국제환경영화제 작품공모 접수 마감	**11**	**12** 공 제18회 해양문학상 접수 마감	**13** 공 제주시 정책 아이디어 공모전 접수 마감	**14**
15	**16**	**17**	**18** 공 바른말 쉬운말 고운말 만화·표어 공모전 접수 마감	**19**	**20**	**21** 자 서울신용보증재단 필기 실시 자 한국실용글쓰기 실시
22 공 제7회 패트제킹 공모전 · 국가병원 논문 아이디어 공모전 접수 마감 자 펀드투자권유대행인 · 토익 제525회 실시	**23** 공 전국 대학생 '청소년 리더십 교육 프로그램' 공모전 접수 마감	**24**	**25** 공 부산여행 체험수기 공 모전 접수 마감	**26**	**27** 공 세월호참사 인천 포스 터 공모전 · 대한민국 청소년기자대상 접수 마감	**28** 자 재경관리사 1, 2급 실시 자 TESAT · 검색광고마 케터 실시
29 공 2024 인천크래프트 크리에이터 공모전 접 수 마감 자 빅데이터분석기사(필기) · 토익 제525회 실시	**30** 공 대한민국 대학생 디자 털 광고제 · 우리 농산 물 과제를 매력 알리기 공모전 접수 마감					

공모전 Focus **4일 마감**

금융공모전

금융감독원에서 주관하는 제19회 금융 공모전이 시작된다. 청소년, 대학생 성 인 등 대상별로 공모 내용도 차이가 있 다. 금융생활 · 교육에 대한 글짓기와 PPT, 카드뉴스, 웹툰 등을 공모한다.

자격시험 Focus **7월 실시**

빅데이터분석기사

빅데이터 분석 기획과 수집 · 저장 · 처 리 업무를 전담하는 빅데이터분석기사 자격의 필기시험이 7월 실시된다. 실기 의 경우 빅데이터 분석실무 내용을 필 답형과 작업형이 통합형으로 치른다.

❖ 일정은 향후 조율될 수 있습니다. 참고 용으로 사용한 뒤 상세일정은 관련 누 리집을 직접 확인해주세요.

대 대외활동 **채** 채용 **공** 공모전 **자** 자격증

2024
이슈&시사상식

VOL.203

CONTENTS

HOT
ISSUE

해병대원 특검법을

지금 당장
의결하라!!

해병대

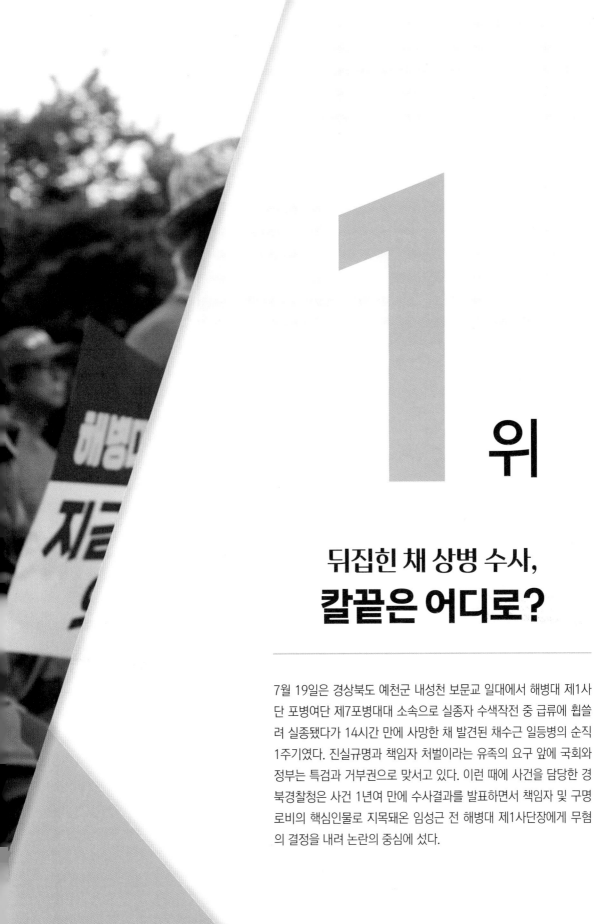

1위

뒤집힌 채 상병 수사,
칼끝은 어디로?

7월 19일은 경상북도 예천군 내성천 보문교 일대에서 해병대 제1사단 포병여단 제7포병대대 소속으로 실종자 수색작전 중 급류에 휩쓸려 실종됐다가 14시간 만에 사망한 채 발견된 채수근 일등병의 순직 1주기였다. 진실규명과 책임자 처벌이라는 유족의 요구 앞에 국회와 정부는 특검과 거부권으로 맞서고 있다. 이런 때에 사건을 담당한 경북경찰청은 사건 1년여 만에 수사결과를 발표하면서 책임자 및 구명 로비의 핵심인물로 지목돼온 임성근 전 해병대 제1사단장에게 무혐의 결정을 내려 논란의 중심에 섰다.

7월 4일 22대 국회 본회의에서 무리한 수색작전으로 발생한 해병대원 순직사건의 수사외압을 규명할 특검법이 통과됐다. 지난 5월 28일 21대 국회 마지막 본회의에서 윤석열 대통령의 재의요구권(거부권) 행사로 인한 재표결이 부결된 지 37일 만이다. '채 상병 특검법(순직 해병 수사 방해 및 사건 은폐 등의 진상규명을 위한 특별검사의 임명 등에 관한 법률안)'의 취지는 지난해 7월 실종자 수색 작업 중 급류에 휩쓸려 숨진 채 상병의 순직 수사과정에서 대통령실과 국방부 등이 진상규명을 방해했다는 의혹과 구명로비가 있었는가를 규명하기 위한 것이다.

사고 직전 채 상병이 속한 해병대가 물 속에서 수색하는 모습

채 상병 특검법 취지는 진상규명 방해의혹 규명

사건의 핵심이 채 상병 순직사건 진상규명과 책임자 처벌에서 진상규명 방해 및 구명로비 사건으로 옮겨 간 시작에는 해병대 수사단과 국방부가 수사보고서 이첩과 회수, 그리고 그 과정에서 불거진 외압의혹이 있었다. 지난해 사고발생 20여 일 만인 7월 30일에 해병대 수사단이 임성근 당시 해병대 1사단장 등 지휘관 8명의 과실치사 혐의를 적시해 경찰에 이첩할 것을 국방부에 보고했고, 31일 국방장관이 수사단의 조사결과를 언론과 국회에 설명할 예정이었다. 그런데 국방부는 당일 언론브리핑을 돌연 취소했고,

다음 날인 8월 1일에는 국방부 법무관리실이 수사단의 조사결과에서 '전체 혐의사실을 다 제외'하고 경상북도 경찰청에 수사결과를 이첩하는 것을 보류하라는 전화지시를 내렸다.

그러나 수사단장인 박정훈 대령은 '국방장관의 결재가 난 사안에 대해 국방부 법무관리실의 이첩보류 지시는 직권남용에 해당할 수 있다'고 보고 8월 2일에 경상북도경찰청에 수사자료를 이첩했다. 그러자 김계환 해병대 사령관이 박 대령의 수사단장 보직을 해임했고, 국방부 검찰단은 박 대령을 집단항명 수괴죄로 입건하고 해병대 수사단을 압수수색한 데 이어 8월 3일에 경북경찰청을 방문해 해병대 수사단이 이첩했던 사건자료를 회수했다.

결국 박 대령은 8월 9일에 입장문을 통해 '수사외압'을 폭로하고 11일 KBS 방송에 직접 출연해 수사외압이 발생한 상황 전반을 공개했다. 또한 시민단체 군인권센터는 8월 18일 경찰청 국가수사본부에 임 당시 사단장 등 군 책임자 8명을 과실치사 혐의, 최주원 경북경찰청장을 직권남용과 직무유기 혐의로 고발했다. 그러나 국방부는 8월 21일에 채 상병 순직사건의 조사결과를 발표하면서 해병대 수사단이 특정한 8명의 혐의자 중 현장에 있던 중위와 상사 2명은 혐의없음으로, 임성근 당시 해병대 1사단장과 박상현 7여단장, 중대장과 중사 등 총 4명에 대해서는 혐의 사실을 특정하기 어렵다며 사실관계만 적어 경북경찰청에 이첩했다.

짙어지는 'VIP 격노' 정황

그런데 8월 27일 MBC 시사방송에서 언론브리핑이 예고됐던 7월 31일 오전 조사결과를 보고받은 윤 대통령이 '격노'했으며, 임 당시 사단장 처벌이 부적절하다는 취지로 이종섭 당시 국방부 장관에게 직접

지시했고, 그 이후 국방부 장관이 이첩보류를 지시했다는 의혹이 보도됐다. 이첩과 관련한 국방부의 지시에 대통령의 입김이 실렸다는 취지였다.

법사위 입법청문회 증인석(24.6.21)

이와 관련해서는 올해 6월 21일 국회 법제사법위원회 채 상병 특검 입법청문회 과정에서 다시 한 번 확인됐다. 증인으로 출석한 박 대령이 VIP(대통령) 격노설 전후상황을 설명한 것이다. 그는 해병대사령관으로부터 "오늘(2023년 7월 31일) 오전 11시경 윤 대통령이 수석보좌관 회의에서 국방비서관으로부터 1사단 사망사고 관련 보고를 받으면서 '이런 일로 사단장을 처벌하면 대한민국에서 누가 사단장할 수 있겠느냐'며 격노했고, 대통령이 국방과 관련해서 이렇게 화를 낸 적이 없다고 들었다"고 설명했다.

또한 VIP 격노가 있었다는 7월 31일부터 이틀에 걸쳐 유재은 법무관리관과 5차례 통화하면서 "혐의자, 혐의내용 등 빼라, 혐의자를 직접적 과실이 있는 자로 한정하라는 이야기를 들었다"면서 "심지어 법무관리관도 자신의 발언이 위험하다고 느꼈는지 '외압으로 느끼십니까?'라고 묻기도 했다"고 공개했다

유재은 국방부 법무관리관은 해병대 수사단의 조사기록을 회수하겠다고 경북경찰청에 통보하기 직전 임기훈 당시 대통령실 국가안보실 국방비서관으로부터 "경북경찰청으로부터 연락이 올 것"이라는 연락을 받았다고 같은 날 입법청문회에서 증언했다. 경찰은 국방부가 회수를 통보하기 전부터 국방부의 조사기록 회수의향을 알고 있었고, 국방부와 경찰을 물밑에서 조율한 게 임 전 비서관이라는 뜻으로 발언한 것이다. 이는 대통령실이 국방부와 경찰을 조율했다는 취지로 읽히는 대목이다.

이처럼 **대통령실이 조사기록 회수에 관여했다는 정황**이 드러나면서 수사외압의 배후가 대통령실이고 그 최정점에 윤 대통령이 있는 게 아니냐는 의심은 더욱 짙어졌지만, 이 전 국방장관과 임 전 실장 등 관계자들이 "기억나지 않는다"거나 "답변할 수 없다"는 태도를 유지하고 있어 실체를 밝히기 위해서는 특검이 필요하다는 데 힘이 실렸다.

또 다시 등장한 도이치모터스

이날 입법청문회에서는 윤 대통령이 채 상병 사건기록이 이첩되던 지난해 8월 2일, 경남 거제시 저도에서 휴가를 보내던 와중에 이종섭 당시 국방부 장관과 신범철 차관, 임기훈 국방비서관과 7차례에 걸쳐 32분 2초 동안 통화한 것도 드러났다. 이후 사건기록 회수 및 박정훈 단장 보직해임이 이뤄졌고, 임 당시 사단장이 이첩대상에서 최종적으로 빠지면서 의혹은 더욱 커졌다.

최근에는 임 사단장 '구명운동'의 배후에 윤 대통령의 배우자 김건희 여사가 있다는 의혹까지 제기된 상황이다. 고위공직자범죄수사처(공수처)가 도이치모터스 주가조작 사건의 공범이자 **도이치모터스 주가조작*** 2차 작전시기에 김 여사의 계좌를 관리했다고 알려진 이종호 전 블랙펄인베스트 대표가 '내가 임성근 전 해병대 1사단장을 구명했다'는 취지로 말한 녹음파일을 확보했다는 것이 알려진 것이다. 해

당 녹음파일에는 이씨가 제3의 인물을 통해 "절대 사표 내지 마라. 내가 VIP한테 얘기하겠다고 전했다"는 말이 포함돼 있다. 또한 이씨는 "아마 내년쯤 (임 전 사단장을) 해병대 별 4개(로) 만들 것"이라며 군 인사에 개입할 수 있다는 취지로도 말했다.

도이치모터스 주가조작

검찰 공소장 기준 2009년 12월부터 2012년 12월까지 약 3년간 2차에 걸쳐 도이치모터스 임직원, 주가조작 세력, 투자자문사, 전현직 증권사 임직원들이 91명 명의의 계좌 157개를 동원, 101건의 통정매매 및 기장매매와 3,083건의 현실거래를 통해 2,000원 후반이었던 주가를 8,000원까지 끌어올린 경제범죄다. 김건희 여사는 친모(최은순)와 내부정보를 이용해 통정매매를 한 의혹을 받고 있다.

이씨가 지난해 5월 임 전 사단장이 재직 중인 해병대 1사단의 초청을 받아 포항에서 골프모임을 추진하는 카카오톡 대화내용도 공개됐다. 해당 대화방에는 '1박 2일 동안 1사단장과 만나는 일정을 포함한 구체적인 일정'이 올라와 있다. 그러나 임 전 사단장은 카카오톡과 녹음파일이 공개되기 전 입법청문회에서 자신은 한 번도 골프를 친 적이 없고, 이씨도 모른다고 증언했다.

"임성근 살리기" 의혹 … 누가, 왜?

그러나 VIP가 언급되는 통화녹음과 카카오톡메시지가 잇달아 공개된 후 이씨가 대화 속 VIP가 김건희 여사를 의미한다고 말하면서 논란이 일파만파로 번지고 있는 모양새다. 앞서 문제의 VIP와 관련해 이씨는 "김계환 해병대 사령관을 의미한다"고 해명했지만, 7월 11일 채널A 및 JTBC와의 인터뷰에서는 "통화에서 언급한 VIP는 김건희 여사를 뜻한 것"이라고 말을 바꿨다. 다만 "후배들 앞에서 폼 잡느라"한 허풍·과시였다고 해명했다. 대통령실도 이씨의 구명로비 의혹에 대해 "대통령실은 물론 대통령 부부도 전혀 관련이 없다"며 "근거 없는 주장과 무분

별한 의혹 보도에 대해 심히 유감을 표한다"고 밝혔다. 허위사실 유포에 대해 강력히 대응할 방침이라고도 했다.

하지만 윤 대통령 부부나 대통령실 주변과의 관계에 대한 의심은 더 커지고 있다. 골프 약속과 관련된 카카오톡 대화방에 등장한 '삼부'도 그중 하나다. "삼부 내일 체크하고"라는 메시지가 존재하는데 이것을 두고 삼부토건을 가리키는 것 아니냐는 의혹이 불거진 것이다. 이씨는 골프라운딩의 3부라고 해명했지만, 공수처가 확보한 또 다른 전화녹음 파일에는 '삼부토건'이라고 명시돼 있는 것으로 알려졌다. 이씨와 대통령실의 관계가 내부자 정보를 공유할 정도로 가까웠던 것 아니냐는 의구심이 생기는 대목이다. 실제로 지난해 5월 16일 올레나 젤렌스카 우크라이나 대통령 부인이 우리나라를 방문해 김 여사를 만난 다음 날 윤 대통령이 우크라이나 재건지원계획을 발표했는데, 그로부터 이틀 뒤 삼부토건 주가가 치솟기 시작해 윤대통령이 우크라이나를 방문하기까지 주가가 무려 네 배 이상 치솟았다.

가결-거부-재표결 … 통신기록 삭제 기한 임박

22대 국회는 개원과 동시에 윤 대통령의 거부권 행사로 21대 국회에서 좌초된 채 상병 특검법을 다시 꺼내 들었다. 기존 법안이 민주당의 의뢰를 받은 대한변호사협회가 먼저 4명의 특별검사를 추천하면 민주당에서 그중 2명을 추리는 방식이었다면, 이번 법안에는 특별검사 추천 권한을 더불어민주당 외 조국혁신당 등 비교섭단체까지 확대하는 내용이 담겼다. 박주민 민주당 의원이 지난해 9월 대표발의했던 첫 번째 채 상병 특검법은 '대통령은 자신이 소속되지 않은 교섭단체에 특검후보 추천을 의뢰하고, 특별검사후보자추천의뢰서를 받은 교섭단체는 대한변호사협회의 장으로부터 변호사 4명을 추천받아

이 중 2명의 특별검사후보자를 대통령에게 서면으로 추천하며 그중 1명을 대통령이 임명'하는 구조였다. 정부와 여당은 그동안 이 점을 특검 반대이유 중 하나로 내세웠다. '20인 이상의 현역의원'이 필수조건인 교섭단체 기준상 21대 국회에서 이 조건을 충족하는 정당은 민주당이 유일했기 때문이다. 따라서 22대에서 민주당은 특검 추천권을 비교섭단체인 다른 야당에까지 확대함으로써 정부·여당의 '민주당 독점' 비판논리를 약화시켰다. 게다가 이는 채 상병 특검법 가결을 목표로 한 민주당, 조국혁신당, 개혁신당, 진보당, 새로운미래, 기본소득당, 사회민주당 등 야7당의 '단일대오'를 강화하는 효과도 기대할 수 있다.

7월 4일 여당의 반발 속에 야당 주도로 두 번째 채 상병 특검법이 국회 본회의를 통과했다. 국회는 이날 오후 재석 의원 190명 중 찬성 189명, 반대 1명으로 채 상병 특검법을 가결했다. 국민의힘에서는 안철수·김재섭 의원만 자리에 남아 각각 찬성, 반대 표를 던졌다. 그러나 윤 대통령은 나토 정상회의 참석을 위해 2박 5일 미국 순방일정을 시작한 첫날인 9일 하와이에서 전자결재를 통해 또다시 거부권을 행사했다. 대통령실은 "경찰수사 결과로 실체적 진실과 책임소재가 밝혀진 상황에서 야당이 일방적으로 밀어붙인 특검법은 철회돼야 한다"고 거부권 행사 이유를 설명했다. 하루 전인 8일 경북경찰청이 업무상 과실치사 혐의로 수사 중이던 해병대 관계자 9명 가운데 핵심인물로 지목돼온 임 전 사단장과 하급 간부 2명 등 3명에 대해 혐의를 인정하기 어려워 불송치하기로 결정했다고 수사결과를 발표한 것을 언급한 것이다.

이에 10일 6개 야당과 시민사회는 국회 본청 앞에서 공동기자회견을 열어 윤 대통령의 거부권 행사를 비판했다. 박찬대 민주당 대표 직무대행 겸 원내대표는 "도둑이 제 발 저리니 국민의 명령을 정면으로 거스르며 연거푸 거부권을 행사한 것"이라며 "대통령 부부 방탄용 거부권 남발과 경찰의 꼬리자르기식 면죄부 수사로 특검의 필요성이 더 커졌다"고 주장했다. 김준형 조국혁신당 대표 권한대행도 "윤 대통령이 채 상병 순직사건 수사방해·수사외압의 몸통"이라며 "조국혁신당은 특검법 재의결이 실패할 경우 대통령 윤석열을 수사대상으로 하는 '윤석열 특검법'을 발의하겠다"고 밝혔다. 그러면서 "임성근 사단장 구명로비의 주요 창구였다는 정황이 드러난 김건희 여사도 특검 수사대상이 될 것"이라고 덧붙였다.

채 상병 특검법 거부권 규탄 범국민대회(7월 13일 광화문광장)

한편 채 상병 순직사건 수사외압 의혹을 수사하는 공수처 검사가 과거 사건 회피신청을 한 것으로 파악됐다. 임 전 사단장 구명로비 의혹의 당사자인 블랙펄인베스트먼트 전 대표 이씨를 도이치모터스 주가조작 의혹사건과 관련해 변호사 시절 변호한 적이 있다는 게 이유다. 또한 공수처가 수사외압 의혹 관련자들의 통신기록을 확보하기 위해 청구한 통신 영장을 법원이 잇따라 기각한 것도 알려졌다. 일각에서는 통신기록 보존 기한이 1년인 점을 감안했을 때 수사에 차질이 빚어질 수 있다는 관측도 나온다. ⚘

2위

트럼프 피격·바이든 건강
미국대선판 흔들

오는 11월 미국 대통령선거를 앞두고 도널드 트럼프 전 대통령이 펜실베이니아주 버틀러 카운티에서 선거유세를 하던 중 저격에 의한 총상을 입었다. 총알이 다행히 오른쪽 귀 부근을 스치며 비교적 가벼운 상처에 그쳤지만, 외신들은 피격사건이 대선판을 크게 흔들 것이라고 진단했다. 이보다 앞서 이뤄진 첫 TV토론에서 연이은 말실수로 건강 이상설에 힘이 실린 조 바이든 대통령에 비해 트럼프 전 대통령이 상대적으로 긍정적인 평가를 받은 가운데 벌어진 피격이어서 파장이 큰 모양새다.

도널드 트럼프 전 미국 대통령이 7월 13일(현지시간) 펜실베이니아주 유세현장에서 발생한 총격으로 오른쪽 귀 부근에 부상을 입었다. 이날 뉴욕포스트 등 현지매체들은 "총알이 몇 인치만 비꼈다면 얼굴을 직격했을 수 있었던 아슬아슬한 상황이었다"고 일제히 보도했다.

군중 앞에서 버젓이 정조준

미국 공화당 대선후보인 트럼프 전 대통령이 이날 오후 6시 10분께 바이든행정부의 불법이민 문제를 비판하는 도중에 갑자기 총소리가 여러 발 울렸다. 트럼프 전 대통령은 오른쪽 목 뒤를 만진 직후 급히 발언대 밑으로 몸을 숙였고 바로 경호원들이 연단으로 뛰어올라 트럼프 전 대통령을 보호했다.

그는 귀를 제외한 다른 상처를 입지 않았지만, 현장에서 시민 2명이 사망하고 2~3명이 중·경상을 입었다. 총격범은 토머스 매슈 크룩스라는 20세 백인 남성으로 유세현장에서 불과 148야드(약 135m) 떨어진 창고건물의 옥상에서 AR-15 계열 반자동소총으로 범행을 저질렀으며, 경호원들의 응사에 현장 사살됐다.

이후 경호원들에 둘러싸인 트럼프 전 대통령은 일어서서 지지자들에게 주먹을 들어 보였고, 경호원의 부축을 받으며 연단으로 내려와 차를 타고 유세장을 빠져나갔다. 트럼프 대선캠프는 직후 대변인 명의 성명을 통해 "그(트럼프 전 대통령)는 괜찮으며 지역 의료시설에서 검사받고 있다"고 밝혔다. 사법당국은 트럼프 전 대통령의 유세장에서 일어난 총격을 암살 미수로 보고 수사하고 있다.

바이든 대통령도 곧바로 트럼프 전 대통령 피격사건을 비난하며 "미국에는 이런 종류의 폭력이 용납될 수 없다"고 밝혔다. 바이든 대통령은 이날 델라웨어주에서 공식 브리핑을 열고 "이것은 역겨운 사건(It's sick)"이라며 "이게 우리가 이 나라를 통합해야 하는 이유 중 하나다"라고 말했다.

피격사건, 트럼프에게 기회인가?

외신들은 피격사건을 일제히 보도하면서 이번 사건에 대선판을 흔들 잠재력이 있다고 진단했다. 특히 이들은 총격 직후 대중에 내비친 이미지의 폭발력에 일제히 주목했다. 트럼프 전 대통령이 총격 후 관중의 비명 속에 경호요원들과 함께 자리를 떠나던 중에 허공에 주먹을 쥐고 치켜 든 사진을 남겼는데, 덕분에 지지층의 충성도를 높이는 등 복합적인 이점을 누릴 것이라는 관측이 나왔다.

피격 후 주먹을 들고 "싸워라"를 외친 트럼프 전 대통령

CNN 방송은 "트럼프는 이미 지지자들에 의해 정복할 수 없는 영웅으로 간주돼왔으며 유세장에서 초자연적인 숭배대상이었다"며 "트럼프 전 대통령은 공격받은 후 군중들을 향해 주먹을 치켜올리며 '싸워라, 싸워라'를 외치며 저항의 상징적인 순간을 창출"한 덕분에 "적으로부터 지속적으로 공격받는 그의 전사 이미지는 보다 확고해질 것"이라고 평가했다. 이어 "이러한 이미지는 역사에 길이 남을 것이며 애틀랜타 감옥에서 찍은 머그샷이나 코로나 감염 후 백악관 복귀 장면 때처럼 트럼프 신화를 풍요롭게

해줄 것"이라고 했다. 영국 BBC방송도 "얼굴에 피가 흐르는 채로 주먹을 들어 올리는 저항적인 도널드 트럼프의 이미지는 역사를 만들 뿐만 아니라 올해 11월 대선의 경로를 바꿀 것"이라고 진단했다.

파이낸셜타임스(FT)는 "지지자들의 눈에 이미 트럼프 전 대통령은 최근 2년 동안 (자신에게 적용된) 수십개 범죄혐의와 맞서 싸운 정치적 피박해자"라는 것을 상기하며 이번 암살시도로 트럼프 전 대통령이 박해받는 인물이라는 이미지가 강화될 것으로 내다봤다. 트럼프 전 대통령은 성추문을 막을 금품수수를 위한 기업회계 조작 혐의로 유죄평결을 받았다. 기밀정보 유출과 이에 대한 수사방해, 대선결과 뒤집기를 위한 외압 등 혐의로도 기소된 상태다. 이를 두고 트럼프 전 대통령은 바이든 대통령을 비롯한 정적들의 '마녀사냥'이라고 주장하고 있다.

어눌했던 바이든 vs 노련해진 트럼프

리서치업체인 시그넘 글로벌 어드바이저스의 애널리스트 롭 케이시는 "이번 사건은 활력을 부각하고 지지층에 동기를 부여하며 동정심을 끌어냄으로써 트럼프 전 대통령을 향한 지지를 강화할 잠재력이 있다"고 평가했다. 트럼프 전 대통령이 최근 들어 인지력 감퇴 논란에 시달리고 있는 바이든 대통령과 비교해 왕성한 활력으로 긍정적인 평가를 받아온 것을 염두에 둔 평가다. 실제로 6월 27일(현지시간) 첫 대선후보 TV토론에서 바이든 대통령은 승기를 잡지 못하고 밀리는 모습을 보인 데다가 질문에 답하면서 말을 마무리하지 못한 채 발언기회를 넘기거나 더듬는 등의 태도를 보여 고령에 대한 유권자들의 우려를 불식시키지 못했다는 평가를 받았다.

AP통신은 "바이든이 토론회 초반부터 여러 개의 말실수를 이어갔다"고 지적했다. 세제와 보건정책 등에 대한 토론에서 발언 도중 제대로 말을 잇지 못한 것을 꼬집은 것이다. 바이든 대통령은 코로나19에 대한 언급 후 "우리는 결국 **메디케어***(Medicare, 고령자 의료보험)를 퇴치했다"라고 의미가 불분명한 발언을 해 트럼프 전 대통령으로부터 "그는 메디케어를 망쳐버렸다"는 조롱을 받기도 했다.

메디케어

미국정부가 65세 이상 시니어에게 제공하고 있는 건강보험이다. 일반적으로 10년 이상 미국 내에서 일하고 일정 보험료(메디케어 세금)를 납부한 본인과 배우자가 대상이며 입원 및 기타 서비스 등 의료비의 80%가 지급된다. 미국의 국민의료 보조제도로서 65세 미만의 저소득층과 장애인을 대상으로 하며, 미국 연방정부와 주정부가 공동으로 재정을 보조하고 운영은 주에서 맡는 메디케이드(Medicaid)와는 구분된다.

이에 정치권, 심지어 지지자 사이에서도 후보 교체론이 불거졌다. 7월 9일 있었던 바이든 대통령의 후보사퇴 논란과 맞물려 관심을 모았던 민주당 상·하원의원들의 연쇄회동이 집단적인 후보사퇴 요구 없이 종료되면서 바이든 대통령에게 다시 공이 넘어갔지만, 이번 피격사건으로 트럼프 전 대통령에게 동정여론까지 몰리는 만큼 더 강력한 민주당 후보를 요구하는 목소리는 더 커질 것으로 보인다.

한편 미국 대선결과에 촉각을 곤두세우던 볼로디미르 젤렌스키 우크라이나 대통령에게는 발등에 불이 떨어졌다. 줄곧 우크라이나 지원을 반대해왔던 트럼프 전 대통령이 재선에 성공할 경우 자국에 대한 지원이 중단될 뿐 아니라 트럼프 전 대통령이 주권과 영토를 훼손하는 평화협정을 압박할 수 있다고 우려해서다. 결국 젤렌스키 대통령은 대선 전 평화회담을 급하게 추진하면서 러시아의 참석을 제안했다. 그러나 러시아는 계엄령으로 대선 없이 임기를 연장한 젤렌스키 대통령의 정통성을 문제 삼으며 대화를 하더라도 합법적 대통령과 하겠다는 입장이다. 시대

HOT ISSUE

3위

고령운전·급발진 논란
시청역 역주행 사고

7월 1일 오후 9시 27분께 서울 시청역 인근에 위치한 웨스틴조선호텔 지하주차장에서 빠져나온 차량 한 대가 4차선 도로를 역주행하다 인도로 돌진했다. 이 사고로 인도에 있던 보행자 9명이 사망했고, 사고차량에 탑승해 있던 운전자 차모(68) 씨와 아내, 보행자 2명, 차씨 차량이 들이받은 차량 두 대의 운전자 등 6명이 다쳤다. 경찰은 사고 다음 날인 2일 차씨를 교통사고처리특례법상 업무상 과실치사상 혐의로 입건하고 역주행 및 사고경위 조사에 나섰다. 차씨와 동승자인 아내는 사고원인으로 '급발진'을 주장하는 것으로 알려졌다.

경찰, 주행속도·브레이크 작동 등 조사

7월 2일 사고현장 폐쇄회로(CC)TV 영상 등에 따르면 전날 차씨가 몰던 제네시스 차량은 웨스틴조선호텔 지하주차장을 빠져나와 일방통행인 4차선 도로를 200m가량 역주행했다. 이 과정에서 차량 두 대를 들이받고 시속 100km에 가까운 속도로 인도의 보행자들을 덮친 후 교차로를 가로질러 반대편 시청역 12번 출구 인근에 멈춰 섰다. 차씨는 사고 직후 경찰에 차량 급발진을 주장했다.

그러나 통상 급발진 사고의 경우 차량을 제어할 수 없어 벽이나 가로등을 들이받고서야 끝나는 반면, 사고 당일 CCTV 영상이나 목격자들의 진술 등에서는 차량이 감속하다가 스스로 멈춰 선 것처럼 보인 데다 브레이크 작동 여부를 확인할 수 있는 브레이크등이 들어오지 않은 것으로 확인됐다. 이에 차씨가 역주행 사실을 인지하고 당황해 가속페달을 브레이크로 착각한 것이 아니냐는 의혹에 힘이 실렸다.

서울 시청역 역주행 교통사고 상황

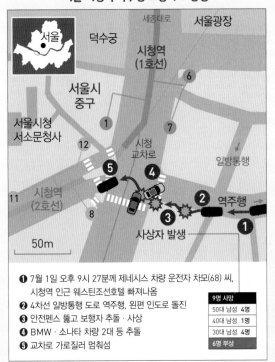

❶ 7월 1일 오후 9시 27분께 제네시스 차량 운전자 차모(68) 씨, 시청역 인근 웨스틴조선호텔 빠져나옴
❷ 4차선 일방통행 도로 역주행, 왼편 인도로 돌진
❸ 안전펜스 뚫고 보행자 추돌·사상
❹ BMW·소나타 차량 2대 등 추돌
❺ 교차로 가로질러 멈춰섬

9명 사망	
50대 남성	4명
40대 남성	1명
30대 남성	4명
6명 부상	

하지만 일부 전문가들은 차량 자체결함으로 차씨의 주장처럼 실제로 급발진했을 가능성이 있다는 견해를 밝히기도 했다.

경찰은 일단 급발진은 차씨의 진술에 불과한 것으로 보고 국립과학수사연구원(국과수)과 외부 전문기관에 사고차량 및 **사고기록장치***(EDR) 등의 정밀 감식·감정을 의뢰하는 한편 CCTV 및 블랙박스 영상, 목격자 진술 등을 분석해 사고경위를 다각도로 조사하겠다고 밝혔다. 그리고 7월 11일 국과수는 사고가 운전자의 과실로 보인다는 감정결과를 경찰에 통보했다. 이로써 경찰은 감정결과와 자체조사를 토대로 차량결함이 아닌 운전자 과실로 인한 사고로 결론낼 것이라는 전망에 무게가 실렸다.

◤ 사고기록장치 ◢

차량용 영상 사고기록장치로 'EDR(Event Data Recorder)'이라고도 한다. 운전자의 가속페달(액셀) 및 제동페달(브레이크) 등의 조작과 엔진상태, 속도, 전방상황 등을 실시간으로 기록한다. 아울러 주행뿐만 아니라 주차나 정차 시에도 영상을 기록하고, 안전벨트 착용 여부까지 점검할 수 있다. 이에 따라 EDR은 원인을 알 수 없는 교통사고의 정황 파악에 결정적인 증거로 활용되고 있다. 다만 급발진처럼 차량결함으로 인한 사고에서는 EDR이 제대로 작동하지 않을 수도 있어 신뢰성에 대한 논란이 불거지기도 한다.

시청역 사고로 충격이 채 가시기도 전인 7월 3일에는 국립중앙의료원 응급실로 택시가 돌진해 3명이 다쳤다. 두 사고의 운전자 모두 급발진을 주장한 가운데 명확한 원인규명과 함께 유사한 사고가 재발하지 않도록 실질적인 대책을 마련해야 한다는 목소리에 힘이 실렸다.

반복되는 급발진·오조작 논란 ⋯ 대안은?

시청역 사고 운전자는 68세, 국립중앙의료원 사고 택시운전자는 70세로 알려지면서 '고령운전자' 논란이 재점화됐다. 원인이 정확히 밝혀지지 않은 상황에서 고령운전을 탓하는 것은 과도하다는 의견이 있는가 하면 고령운전자의 운전면허를 박탈해야 한다는 주장도 제기돼 갑론을박이 이어졌다. 전문가들은 고령자 면허제한과 같은 사후제재 방식에 집중하기보다는 전방 차량이나 사람을 감지해 자동제동하는 비상자동제동장치(AEBS) 등 장착을 확대하는 사전예방 대책이 바람직하다고 입을 모았다.

시청역 사고 관련 브리핑 하는 정용우 남대문경찰서 교통과장

자동차규칙 개정에 따라 2023년 1월부터 초소형 자동차와 경형 승합차를 제외한 자동차에 AEBS 설치가 의무화됐지만, 이전에 출시된 자동차에는 해당 장치가 없는 사례가 많다. 자동차급발진연구회 회장인 김필수 대림대 미래자동차학부 교수는 "일본의 경우 '서포트카'라고 해서 AEBS, 페달 오조작 방지장치 등 설치가 잘 돼 있다"면서 "우리도 신차에는 AEBS가 장착되고 있지만, 고령자들은 노후한 차를 운전하는 경우가 많아 별도로 장착할 수 있게 해야 한다"고 설명했다.

이호근 대덕대 미래자동차학과 교수 역시 "긴급제동장치가 설치되지 않은 차들은 별도로 이를 장착할 수 있도록 하고, 고령운전자의 경우 정부가 일부 비용을 지원해줄 필요가 있다"며 "AEBS를 달았을 때 고령운전자의 보험료 할인은 물론 보험 갱신기간 연장 등의 조치도 고민해 볼 사안"이라고 부연했다. 이어 "10년 뒤면 고령운전자의 비중이 매우 높아질 텐데 나이제한으로 운전을 못 하게 하는 방법은 바람직하지 않다"면서 "안전장치를 설치하는 경우 면허 갱신기간을 늘려주는 등의 유연성이 있어야 하고, 개인 건강상태에 따라 운전조건을 달리하는 쪽으로 검토하는 것이 낫다"고 제언했다.

가해자 나이로 탓 말고 근본 원인·대책 찾아야

전문가들은 시청역 역주행 사고로 촉발된 고령운전 논란에 대해 사고원인을 오로지 운전자의 나이에서 찾는 것은 바람직하지 못하다고 지적한다. 석재은 한림대 사회복지학부 교수는 "사고는 너무 안타깝지만 그 원인을 가해자의 연령으로 환원시켜 모든 것이 노령 때문이라는 식의 논의 전개는 바람직하지 않다"고 했다. 이어 이 같은 사고방식의 배경에는 물질 만능주의와 성장 패러다임 속에서 생산성 여부로 가치를 판단하는 이분법적 사고방식이 있다고 설명했다. 석 교수는 "생산과 비생산의 이분법적 프레임 속에서 노인은 생산하지 못하는 존재, 성장에 기여하지 못하는 존재로 재단될 수밖에 없다"며 "빠른 속도로 성장한 한국사회의 경우 생산이란 가치에 더 무게중심을 두면서 노인이란 집단이 '짐이 되는 존재'로 범주화되고 있다"고 짚었다.

사고원인이 정확히 규명되지 않은 상태에서 고령운전 문제에 과도하게 초점을 맞출 경우 근본적인 해결책 도출에 도움이 되지 않는다는 지적도 나온다. 강미영 숙명여대 인문학연구소 교수는 "정확한 원인이 규명되기도 전에 사람들의 분노는 자동차가 아닌 68세라는 고령의 운전자를 향해 있다. 이런 감정의 흐름 속에서 우리는 길을 잃기 마련"이라며 "우리가 할 일은 원인을 명확히 규명하고 유사한 사건의 재발을 막을 수 있도록 힘쓰는 것"이라고 말했다. 🔲

4위

푸틴의 '방북' …
북한-러시아 군사동맹 복원

블라디미르 푸틴 러시아 대통령이 6월 19일(한국시간) 새벽 북한 평양에 도착했다. 푸틴 대통령의 방북은 2000년 7월 19~20일 이후 24년 만이다. 당시 러시아 지도자로서는 처음 북한을 찾아 김정일 국방위원장과 회담하고 북러공동선언을 발표한 바 있다. 2019년 4월 러시아 블라디보스토크, 지난해 9월 러시아 보스토치니 우주기지에 이어 세 번째로 만난 김정은 북한 국무위원장과 푸틴 대통령은 이번 정상회담에서 북러관계를 격상하는 '포괄적인 전략적동반자관계에 관한 조약'에 서명했다.

푸틴 대통령(오른쪽)과 김정은 위원장

전쟁상태 처하면 '지체 없이 상호 군사원조' 합의

이번 회담에서 북한과 러시아는 어느 한쪽이 무력침공을 받아 전쟁상태에 처하면 상대에게 지체 없이 군사적 원조를 제공하기로 합의했다. 이는 북러 두 정상이 서명한 '포괄적인 전략적동반자관계에 관한 조약'의 제4조에 반영됐다. '자동 군사개입'으로 해석될 수 있는 조항이라 양국 간 동맹관계가 28년 만에 복원된 것으로 보인다.

제4조에는 "쌍방 중 어느 일방이 개별적인 국가 또는 여러 국가들로부터 무력침공을 받아 전쟁상태에 처하게 되는 경우 타방은 유엔헌장 제51조*와 조선민주주의인민공화국과 러시아연방의 법에 준해 지체 없이 자기가 보유하고 있는 모든 수단으로 군사적 및 기타 원조를 제공한다"는 내용이 담겼다. 이 조항은 1961년 북한과 러시아의 전신 소련이 체결한 '조 · 소 우호협조 및 상호원조조약' 제1조와 거의 동일하다.

유엔헌장 제51조

국제연합(유엔)의 근본조약인 헌장에서 제51조는 회원국에 대해 무력공격이 발생한 경우 안전보장이사회가 평화와 안전을 위한 조치를 취할 때까지 개별적 · 집단적 자위의 고유한 권리를 침해하지 않는다고 설명한다. 즉, '집단적 자위권'을 인정하는 조항으로 집단적 자위권이란 자국이 아닌 타국이 공격을 받았더라도 이를 자국에 대한 공격으로 인정해 무력행사를 할 수 있는 권리를 말하는 것이다.

또 이번 조약에는 과거 조약에 공통으로 등장했던 한반도 통일과 관련된 조항이 담기지 않았다. 남한을 더는 통일의 대상으로 여기지 않겠다며 남북관계를 '적대적 두 국가 관계'로 규정한 김 위원장의 의지가 반영된 것이며, 러시아 역시 이를 용인했다는 해석이 가능하다.

서방 주도에서 다극화 세계로 재편하려는 러시아

푸틴 대통령은 북한에 이어 베트남 순방일정을 마무리하고 6월 21일(현지시간) 모스크바로 복귀했다. 우크라이나 침공 이후 국제적 고립에 처했던 푸틴 대통령은 이번 순방에서 김 위원장과의 '초밀착'에 이어 미국과 관계강화에 나서고 있는 베트남과의 우호관계 확인으로 세 불리기를 과시했다. 미국을 위시한 서방 주도의 세계를 다극화 세계로 재편, 새로운 질서를 주도하려는 의도를 거침없이 드러낸 그의 판 흔들기 행보에 한반도를 비롯한 동북아 안보지형은 다시 한 번 요동쳤다. 신냉전구도 형성에 서방의 경계심도 고조되는 모양새다.

새 북러조약 조인식을 하는 북러 정상

푸틴 대통령은 이번 순방으로 미국 패권주의와의 싸움을 재천명하고 북한과 주고받기에 나서며 반미·반서방 연대를 공고히 했다. 아울러 경제적 영향력 확대에도 나섰다. 북한과 의료·의료교육·과학협력 협정과 두만강 교량건설에 대한 협정을 체결했고, 베트남과는 액화천연가스(LNG) 공급, 해상수송로 건설프로젝트, 원자력 분야 협력 등을 논의했다.

특히 이번 북러 간 군사조약은 한반도를 넘어 서방에서도 촉각을 곤두세울 수밖에 없는 주제다. 푸틴 대통령은 순방을 마무리하기 전 미국과 그 동맹국들이 우크라이나에 정밀무기를 계속해서 공급한다면 북한을 무장시킬 용의를 밝히기도 했다. 우리 정부가 북러조약에 반발해 우크라이나 무기지원을 재검토하겠다고 밝히자 푸틴 대통령은 "아주 큰 실수"가 될 것이라고 상응조치를 거론하며 위협했다. 그러면서도 러시아정부는 이번 북러조약이 한국을 겨냥한 것이 아니라며 한국이 이번 조약을 차분히 받아들이기를 기대한다고 밝혔다.

한편 이번 조약으로 북핵 해결을 위한 강대국 간 협력의 시대는 종언을 고했다는 지적도 나왔다. 뉴욕 타임스(NYT)는 조약내용이 "전 세계적인 핵무기 비확산 노력에 위협이 된다"며 "러시아는 한때 핵 프로그램과 관련해 북한, 이란 같은 나라들에 유엔 차원의 제재를 가하는 데 미국과 함께했지만, 그 시대는 끝난 것 같다"고 지적했다.

HOT ISSUE **5위**

'31명 사상' 화성 아리셀 화재 … 또 안전불감증이 원인

사상 최악의 화학공장 사고로 기록될 화성 일차전지 업체 아리셀에서 일어난 화재가 공장 측의 무사안일주의가 빚어낸 인재(人災)라는 지적이 나왔다. 불이 나기 직전 공장에는 **리튬배터리*** 완제품 3만 5,000여 개가 별다른 분리보관 조치 없이 무방비하게 보관돼 있었던 탓에 배터리 1개에 불이 붙으면서 급속도로 확산했다. 이에 대량의 화염과 연기가 발생하고 폭발도 연달아 발생하면서 안에 있던 다수의 작업자가 미처 대피하지 못하고 변을 당했다.

리튬배터리

리튬 또는 리튬혼합물을 양극으로 사용하는 전지를 말한다. 다른 배터리에 비해 수명이 현저하게 길고, 전압과 에너지 밀도가 높으며, 소형화·경량화가 가능하다는 장점 때문에 카메라, 컴퓨터, 휴대용 전자제품 등 사용범위가 점차 확대되는 추세다. 특히 전기자동차가 확산하면서 핵심배터리로 주목받고 있는데, 이때는 한 번 사용하고 버리는 일차전지가 아니라 재충전해서 사용할 수 있는 이차전지를 사용한다.

석 달 전 경고·이틀 전 화재 … 드러난 안전불감증

소방당국은 아리셀처럼 연면적 1만 5,000m² 이하인 비교적 소규모인 공장에 대해 2년에 1차례 소방활동

자료조사를 실시하고 있다. 이에 따라 화성소방서는 올해 3월 28일 아리셀 공장의 소방여건을 조사했고, 조사서를 통해 아리셀 공장 내 건물 11개 동이 다닥다닥 붙어 있는 점을 짚으며 "상황 발생 시 급격한 연소로 인한 연소확대 우려가 있음"이라고 지적한 바 있다. 특히 6월 24일 불이 난 3동과 관련해서는 "(공장)3동의 제품생산라인에 급격한 연소로 인한 인명피해 우려 있음"이라고 경고하기도 했다. 소방당국에서는 화재 발생 3개월 전부터 아리셀의 건물현황과 구조, 보관 중인 위험물의 종류, 연소 확대 요인 등을 근거로 일단 불이 나면 큰 화재로 번질 수 있다고 본 것이다.

화성 일차전지 제조공장 아리셀 화재현장

또한 화성소방서는 화재가 발생하기 불과 19일 전인 6월 5일 아리셀에 직접 방문해 화재예방컨설팅을 하기도 했다. 당시 화성소방서 산하 남양119안전센터장을 비롯한 소방당국 관계자 4명이 아리셀 공장을 찾아 안전관리 담당직원 3명을 대상으로 화재 등의 비상상황이 발생했을 경우 대피방법을 설명하고, 위험물안전관리법상 3류 위험물인 리튬의 특성과 사고사례를 소개했다. 일종의 화재 예방·안전 교육을 진행한 것이다.

그러나 아리셀 측의 무사안일주의는 계속됐다. 특히 사고 이틀 전인 6월 22일에는 리튬배터리로 인한 화재가 발생했으나, 119 신고조차 하지 않았다. 이에 대해 아리셀은 당시 작업자가 배터리에 전해액을 주입하던 중 알 수 없는 이유로 배터리의 온도가 증가해 과열로 불이 났다고 주장한 것으로 전해졌다. 다행히 불이 다른 곳으로 옮겨 붙지 않아 큰 사고는 피했지만, 아리셀은 재발방지나 화재예방을 위한 별다른 조치를 하지 않았다. 이에 사고를 예방할 기회가 여러 차례 주어졌음에도 아리셀의 안전불감증 탓에 아무런 잘못 없는 근로자들이 안타까운 생명을 잃었다는 비판을 피할 수 없게 됐다.

'리튬전지' 생활 곳곳 확산 … 안전기준 강화해야

리튬은 상온에서 순 산소와 결합해도 발화하지 않는다. 또 대부분 한 번 사용된 뒤 재충전 없이 폐기되는 일차전지는 화재위험성이 상대적으로 적다는 이유로 '일반화학물질'로 분류돼 별도의 대응매뉴얼이나 안전기준이 없다. 그러나 최근 리튬배터리의 활용이 많아지고 있고, 일차전지라고 해도 일단 불이 나면 이번 사고처럼 연쇄폭발로 이어질 수 있는 만큼 안전관리를 강화해야 한다는 목소리가 나왔다.

특히 이번 화재에서 볼 수 있듯 리튬은 반응성이 큰 금속이어서 매우 높은 온도에 노출되거나 수증기와 접촉하면 폭발하면서 '위력'을 발휘한다. 또한 리튬처럼 알칼리 금속 등 가연성 금속이 원인인 '금속화재'는 백색섬광이 발생하는 것이 특징으로 진압된 것처럼 보이더라도 1,000℃ 이상의 고온이라서 매우 위험하다. 아울러 리튬의 특성상 물을 활용한 일반적인 진압방식으로 진화할 수 없는 경우가 많아 마른 모래와 팽창 질소로 불을 꺼야 하는데, 불길이 거세고 연기가 순식간에 내부에 가득 퍼질 경우 소방인력의 진입마저도 쉽지 않다.

화성 아리셀 공장 화재사고 추모 분향소

공하성 우송대 소방방재학과 교수는 "리튬은 충격을 받으면 폭발할 수 있고, 물과 반응해 수소와 같은 가연성 가스를 만든다"며 "가연성 가스가 만들어지면 작은 마찰에도 폭발이 일 수 있다"고 지적했다. 공교수는 "전기차 등에 들어가는 이차전지에 대해서는 화재가능성에 관심도 많고 보호장치도 많이 적용되지만, 일차전지는 그간 화재가 자주 발생하지 않아 안전기준 등이 마련된 것이 없다"며 "관련 안전기준과 안전교육을 강화할 필요가 있다"고 강조했다.

6위

국힘, 문자 폭로에 갈등 폭발 … 이재명 대표는 연임수순

국민의힘 전당대회(전대) 국면에서 돌출한 '김건희 여사 문자 논란'이 갈수록 확산하는 양상이다. 논란이 전대 최대쟁점으로 떠오르면서 각 후보의 정치색을 구별하는 지표로 작용했다. 논란 당사자인 한동훈 대표 후보 측에서는 이를 '전당대회 개입'으로 규정하며 대통령실과 친윤(친윤석열)계를 사실상 배후로 지목했다. 반면 대통령실은 '전대개입은 없다'고 일축했고, 친윤계에서는 한 후보에게 경위를 밝히라며 공세를 폈다.

6개월 전 김 여사 문자메시지, 전대 최대쟁점으로

이번 논란은 지난 1월 김 여사가 자신의 명품가방 수수 논란을 두고 대국민사과를 하겠다는 뜻을 당시 비상대책위(비대위)원장이던 한 후보에게 문자메시지로 전달했지만, 한 후보가 이를 묵살했다는 게 골자다. 한 후보는 이 같은 김 여사의 문자내용이 실제로는 "사과가 어렵다"는 취지였다고 반박했다. 김 여사가 자신이 사과할 경우 진정성 논란, 책임론 등 부정적 결과를 언급하면서 '그럼에도 사과를 결정하면 따르겠다'고 한 것은 사과하겠다는 뜻으로 온전히 받아들이기 어려웠다는 게 한 후보 측 입장이었다. 이어 문자에 직접 답을 하지 않았지만, 대통령 비서실장 등 '공식경로'를 통해 사과가 필요하다는 의견을 전달했다고도 덧붙였다.

한동훈·윤상현·원희룡·나경원 국민의힘 당대표 후보(왼쪽부터)

경쟁자인 원희룡·나경원·윤상현 후보는 일제히 한 후보의 '문자 읽씹(읽고 답장하지 않는다는 뜻의 비속어)'이 윤 대통령 부부와 한 후보의 불화설을 단적으로 드러냈을 뿐 아니라 총선참패의 결정적 원인으로 작용했다고 주장하며 협공을 폈다. 이에 한 후보는 6개월 전의 문자가 전대가 한창 진행 중인 시점에 공개된 것을 두고 "선동 목적의 전대개입"이라고 반발했다. 한 후보 측에서는 그 배경에 '한동훈 비토*론'을 확산하려는 대통령실과 친윤계의 의도가 깔렸다는 의구심을 제기했다. 그러자 대통령실은 "전대 선거과정에 일절 개입하지 않았고, 앞으로도 그럴 것"이라며 이번 논란과 거리를 뒀다.

비토

'비토(Veto)'란 '거부'를 뜻하는 단어로 '나는 금지한다(I forbid)'라는 의미의 라틴어 'veto'에 기원이 있다. 정치권에서 비토는 의결된 내용이나 법안에 대한 거부권을 의미한다. 특히 우리나라 정치권에서는 대통령이 국회를 통과한 법률안에 이의가 있을 때 이를 다시 의결하도록 국회로 되돌려 보내는 이른바 '법률안 재의요구권'을 의미하기도 한다.

그런데 7월 8일 한 언론사를 통해 김 여사의 문자메시지 5건 원문이 공개되면서 이를 둘러싼 한 후보와 경쟁 당권주자들, 친윤계와 친한(친한동훈)계의 공방도 한층 격화됐다. **친윤계에서는 김 여사가 다섯 건의 문자를 통해 거듭 '사과'의 뜻을 드러냈다고 주장했고, 반면 한 후보 측은 결국 '사과하기 어렵다'는 게 문자의 취지**라며 그 근거로 이후 불거진 대통령실의 '(한동훈) 사퇴요구'를 들었다. 당권주자간의 공방은 한 후보가 법무부 장관 시절 '여론조성팀(댓글팀)'을 운영했다는 의혹이 터지자 더 격화됐다. 특히 원 후보는 "댓글팀 의혹이 민주당에서 제기됐던 '드루킹 사건'과 닮았다"고 주장했고, 한 후보는 "댓글팀이든 뭐든 제가 관여한 게 전혀 없다"고 맞받았다. 7월 15일 충청권 합동연설회에서는 원 후보와 한 후보 지지자로 추정되는 당원 간의 물리적 충돌이 벌어지기도 했다.

국힘은 '자중촉구' … 민주당은 이재명 연임 도전

국민의힘 지도부는 김 여사 문자를 둘러싼 당권주자 간의 갈등이 증폭되고 대통령실 개입 논란까지 불거지자 후보들의 자중을 촉구했다. 황우여 국민의힘

비대위원장은 7월 8일 비대위 회의에서 "전당대회가 과도한 비난전 양상으로 흐르고 있다는 일부 지적에 귀 기울여야 한다"고 밝혔다.

황우여 비대위원장과 국민의힘 비상대책위

한편 이재명 더불어민주당 대표는 6월 24일 당대표직을 내려놨다. 이 대표는 대표직을 사퇴하면서 "당대표 선거 출마를 하지 않을 것으로 확정했다면 사퇴하지는 않았을 것"이라며 연임 도전의사를 밝혔다. 총선압승 이후 이 대표의 당 장악력이 공고해진 상황에서 향후 대권 등 정치일정까지 고려한 수순밟기 행보에 들어갔다는 것이 대체적인 분석이다.

HOT ISSUE 7위

미복귀 전공의도 행정처분 안 해 … 의료공백 마지막 출구전략

정부가 복귀 전공의뿐 아니라 복귀하지 않는 전공의들에 대해서도 면허정지 행정명령*을 철회하는 결정을 내렸다. 의료공백이 장기화하는 상황에서 전공의들에게 '면죄부'를 줬다는 비판을 무릅쓰고 결단한 것이지만, 전공의들을 비롯한 의료계는 복귀에 미치는 영향이 제한적일 것이라며 심드렁한 반응을 보였

다. 반면 환자단체들은 정부의 조치에 환영을 표하며 전공의들의 복귀와 의료공백 해소로 이어질까 기대했다.

행정명령

'행정규칙'이라고도 하며 행정권을 담당하는 행정부가 고유권한에 기해 행정부의 내부조직과 활동을 규율하기 위해 제정하는 명령을 말한다. 헌법이나 법률에 특정한 규정이 없어도 제정할 수 있으나, 행정기관 내부에서만 구속력을 가질 뿐 일반 국민의 권리·의무에 관한 사항을 규정할 수는 없다.

정부, 미복귀 전공의도 행정처분 안 하기로

정부는 7월 8일 의사 집단행동 중앙재난안전대책본부(중대본) 회의에서 다섯 달째 이어진 의료공백 상황을 고려해 전체 전공의를 대상으로 행정처분을 하지 않기로 결정했다. 그동안 스스로 원칙으로 삼은 사직 전공의에 대한 '기계적 처분' 방침을 뒤집는 것으로 정부는 행정처분 '중단'이나 '취소'가 아닌 '철회'라는 점을 강조했다. 행정절차법에 따르면 취소는 위법 또는 부당한 처분에 대해 내려진다. 정부는 앞선 6월 4일 복귀 전공의에 대해 행정처분을 '중단'하겠다고 해 다시 위법행위를 하면 행정처분 절차가 시작될 수 있음을 시사했는데, 이날은 향후 처분 가능성이 없는 '철회'라는 표현을 사용하면서 기존 입장을 바꿨다.

이와 관련해 조규홍 보건복지부 장관은 "전공의들이 향후 행정처분을 당하지 않을까 걱정하는 거 같다"며 "모든 전공의에 대해 향후에도 행정처분을 하지 않을 계획"이라고 명확히 했다. 전공의들의 집단이탈을 위법행위로 보고 엄정대응하겠다는 방침을 뒤집은 것인데, 조 장관은 "필수의료를 책임질 젊은 의사라는 점을 감안해 정부가 비판을 각오하고 결정을 내리게 된 것"이라고 강조했다. 그는 "(이탈자와 미이탈자 사이의) 형평성에 대한 비판이 제기될 수 있

다고 생각한다"면서도 "지난 6월 행정명령 철회에도 불구하고 복귀 또는 사직하는 전공의가 많지 않아서 의료공백을 최소화하기 위해 결단을 내린 것"이라고 말했다.

'엄정대응' 원칙 뒤집어 … '의사불패' 논란 불가피

정부는 각 수련병원에 9월 하반기 전공의 모집을 앞두고 7월 15일까지 전공의 사직처리를 완료해 결원을 확정해달라고 요청했다. 특히 사직 후 9월 전공의 모집에 응시하면 특례를 적용받도록 하겠다고도 밝혔다. 이에 따라 사직 후 9월 전공의 모집에 응시하는 경우 '1년 내 동일과목·연차로 응시'를 제한하는 지침을 예외적으로 적용하지 않을 계획이다. 또 7월 22일부터 시작된 9월 하반기 전공의 모집일정에서는 '내외산소(내과, 외과, 산부인과, 소아청소년과)'로 불리는 필수의료 과목에만 한정하던 예년과는 달리 결원이 생긴 모든 과목을 대상으로 모집할 계획이다.

이처럼 정부가 비판을 감수하고 행정처분을 철회하는 유화책을 내놨지만, 정작 전공의들은 시큰둥한 반응을 보였다. 전공의들은 당초 정부가 정당하지 않은 명령을 내렸으므로 행정처분이 이뤄지지 않는 게 '당연한' 수순이라며 복귀에 별다른 영향을 미치지 않을 것으로 봤다. 다만 행정처분 중단이 아닌 '철회'로 선회한 것에 대해서는 긍정적 반응을 보였

다. 환자단체들도 환영의 입장을 보이며 "전공의들이 조속히 협상 테이블에 앉아 정책을 논의해야 한다"고 촉구했다.

의료정상화 촉구 위해 보신각 앞에 모인 환자단체

한편 정부의 이번 조치는 전공의들에게 '면죄부'를 주면서 '의사들은 불법집단행동을 해도 처벌받지 않는다'는 '의사불패' 신화를 또다시 재현했다는 점에서 비판도 거세다. 정부는 그동안 의대증원 등 의료개혁이 의료계의 반발로 좌절된 사례를 들면서 "불행한 역사를 반복하지 않겠다", "악습을 끊겠다"는 등의 표현으로 엄정대응을 강조해왔기 때문이다. 결국 한편으로는 행정처분 면제 결정이 '면죄부'를 줌으로써 전공의들의 집단행동을 정당화하고 또 다른 불씨를 남겨 놓는 것이 아니냐는 우려가 나온다.

8위

대통령 탄핵소추 국민청원 돌풍, 불붙인 김진표 전 의장 회고록

윤석열 대통령 탄핵소추안 발의를 요구하는 국회 국민동의청원*에 대한 동의가 7월 3일 100만명을 넘었다. 6월 24일 국회 홈페이지를 통해 게시된 이후

하루 평균 10만명 이상 동의를 받은 셈이다. 더불어민주당도 윤 대통령과 정부를 향해 비판의 날을 세웠다. 박찬대 민주당 대표 직무대행 겸 원내대표는 이날 국회에서 열린 최고위원회의에서 "국민이 총선에서 엄중한 심판까지 했음에도 바뀐 것은 없다"며 "국정쇄신 약속이 헌신짝처럼 내던져졌고, 총리를 포함한 내각혁신 다짐도 사라졌다"고 지적했다.

국민동의청원

청원은 국민이 국가기관에 자신의 의견이나 희망을 진술하는 것으로 국민동의청원은 청원 홈페이지를 통해 본인의 청원내용을 30일 동안 5만명의 국민의 동의를 받아 제출하는 시스템이다. 요건이 충족되면 청원이 접수되고, 국회의 소관위원회 및 관련위원회에 회부돼 정식으로 심의를 받게 된다.

🏛️ 대한민국 국회

국민동의청원

현재 접속자가 많아 서비스 접속 대기 중입니다.

진행 중인 국민동의청원 현황(동의자 수 등) 조회는 '열린국회정보포털'에서도 가능합니다.

open.assembly.go.kr

※예상 대기시간은 실제 대기시간과 다를 수 있으니 이용에 참고하시기 바랍니다.

현재 대기인원
20842명

예상 대기시간
43분 25초

다음에 접속하기 ›

접속지연되는 윤 대통령 탄핵 관련 국민동의청원

김진표 전 국회의장 회고록 후폭풍

현행규정에 따르면 30일 이내에 5만명 이상이 동의한 청원은 소관 상임위원회(상임위)의 청원심사소위로 회부되고 심사결과 청원의 타당성이 인정되면 이를 본회의에 부의할 수 있다. 이번 청원의 경우 5만명 이상의 동의를 받은 만큼 소관 상임위인 법제사법위원회(법사위) 청원심사소위는 이번 청원을 심사해야 하며 이 과정에서 청문회를 고려할 수 있다는 게 민주당의 설명이다. 강유정 민주당 원내대변인은 "민주당은 100만 국민의 요구를 무겁게 받아들이며, 법사위 청원심사소위와 전체회의를 통해 엄정히 심사하겠다"며 "깊이 있는 심사를 위해 필요하다면 청문회 등의 절차를 실시하겠다"고 밝혔다.

100만명 넘어선 '대통령 탄핵청원' 동의

한편 이번 탄핵청원은 윤 대통령이 10·26이태원참사의 조작 가능성을 거론했다고 쓴 김진표 전 국회의장의 회고록이 영향을 미친 것으로 분석됐다. 6월 27일 공개된 회고록 '대한민국은 무엇을 축적해왔는가'에 의하면 김 전 의장은 2022년 12월 5일 열린 국가조찬기도회에 참석해 윤 대통령과 독대한 자리에서 당시 야당이 이상민 행정안전부 장관의 해임건의안을 제출한 것을 거론하며 "이 장관이 물러나지 않으면 2023년도 예산안 처리에도 영향을 줘 헌정 사상 첫 준예산이 편성되는 상황까지 올 것을 우려했다"면서 "장관이 스스로 자리에서 물러나야만 여

야가 극한대립으로 치닫는 것을 막을 뿐 아니라 장관 본인 앞날을 위해서도 바람직했다"고 썼다.

윤석열 대통령과 악수하는 김진표 당시 국회의장

이 대목에서 김 전 의장은 "윤 대통령이 '그 말이 다 맞으나 참사에 관해 지금 강한 의심이 가는 게 있어 아무래도 결정을 못 하겠다'고 말했다"고 전했다. 그러면서 "그게 무엇인지 물었더니 '이 사고가 특정세력에 의해 유도되고 조작된 사건일 가능성도 배제할 수 없다'고 했다"고 적었다. 이에 김 전 의장은 "나는 속으로 깜짝 놀랐다"며 "극우 유튜버의 방송에서 나오는 음모론적인 말이 대통령의 입에서 술술 나온다는 것을 믿기가 힘들었다"고 당시를 회상했다.

대통령실은 정면 반박, 여당은 '탄핵사유' 없어

대통령실은 김 전 의장의 주장을 정면 반박했다. 대통령실은 "국회의장을 지내신 분이 대통령에게 독대를 요청해 나누었던 이야기를 멋대로 왜곡해서 세상에 알리는 것은 개탄스러운 일"이라고 밝혔다. 이어서 "대통령은 당시 참사수습 및 예방을 위한 관계기관회의가 열릴 때마다 언론에서 제기된 다양한 의혹을 전부 조사하라고 지시한 바 있다"고 설명했다.

국민의힘도 "왜곡된 발언을 취소하고 사과하라"고 요구했다. 박준태 국민의힘 원내대변인은 "김 전 의장이 스스로 본인 명예를 훼손하고 있다"며 "대통령과의 대화를 왜곡해 주장하는 것이 바람직하냐"고 비판했다. 그러면서 "사회적 재난·참사가 있을 때마다 민주당은 항상 그 재난을 정쟁화하는 모습을 반복해왔다"고 지적했다. 아울러 국민의힘은 탄핵청원에 대해서도 "민주당이 국민청원을 정쟁의 수단으로 악용하고 있다"고 비판했다. 곽규택 국민의힘 수석대변인은 "탄핵청원은 국민의 자유지만 탄핵사유가 없다는 것은 누가 봐도 명백하다"고 말했다.

9위

최대주주 할증평가 폐지 …
가업상속공제 한도는 확대

기존보다 배당을 확대하거나 자사주를 더 소각하는 방식으로 주주환원을 늘린 기업에 '증가분의 5%'를 법인세 세액공제하는 방안이 추진된다. 또 이런 '밸류업*'에 적극 나선 기업에 대해서는 가업상속공제를 확대한다. 최대주주가 주식을 처분할 때 적용되는 주식할증평가제도를 폐지하는 방향으로 법 개정도 추진된다. 정부는 7월 3일 관계부처 합동으로 이러한 내용을 담은 '역동경제 로드맵' 및 '2024년 하반기 경제정책방향'을 발표했다.

밸류업

대상의 가치를 높이거나 향상시키는 행위를 말한다. 금융위원회는 2024년 2월 26일 한국거래소·자본시장연구원 등 유관기관과 함께 '기업 밸류업 프로그램'을 발표했는데, 기업들의 자발적인 기업가치 제고 노력과 주주환원정책을 통해 만성적인 '코리아 디스카운트(한국증시 저평가)'를 해결하겠다는 것이 핵심내용이다. 이때 금융위원회는 공시 원칙·내용·방법에 대한 종합 가이드라인을 제시하고, 정부는 기업들의 적극적인 참여 유도를 위해 다양한 세제지원책을 인센티브로 제시하기로 했다.

정부, 역동경제 로드맵·하반기 경제정책방향 발표

정부는 단기적인 경기·민생 대책에 초점을 맞추는 통상의 경제정책방향과 달리 최상목 부총리 겸 기획재정부 장관이 강조한 '중장기 경제비전' 격인 로드맵을 같이 내놨다. 근본적으로 경제의 역동성을 높이는 과제들에 시동을 걸자는 취지다. 정부는 '서민과 중산층 시대를 구현하겠다'는 비전을 내걸고 ▲ 혁신생태계 강화 ▲ 공정한 기회 보장 ▲ 사회이동성 개선 등 3대 목표하에 10대 과제를 제시했다.

혁신생태계를 강화하는 핵심정책으로는 '자본시장 밸류업'을 내세웠다. 기업의 주주환원 증가분(직전 3년 대비 5% 초과분)에 대해 5%를 법인세 세액공제하고, 주주의 배당소득은 저율 분리과세하겠다는 게 골자다. 2,000만원 이하의 원천징수 세율을 14%에서 9%로 낮추고, 2,000만원 초과분에 대해서는 기존대로 과표구간에 따라 종합과세하거나 25% 세율로 분리과세하는 방안 중 택하는 방식이다. 밸류업 기업을 비롯해 매출규모를 늘린 스케일업(Scale-up)기업, 기회발전특구기업에 대해 가업상속공제도 대폭 늘린다는 방침이다. 법인세·소득세·상속세 인센티브로 밸류업을 유도하겠다는 의미다. 모두 세법개정 사안으로 국회 문턱을 넘어야 한다.

재계에서 강력하게 요구하는 '최대주주 주식할증평가' 폐지도 추진한다. 중소기업을 제외한 기업의 최

대주주는 보유주식을 상속하거나 증여할 때 '기업경영권' 프리미엄까지 고려해 주식가치를 20% 높여 평가한다. 이 때문에 최대주주의 주식에 상속세 최고세율 50%를 적용하면 60%(50%의 120%) 세율로 과세해 세부담이 지나치게 크다는 지적이 재계에서 지속적으로 제기돼왔다.

소상공인 금융지원 늘리고 배달료 부담 줄인다

그밖에 최단 3년의 시야를 갖고 추진할 정책별 로드맵도 제시했다. 우선 현행 근로시간제도에 대한 개선방안을 장기적으로 모색한다. 날짜 중심의 공휴일 제도를 개선하는 아이디어도 꺼냈다. 미국식 '월요일 공휴일 법'을 준용한다면 주말에 이어서 사흘 휴식을 통해 연휴효과를 누리면서 일과 가정의 균형감을 높일 수 있다는 것이다. 교육부문에서는 '사립대학 구조개선법' 제정을 추진한다. 향후 10년간 노후 공공청사를 복합개발해 도심에 공공임대주택 5만가구를 공급하겠다는 구상도 내놓았다. 민간임대 사업자가 100가구 이상의 임대주택을 20년 이상 의무 임대하도록 하는 기업형 장기임대주택을 도입해 2035년까지 민간임대주택 10만가구를 공급한다.

하반기 경제정책방향 및 역동경제 로드맵 발표 행사

하반기 경제정책에는 '소상공인 · 자영업자 대책'을 전면에 부각했다. 빚으로 팬데믹을 버티다 고금리 장기화로 연체 · 폐업의 벼랑 끝에 내몰린 자영업 ·

소상공인의 구제가 시급하다는 판단에서다. 금융지원 '3종 세트(상환연장, 전환보증, 대환대출)'도 추진된다. 정책자금 상환연장 기간이 최대 5년으로 늘어나고 업력 · 대출잔액 요건이 폐지된다. 5조원 규모의 전환보증이 신설되고, 7% 이상 고금리 대출을 저금리 대출로 대환하는 프로그램 요건이 대폭 완화된다. 소상공인 채무조정 지원 프로그램인 새출발기금 규모는 기존 30조원에서 '40조원+α'로 확대되고, 채무조정 대상기간도 올해 상반기까지로 연장된다.

소상공인의 배달료와 임대료, 전기료, 인건비, 관리비 등 5대 고정비용 부담을 덜어주는 정책도 추진된다. 특히 '플랫폼 갑질' 비판이 나오는 배달수수료 인하를 유도하기 위해 플랫폼 사업자와 외식업, 관계부처, 전문가로 구성된 협의체를 7월 가동해 연내 상생협력 방안을 마련한다는 방침이다. 긴급 민생안정자금으로는 하반기에 1조원을 투입한다. 소상공인 전기료 · 융자 · 대환대출 지원대상을 확대하고 임금체불 근로자에 융자도 지원한다. 저소득 근로자에게는 생활안정자금도 지원한다.

'이재명 수사 검사' 탄핵 돌입 … 강하게 반발하는 검사들

더불어민주당은 7월 2일 이재명 전 대표의 '대장동 · 백현동 특혜개발 의혹'과 '쌍방울 불법 대북송금 의혹' 사건 수사담당자 등 검사 4명에 대한 탄핵소추 절차에 돌입했다. 민주당은 이날 소속의원 전원 명의로 강백신 수원지검 성남지청 차장검사, 김영철 서울북부지검 차장검사, 박상용 수원지검 부부장검사, 엄희준 부천지청장에 대한 탄핵소추안을 발의했다. 앞서 민주당이 탄핵소추한 검사 3명에 더해 7명째 현직 검사의 탄핵소추를 추진하게 된 것이다.

비위검사 탄핵소추안을 제출하는 더불어민주당 의원들

민주당, 검사탄핵 등으로 검찰개혁 정조준

민주당은 강 검사에 대해 "신학림 전 언론노조 위원장과 화천대유 대주주 김만배 씨의 허위인터뷰 의혹 수사과정에서 불법 압수수색을 하고 피의사실을 공표했다"는 등의 내용을 탄핵사유로 제시했다. 박 검사에 대해서는 "이화영 전 경기도 부지사의 대북송금수사과정에서 허위진술 회유 의혹 등이 있다"고, 엄 검사에 대해서는 "한명숙 전 국무총리 수사과정에서 위증교사 의혹 등이 있다"고 각각 탄핵사유를 설명했다. 이어서 김 검사에 대해서는 박근혜정부의 '국정농단 사건' 수사 · 재판 과정에서 최서원 씨의 조카 장시호 씨와 뒷거래했다는 의혹과 '김건희 여사 봐주기 수사 의혹' 등을 탄핵사유로 제시했다.

또한 민주당은 7일 5일 검찰과 **국가정보원***(국정원) 등 권력기관을 겨냥한 법안도 잇달아 발의했다. 민주당이 대표적인 개혁대상으로 삼고 있는 권력기관인 **검찰의 힘을 빼기 위해 고위공직자범죄수사처(공수처)의 권한과 규모를 확대하는 한편, 국정원의 권한도 축소하는 내용들**이다. 검사탄핵안을 비롯해 검찰 '힘 빼기' 법안을 추진하는 것과 맞물리는 것으로

일각에서는 일련의 법안들이 이 전 대표의 '사법리스크'를 염두에 둔 것 아니냐는 지적도 제기됐다.

국가정보원

대통령 직속기관으로 국가의 정보활동에 대한 기본정책을 수립하고 실시하는 기관이다. 약칭으로 '국정원'이라고 부른다. 전신인 중앙정보부는 1961년 5 · 16군사반란 이후 반혁명세력과 간첩세력을 색출하기 위해 설립됐으며, 국가기관 중 가장 강력한 권한을 지닌 기관으로 자리 잡았다. 그러나 박정희 · 전두환의 군사정권 시절 동안 인권탄압과 지나친 정치개입으로 악명 높아 비판을 받았다.

검사탄핵에 강하게 반발하는 검찰

검찰수장인 이원석 검찰총장은 민주당이 이 전 대표의 형사사건을 수사한 검사들에 대한 탄핵소추안을 발의하자 강하게 반발했다. 이 총장은 7월 2일 대검찰청에서 기자회견을 열고 "**피고인인 이 대표가 재판장을 맡고, 이 대표의 변호인인 민주당 국회의원과 국회 절대 다수당인 민주당이 사법부의 역할을 빼앗아 와 재판을 직접 다시 하겠다는 것과 같다**"고 비판했다. 이어서 "이 대표라는 권력자를 수사하는 검사를 탄핵해 수사와 재판을 못 하게 만들고, 권력자의 형사처벌을 모면하겠다는 것"이라고 규정했다.

검사탄핵에 대한 입장을 발표하는 이원석 검찰총장

검찰 내부에서도 반발이 커졌다. 이 전 대표의 주요 사건수사를 지휘한 송경호 부산고검장은 7월 3일 검찰 내부망에 "이 대표에 대한 수사와 공소유지를 총

괄했던 나를 탄핵하라"고 글을 올렸다. 이어 "헌법 재판을 통해 민주당의 검사탄핵이 위헌·위법·사법방해·보복·방탄 탄핵에 명백히 해당됨을 국민들에게 알려드리겠다"며 "그 과정을 통해 헌법의 핵심적 가치인 법치주의와 삼권분립, 사법부의 독립과 공정한 수사·재판의 가치를 지켜내겠다"고 적었다.

한편 민주당이 탄핵안 조사를 위한 청문회 개최를 유력하게 거론하자 검찰은 당사자들의 불출석으로 맞서는 방안을 검토하는가 하면 곧바로 이 전 대표와 부인 김혜경 여사를 이른바 7만 8,000원 '법카 유용 의혹'으로 동시 소환하는 등 공세에 나섰다. 그러자 민주당이 위원장을 맡고 있는 법제사법위원회에서는 '윤석열 대통령 탄핵소추안 발의 요청' 국회 국민동의청원과 관련한 청문회에 김건희 여사와 윤 대통령의 장모 최은순 씨를 증인으로 채택했다.

11위

라인야후 '탈 네이버' 속도 … "2025년 업무위탁 종료" 시한 명시

정보유출 문제로 일본정부로부터 행정지도를 받은 라인 애플리케이션 운영사 라인야후가 네이버와 '자본관계 재검토' 문제에 대해 단기적으로는 곤란한 상황이지만 계속 논의하겠다고 일본당국에 보고했다. 아울러 네이버와의 네트워크 분리 및 네이버클라우드에 대한 업무위탁 시한도 명시했다.

업무위탁 내년 종료 … "단기적 자본이동은 곤란"

라인야후는 7월 1일 일본 총무성에 제출한 행정지도 관련 보고서에서 총무성이 지시한 네이버와 자본관계 재검토 문제와 관련해 "모회사인 A홀딩스의 자본관계 재검토를 A홀딩스 주주인 소프트뱅크와 네이버에 의뢰했다"면서 "다만 현재 양사는 단기적 자본이동에는 곤란이 따른다는 인식에 도달했고, 이를 공유하고 있다"고 말했다. 그러면서 "양사 모두 협력적으로 대응하고 있으므로 논의가 진전되도록 계속 노력해나갈 방침"이라고 덧붙였다.

라인야후 주식은 네이버와 소프트뱅크가 설립한 합작법인 A홀딩스가 약 65% 보유하고 있으며, 소프트뱅크와 네이버의 A홀딩스 지분율은 각각 50%다. 앞서 소프트뱅크는 네이버와 라인야후 지분을 인수하기 위한 협상을 진행하고 있다고 밝혔다. 하지만 일본정부가 네이버로부터 라인야후의 경영권을 빼앗으려 한다는 한국 여론의 반대에 부딪히면서 지분인수 협상이 장기화할 것으로 예상된다.

라인야후는 이날 보고서에서 자본관계 재검토 완료 목표 시한은 명시하지 않았다. 보고서에는 시스템과 업무 양면에서 네이버에 대한 의존도를 줄이는 '탈 네이버'를 가속하겠다는 계획이 담겼다. 라인야후는 인증기반 등 네이버와 네트워크 분리를 2026년 3월까지 완료할 것이라고 밝혔다. 라인야후는 2025년 3월까지, 라인야후의 일본 내 및 해외 자회사는 2026년 3월까지 각각 이용을 중단할 계획이다. 또 네이버와 네이버클라우드에 대한 업무위탁은 2025

년 말 종료하고 다른 네이버 그룹사에 대한 위탁은 2025년 3월 종료하는 것을 목표로 하고 있다.

IT업계, "AI 핵심 국가경쟁력 확보 문제가 원인"

한편 이번 사태의 배경에는 한 회사의 경영권보다 중요한 인공지능(AI) 시대 핵심 국가경쟁력 확보 문제가 있다는 지적이 정보기술(IT)업계 안팎에서 제기됐다. 3월 기준 일본 내 라인 메신저 사용자 수(MAU)는 약 9,700만명으로 전체 인구의 80%에 달한다. 일부 고령자나 영유아를 제외하고 스마트폰을 보유한 일본인이라면 거의 사용하는 셈으로 지방자치단체 행정시스템과 업무용 라인웍스, 간편결제, 음식배달 등 각종 생활서비스와 연계된 플랫폼으로서 사용자의 업무·금융·생활 전반에 걸친 무궁무진한 데이터를 생산해낸다.

IT업계에서는 사용자들이 직접 만들어내는 데이터가 향후 AI기술 발전에 큰 역할을 할 것으로 전망하고 있다. AI모델들이 지금 추세로 학습을 지속할 경우 2028년께 인간이 만들어낸 공공데이터가 고갈될 것이라는 예측이 대두되는 상황에서 일본이 라인 플랫폼을 통해 매일 쏟아내는 엄청난 양의 텍스트와 데이터의 값어치는 지금보다 훨씬 높게 평가될 수밖에 없다. 네이버는 클라우드* 사업자(CSP)로서 레퍼런스를 확보한 뒤 라인플러스를 통해 동남아 등 시장으로 네이버 AI 생태계를 확장하려 했으나, 이번 사태로 인해 계획에 차질을 빚게 됐다.

클라우드

영어로 '구름(cloud)'을 뜻하며 데이터와 소프트웨어를 인터넷과 연결된 중앙컴퓨터에 저장해 인터넷에 접속만 하면 언제 어디서든 데이터를 이용할 수 있도록 한 서비스를 말한다. 보관하는 장소에 따라 퍼블릭(개방형) 클라우드와 프라이빗(폐쇄형) 클라우드로 나뉘며, 빅데이터를 클라우드로 관리할 경우 분리와 활용이 용이하다는 장점이 있다.

보안문제 때문에 최근에는 온디바이스 기반 AI 서비스도 주목받고 있지만, 오픈AI 등 유력 AI 개발사들은 여전히 클라우드 기반 서비스를 제공하는 등 AI 생태계에서 클라우드의 중요성은 날로 커지고 있다. 이런 상황에서 라인야후와의 결별은 네이버에 역량강화 기회의 손실이라는 분석이 나온다. 나아가 최근 중요성이 커진 '클라우드 주권'을 두고 각국이 적극적으로 움직이고 있는 가운데 해외에 진출한 한국기업을 보호하기 위한 우리정부 당국의 노력이 미비하다는 지적도 제기됐다.

12위

극우정당 득세 속 영국·프랑스 중도좌파 승리

유럽의회 선거와 이탈리아 선거가 우파 정당의 승리로 끝난 가운데 치러진 영국과 프랑스의 총선에서 유럽이 또다시 '우향우'될 수 있다는 전망과 달리 모두 좌파 정당이 승리했다.

영국, 무능한 보수 심판론에 노동당 압승

지난 5월 22일 리시 수낵 총리가 '깜짝 조기총선'을 발표하며 치러진 7월 4일(현지시간) 영국 조기총선에서 제1야당인 노동당이 412석을 얻으며 121석을 얻은 보수당에 압도적인 승리를 거뒀다. 2010년 데이비드 캐머런의 보수당에 집권을 내준 뒤 14년 만에 정권을 되찾은 것이다. 이날 얻은 노동당 의석수는 토니 블레어 전 총리가 이끈 노동당이 압승을 거뒀던 1997년 총선 의석수(418석)에 이어 역대 2번째로 많으며, 총선 직전보다는 211석 늘어난 큰 변화다. 반면 보수당의 121석은 1834년 창당 이후

190년 정당 역사상 최악의 성적표가 됐다. 이에 7월 5일 리시 수낵 전 총리의 즉각 사임과 함께 키어 스타머가 제80대 영국 총리로 취임했다.

총선 승리로 정권탈환에 성공한 키어 스타머 신임 영국 총리

이번 결과는 2020년 브렉시트(Brexit, 영국의 유럽연합 탈퇴) 이후 침체된 경제상황에서 급증한 이민자 문제와 공공의료 붕괴 등이 정권 심판론을 부추겼기 때문으로 해석된다. 브렉시트의 주역이라 할 수 있는 리즈 트러스 전 총리와 페니 모돈트 하원 원내대표, 그랜트 샙스 국방장관, 앨릭스 초크 법무장관, 루시 프레이저 문화장관 등 당내 주요 인사들이 줄줄이 낙선한 것이 그 증거다.

반면 보수의 강점으로 여겨지는 경제성장 추진, 안정적인 사회유지 능력을 발휘하지 못해 '무능한 보수'라는 인식이 확산되면서 노동당이 그 반사이익을 얻었다. 인권변호사, 왕립검찰청장 출신인 스타머 신임총리는 선거기간 내내 "변화"를 강조하며 안정적인 경제성장과 부의 창출, 흔들림 없는 국가안보 등을 주요 공약으로 내걸고 중도화 전략을 구사해 지지층을 넓힌 것도 주효했다.

그러나 중도좌파가 과반의석을 차지하긴 했지만 보수당이 자멸한 데 따른 측면이 크고, 영국개혁당으로 대변되는 극우진영의 대두까지 고려하면 '불안한

승리' 이상이 되기 힘든 것으로 평가된다. 차기정부가 쓸 수 있는 수단이 제한적이라는 것도 걸림돌로 예상된다. 국내총생산(GDP) 대비 정부부채는 90% 수준으로 치솟았고, 경기둔화로 세수 확대도 쉽지 않기 때문이다.

프랑스, 1차 결과 뒤집고 좌파연합 승리

7월 7일 프랑스 총선에서는 결선 격인 2차투표 결과 좌파연합인 '신인민전선(NFP)'이 하원의석 577석 가운데 182석을 얻으면서 극우 국민연합(RN)을 누르고 1당을 차지했다. 1차투표에서 선두를 기록했던 국민연합은 143석으로 에마뉘엘 마크롱 프랑스 대통령이 속한 중도연합인 '앙상블(168석)'에도 밀리며 최종 3위로 주저앉았다. 선거기간 내내 강하게 표출됐던 극우 지지세에 맞서 막판 좌파·중도 유권자들이 결집하면서 결과가 뒤바뀐 것이다. 결선투표를 앞두고 신인민전선과 범여권이 국민연합 후보의 당선을 저지하기 위해 적극적으로 후보단일화를 이뤄낸 전략이 성공한 것으로도 풀이된다. 프랑스 국민들이 극우파의 의회 장악을 원치 않는다는 점을 재확인했다는 점에서도 의미가 크다.

총선 결과에 환호하는 파리 시민들

당초 전망과 달리 중도좌파 성향이 승리했지만 영국과 프랑스의 새 지도자들의 미래가 밝지만은 않다. 두 나라 모두 공공부채가 수십년 만에 최대 규모에

달해 정부의 손발이 묶인 상태이기 때문이다. 이들 국가는 국내총생산(GDP) 대비 정부 지출과 재정적자 비율이 코로나19 이전 수준보다 훨씬 높다. 반면 경기는 여전히 침체해 있어서 세입증대를 기대하기도 어렵다. 차입비용은 크게 상승한 가운데 국방비, 노령연금 등 지출요구 또한 많다.

어느 진영도 과반의석인 289석을 얻지 못한 '헝 의회*(Hung Parliament)'가 다시 출현한 프랑스의 경우에는 향후 정부운영 시나리오가 더 복잡해졌다. 프랑스에서는 대통령이 총리를 임명하고 정부운영을 책임지는 총리는 함께 일할 장관들을 대통령에게 제청해 내각을 꾸리는데, 문제는 하원에서 총리를 비롯한 내각 불신임안을 통과시킬 수 있다는 점이다. 집권여당이 다수의석을 확보하지 못한 상태에서 대통령이 마음대로 내 사람을 총리에 앉혔다간 곧바로 의회에서 거부당할 위험이 크다는 것이다. 실제로 1당이 된 신인민전선은 마크롱 대통령이 자신들에게 정부 구성권을 줘야 한다고 압박하고 있다.

헝 의회

의원내각제 정부체제에서 의회(입법부) 내에 과반을 차지한 단일정당(또는 정당끼리 연대한 연합)이 없는 상태를 말한다. 의회운영을 안정적으로 끌고 나가기 위해서는 다수당이 과반의석을 확보해야 하는데, 그렇지 않을 경우 국정이 공중에 매달린 것처럼 불안하게 운영된다는 의미다. 헝 의회가 되면 하나나 두 주요정당이 소수당인 제3당과 함께 연립정부를 구성하거나 제3당 혹은 무소속 의원들과의 신임공급 협약에 의존한 소수당 정부를 구성하게 된다.

이보다 한 달 앞서 치러진 유럽의회 선거(6월 6~9일) 결과 유럽통합에 회의적인 극우정당이 약진한 것도 낙관 전망을 어둡게 한다. 극우정당들이 추구하는 우크라이나 지원 축소, 난민 불수용 등 정책변화와도 부딪쳐야 하기 때문이다.

저출생 컨트롤타워 만든다 … 육아휴직 늘리고, 출산가구 주택공급

정부가 세계 최악의 수준에 처한 출산율의 반등을 모색하기 위해 '일 · 가정 양립, 양육, 주거' 등 3개 분야를 집중적으로 지원하기로 했다. 저출산고령사회위원회(저고위)는 6월 19일 대통령 주재 회의를 열고 '저출생 추세 반전을 위한 대책'을 발표했다.

비상대응체계 가동하고, 인구회계 분리 추진

통계청 발표에 따르면 우리나라의 지난해 합계출산율(여성 1명이 평생 낳을 것으로 예상되는 평균 출생아 수)은 0.72명으로 전년의 0.78명보다 더 낮아졌다. 2021년 기준 경제협력개발기구(OECD) 38개 회원국 중 합계출산율이 1.0명에 못 미치는 국가는 우리나라가 유일하다. 정부는 이러한 저출생 추세로 국가존립이 우려되는 엄중한 상황임을 인식하고, 반전의 계기를 마련하기 위해 '인구 국가비상사태'를 선언하고 비상대응체계를 가동하기로 했다.

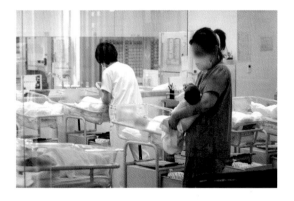

전담부처인 **인구전략기획부***와 대통령실 내 저출생수석실을 신설해 국가적 역량을 결집하고, 기존의 저고위는 관계부처 장관과 저고위원들이 참여하는 '인구 비상대책회의'로 전환해 매달 회의를 열 계획

이다. 인구정책과 관련한 세입과 세출을 정해놓고 이 부문의 예산을 안정적으로 사용하는 '인구위기대응특별회계(가칭)'를 신설하고, 저출생 대응 예산사업에 대한 사전심의제를 도입하는 방안을 검토한다. 또한 지방교부세의 교부기준을 저출생 대응 관점이 더 반영되도록 보완하고, 지방소멸대응기금이 기반시설 조성·활용 여부에 상관없이 사용될 수 있도록 사업범위를 조정한다. 경제계, 종교계, 방송·언론계, 지자체 등과 협의체를 구성해 가족친화적인 분위기 조성에도 나선다.

인구전략기획부

윤석열 대통령이 2024년 5월 9일 저출생·고령화를 대비하기 위해 신설한다고 발표한 기획부처로 부총리급 중앙행정기관이다. 기존 대통령 자문기구로서 구속력 있는 권한이 없던 저출산고령사회위원회와 달리 중앙행정기관의 지위로 예산을 사전심의하고, 각 부처 사업을 평가·조정하는 권한을 갖는다. 특히 '일·가정 양립, 양육, 주거'를 3대 정책분야로 선정해 국가적 역량을 집중하는 등 범정부 차원에서 저출생 문제에 대응한다는 데 역점을 둔다.

'2주 단기 육아휴직' 도입·다자녀 인센티브 확대

정부는 그동안 '백화점식'이라는 저출생 대책의 한계를 극복하기 위한 방안도 발표했다. 우선 월 150만원인 육아휴직 월급여(통상임금의 80%) 상한액은 250만원으로 올려 육아휴직 사용 시 겪는 소득하락을 줄이기로 했다. 다만 '250만원 상한'은 첫 3개월만 적용돼 이후 3개월은 200만원, 그 다음 6개월은 160만원으로 낮아진다.

육아휴직의 분할사용 횟수는 3회로 확대하고, '2주 단기 육아휴직' 제도를 도입하는 한편, 가족돌봄휴가, 배우자출산휴가 등을 시간단위로 쪼개서 사용할 수 있도록 한다. 육아기 근로시간단축제도와 관련해서는 자녀 대상연령을 12세 이하로 넓히고, 최대 사용기간을 36개월까지로 확대할 예정이다. 또한 월

20만원의 '동료 업무분담 지원금'을 신설하고, 눈치 보지 않고 육아휴직을 출산휴가와 함께 신청할 수 있도록 개선하되 14일 이내에 사업주가 서면으로 허용하지 않으면 신청한 대로 승인되도록 한다. 아빠의 출산휴가 기간도 20일로 늘리고 3회까지 분할해 사용할 수 있도록 한다는 방침이다.

아울러 신생아 우선공급 등을 신설해 출산가구 대상 주택공급을 12만호로 늘리겠다는 계획도 내놨다. 그린벨트를 해제해 1만 4,000호의 공공주택을 신혼·출산·다자녀 가구에 배정하고, 민간분양 내 신혼부부 특별공급의 물량비중을 23%로 상향조정한다. 2025년 이후 출산한 가구에 대해서는 신생아 특례구입·전세자금 대출의 소득요건을 2억 5,000만원으로 추가 완화한다. 또 혼인으로 인한 일시적 2주택 보유자의 경우에는 양도소득세와 종부세를 1주택자로 간주하는 기간을 10년으로 확대하고, 자녀 출산·양육 가정에 대한 세제 인센티브도 확대해 첫째와 둘째, 셋째에 대해 각각 25만원, 30만원, 40만원으로 세액공제 금액을 10만원씩 높인다. 자동차 취득세 감면은 3자녀 이상에서 2자녀 이상으로 확대하고, 제도 일몰을 3년 연장한다. 기업이 임직원에게 지급하는 출산지원금은 전액 비과세한다.

난임지원과 관련해서는 가임력 보존이 필요한 남녀를 대상으로 생식세포의 동결·보존비를 지원하기

로 했다. 25~49세 중 희망하는 남녀에게 최대 3회 가임력 검사도 지원한다. 아이를 낳고 싶어 하는 난임부부에 대해서는 난임시술의 건강보험 본인부담률을 30%로 줄이고, 난임시술 지원횟수도 여성 1인당 25회로 늘린다. 국외입양을 최소화하기 위해 입양절차를 국가와 지자체가 직접 수행하도록 하고, 예비 양부모와 가정위탁풀을 확대한다. 나아가 고령이라도 양육능력이 충분하면 친양자 입양을 할 수 있도록 법률을 정비할 방침이다.

14위

상위 1%가 종부세 70% 부담 …
평균 835억원 부동산 보유

지난해 4조 2,000억원에 달하는 종합부동산세(종부세)의 약 70%는 납부자 상위 1%가 부담한 것으로 나타났다. 이들의 납부세액은 평균 5억 8,000만원가량이며 보유한 부동산의 공시가격은 평균 835억원이었다.

종부세 폐지할 경우 지방재정에 직격탄 될 수도

7월 9일 국회 행정안전위원회 소속 양부남 더불어민주당 의원이 국세청에서 받은 종부세 천분위 자료에 따르면 2023년 개인과 법인을 포함해 납부자 상위 1%에 해당하는 4,951명이 종부세로 총 2조 8,824억원을 냈다. 이는 전체 종부세 결정세액 4조 1,951억원의 68.7%에 해당한다. 종부세 납부 상위 1%가 전체 종부세의 70%가량을 부담했다는 의미다. 상위 1%가 평균적으로 낸 세금은 납부 인원당 5억 8,000만원이었다.

이들이 보유한 부동산은 공시가격 기준 총 413조 5,272억원이었다. 납부 인원당 평균 835억 2,000만원가량의 부동산을 보유한 셈이다. 상위 0.1%인 495명으로 좁히면 이들은 평균 36억 5,000만원을 세금으로 납부했다. 총납부 규모는 1조 8,058억원으로 전체 종부세 결정세액의 43.0%를 차지했다. 상위 10%로 넓히면 4만 9,519명이 종부세로 평균 7,493만원을 냈다. 총납부 규모는 전체 세액의 88.5%에 해당하는 3조 7,106억원이었다. 반면 납부 세액 하위 20%인 9만 9,038명이 낸 종부세 규모는 총 75억원이었다. 전체 결정세액의 0.2%에 불과한 규모로 납부 인원당 평균 8만원가량을 냈다.

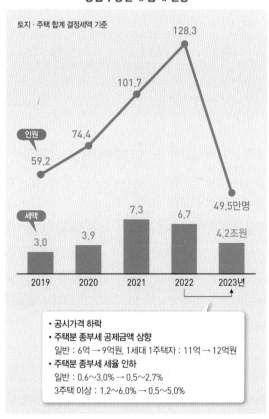

종합부동산세 납세 현황

자료 / 국세청

양 의원은 이를 바탕으로 최근 정치권에서 논의 중인 **종부세를 폐지하면 소수 상위계층에 감세혜택이**

집중될 것이라고 지적했다. 양 의원은 또 "종부세 폐지 또는 완화는 가뜩이나 어려운 지방재정에 직격탄이 될 것"이라며 "종부세와 관련해 신중한 접근과 면밀한 검토가 필요하며 지방재정 확충대책부터 먼저 논의돼야 한다"고 덧붙였다.

"세수 재분배" vs "시장 왜곡 부작용"

종부세는 일정금액 이상의 부동산을 소유한 사람에게 기본 재산세 외에 추가로 걷는 일종의 부유세(부자세) 개념으로 전 세계에서 한국에만 유일하게 있는 세금이다. 종부세는 20년간 세수의 지방 재분배에 기여했지만, 당초 목적인 집값을 잡는 데 실패하면서 보수세력들을 중심으로 시장기능을 왜곡시켰다는 비판이 커지고 있다. 강북과 수도권·지방의 집 2채를 팔아 강남 등 상급지의 1채를 구입하려는 수요가 늘어난 것처럼 급격한 종부세 증가가 다주택자 양도세 중과와 함께 '똘똘한 한 채'에 대한 선호도를 높여 서울·지방 간, 나아가 서울 내에서도 강남·강북 간 양극화를 초래했다는 것이다. 종부세 중과로 다주택자들이 집을 팔 것이라는 정부의 당초 예상은 양도소득세 중과로 출구가 막히면서 보기 좋게 빗나갔다는 게 이들의 주장이다.

또한 사전증여를 통해 자녀 등에게 부를 대물림하는 수요가 급증한 것도 문제로 지적된다. 2018년 9·13 부동산대책*에서 종부세 중과세율이 도입되고, 이듬해부터 공시가격이 급등하면서 보유세 부담과 막대한 양도세 때문에 주택 보유자들이 집을 팔지 못하고 증여로 눈을 돌린 것이다. 일각에서는 보유세 강화와 임대사업자제도 폐지로 다주택자들이 집을 사기 어렵게 되면서 무주택 또는 갈아타기 등 실수요자 위주로 시장이 재편되는 긍정적 효과가 있었다고 본다. 그러나 이로 인해 임대료에 세 부담을 전가하고, 전월세 물량을 감소시켰다는 비판도 나온

다. 주택가액이 아닌 주택 수로 중과 여부가 구분돼 저가주택 2~3가구와 초고가주택 1가구에 대한 형평성 문제도 끊임없이 제기됐다.

9·13 부동산 종합대책

2018년 9월 13일 문재인정부가 발표한 부동산시장 종합대책을 말한다. '투기수요 근절·맞춤형 대책·실수요자 보호'라는 3대 원칙 아래 서민주거와 주택시장 안정을 목표로 두고 종부세 인상 및 과세대상 확대, 1주택자 분양 주택청약 제한, 부동산 임대사업자 등록 규제, 분양 주택청약제도 개편 등이 방안으로 제시됐다.

그러나 실제 우리나라의 종부세 실효세율은 경제협력개발기구(OECD) 평균보다 낮은 수준이다. 2019년 기준 우리나라 보유세 실효세율은 0.17%로 가장 높은 국가인 캐나다(0.87%)의 5분의 1 수준이다. 이어 영국의 보유세 실효세율은 0.8%, 일본과 프랑스는 0.5% 내외다. 즉, 외국에 종부세라는 명목의 세금은 없지만 실제로 주택보유 시 세금은 우리보다 더 많이 내고 있다는 의미다. 따라서 종부세 폐지를 논할 것이 아니라 부의 재분배를 어떻게 할 것인지 면밀히 살펴야 한다는 지적이 나온다.

15위

김홍일 방통위원장 탄핵 전 사퇴 … 후임 이진숙 전 대전MBC 사장 지명

김홍일 방송통신위(방통위)원장이 7월 2일 국회 본회의에 본인에 대한 탄핵소추안이 보고되기 직전 자진사퇴했다. 지난해 12월 말 국민권익위원장에서 퇴임해 방통위원장에 취임한 지 약 반년 만이다. 윤석열 대통령은 김 위원장의 사의를 곧바로 수용했다.

더불어민주당 등 야당은 현재 방통위가 2인체제로 운영되는 점이 위법이라는 이유로 김 위원장에 대한 탄핵소추안을 발의한 상태였는데, 이에 김 위원장은 6월 28일 MBC 대주주 **방송문화진흥회*** 등 공영방송 이사진 선임 계획안을 의결하고 이사진 공모를 시작한 직후 사퇴하면서 민주당의 탄핵 추진에 제동을 걸었다. 이로써 최근 방통위는 1년도 채 안 돼 수장이 두 차례나 사퇴하는 상황에 직면했다. 앞서 이동관 전 위원장도 지난해 12월 야당이 발의한 탄핵소추안의 국회 본회의 표결을 앞두고 취임 석 달 만에 자진사퇴했기 때문이다.

방송문화진흥회

1988년 방송문화진흥회법에 의해 출범했으며 공영방송인 문화방송(MBC)을 관리·감독하고 공영방송으로서의 책임을 다할 수 있도록 이끄는 비영리공익법인이다. 흔히 약칭으로 '방문진'이라고 부른다. MBC의 대주주로서 경영에도 관여하며, MBC 사장의 임명권과 해임권도 가지고 있다. 총 9명의 이사로 구성돼 있고, MBC 사장을 임명 또는 해임하기 위해서는 이사진 과반의 찬성이 필요하다.

윤 대통령, 이진숙 차기 방통위원장 후보자 지명

윤 대통령은 김 전 위원장이 자진사퇴한 지 이틀만인 7월 4일 이진숙 전 대전MBC 사장을 차기 위원장 후보자로 전격 지명했다. 이 후보자는 MBC 방송기자 출신이자 지난 대선 때 윤 당시 대통령 후보 캠프의 언론특보를 지냈다.

이 후보자는 지명 발표 직후 용산 대통령실에서 기자들과 만나 공영방송 등의 보도를 둘러싼 논란에 대해 자신의 입장을 가감 없이 밝혔다. 이 후보자는 '바이든-날리면' 보도논란, '청담동 술자리' 보도논란, '김만배 허위 인터뷰' 보도논란 등을 열거하며 "언론은 우리 삶을 지배하는 공기라 불리지만, 지금은 공기가 아닌 흉기로 불리기도 한다"고 날을 세웠다. 그러면서 "언론이 정치권력, 상업권력의 압력에

서 벗어나야 한다는 주장이 설득력을 가지려면 먼저 그 공영방송들이 '노동권력'으로부터 스스로를 독립시켜야 한다"고 강조했다. 현재의 공영언론이 민주노총 등 정권에 반대하는 노동계의 입김에서 자유롭지 못하다는 인식을 공개적으로 드러내며 이를 바로잡겠다고 천명한 셈이다.

이진숙 등판에 공영방송 이사 선임 신경전 점화

이 후보자의 지명으로 공영방송 이사 선임절차를 시작한 방통위와 이를 저지하려는 야당 간 신경전이 시작됐다. 7월 7일 국회 인사청문회법에 따르면 대통령이 이 후보자에 대한 인사청문요청안을 제출한 후 국회는 20일 내 청문절차를 마쳐야 한다. 20일 안에 보고서가 채택되지 않으면 대통령은 10일 내 기간을 정해 재송부를 요청할 수 있으나, 상황을 고려할 때 굳이 시간을 끌지 않고 이 후보자를 임명할 것으로 전망됐다.

이진숙 방통위원장 후보

이 후보자는 취임 직후 이사 선임안을 전체회의에 올려 이상인 부위원장(현재 위원장 직무대행)과 함께 의결할 것으로 예상된다. 이 후보자는 "조만간 MBC, KBS, EBS 등 공영방송사의 이사 임기가 끝나며, 마땅히 새 이사들을 선임해야 한다"며 가장 먼저 해야 할 일을 분명히 한 바 있다.

한편 야권에서는 이 후보자가 과거 MBC 기획홍보본부장 시절 MBC 민영화를 모의했다는 점을 들어 강력하게 반발하고 있다. 야7당이 공동추진하는 '방송장악 국정조사'에도 이 후보자를 증인으로 채택하는 등 '강공'으로 임명철회를 끌어내겠다는 방침을 내놓고, 공영방송 이사 선임 의결 시에는 물론 임명후 탄핵도 가능하다는 이야기가 나오고 있다. 이 때문에 정치권 및 방통위 안팎에서도 결과적으로 이사 선임안 의결 후 탄핵안 추진 및 사퇴라는 과정이 또 한 번 반복되지 않겠느냐는 전망이 우세하다.

16위

한국 의식주 물가, OECD 평균의 1.6배 달해

우리나라 국민의 의식주와 관련된 필수 생활물가가 경제협력개발기구(OECD) 국가들의 평균보다 약 60%나 더 높은 반면 전기·수도료를 비롯한 공공요금 수준은 OECD 평균을 밑돈다는 분석이 나왔다.

필수 생활물가, OECD 평균의 2배 넘어

한국은행(한은)은 6월 18일 공개한 '우리나라 물가수준 특징과 시사점' 보고서에서 "최근 인플레이션

(물가상승)이 둔화하고 있으나 누적된 물가상승으로 물가수준이 크게 오른 상태"라며 "특히 식료품, 의류 등 필수 소비재의 가격수준이 높아 생활비 부담이 크다"고 진단했다. 실제로 2020년 12월부터 올해 5월까지 생활물가 누적상승률(16.4%)은 전체 소비자물가(13.7%)를 웃돌고 있다. 특히 다른 주요국과 비교하면 우리나라 식품·의류·주거 관련 품목의 고물가 현실은 더욱 두드러진다.

영국 경제분석기관 EIU* 통계(2023년 나라별 주요 도시 1개 물가 기준, 한국은 서울 기준)에 따르면 우리나라 의식주(의류, 신발, 식료품, 월세) 물가는 OECD 평균(100)보다 55% 높았다. 품목별로는 의류, 신발, 식료품, 주거비 물가수준이 평균을 61%, 56%, 23%씩 웃돌았다. 품목을 더 세부적으로 나눠보면 우리나라 사과(OECD 평균 100 기준 279), 돼지고기(212), 감자(208), 티셔츠(213), 남자정장(212), 골프장이용료(242) 등의 물가가 OECD 평균의 두 배를 넘어섰다. 오렌지(181), 소고기(176), 원피스(186)도 거의 두 배 수준이었다.

EIU

영국 시사경제주간지 이코노미스트 계열사 가운데 하나로 국가별 경제전반에 대한 중장기 분석에 정평이 있는 기관으로 꼽힌다. 세계 60개국을 상대로 분기별 정치·사회 환경변화를 감안한 경제환경을 분석하며, 특히 10개 분야·70개 항목을 토대로 한 기업환경지수는 국가경쟁력 평가에서 독보적인 영역을 구축하고 있다.

한은은 국내 농산물 가격이 다른 나라보다 특히 높은 원인을 낮은 생산성, 유통비용, 제한적 수입 등을 꼽았다. 농경지 부족과 영세한 영농규모 등 탓에 생산단가가 높은 데다 유통에도 비용이 많이 들고, 일부 과일·채소의 경우 수입을 통한 공급도 주요국과 비교해 제한적이기 때문이라고 설명한다. 비싼 옷

값은 브랜드 의류를 선호하는 국내 소비자의 성향도 관련이 있는 것으로 분석됐다.

공공요금은 OECD 평균의 절반 수준

반면 공공요금 수준의 경우 다른 나라보다 뚜렷하게 낮았다. EIU 통계상 우리나라 공공요금(전기료, 수도료, 대중교통, 우편요금)은 OECD 평균보다 27% 쌌고, 개별 세부품목 중 수도료(OECD 평균 100 기준 58) · 전기료(52) · 외래진료비(42) · 인터넷사용료(40)는 거의 평균의 절반수준이었다. 한은은 "앞으로 고령화로 재정여력은 줄고 기후변화 등으로 생활비 부담은 늘어날 가능성이 큰 만큼 재정투입 등을 통한 단기적 대응보다는 구조적 해법을 모색할 필요가 있다"고 강조했다. 아울러 "높은 인플레이션은 통화정책으로 대응할 수 있지만, 구조적 문제로 계속 물가수준 자체가 높거나 낮은 문제는 통화정책만으로 해결하기 어렵다"며 한계도 인정했다.

한국 물가 수준

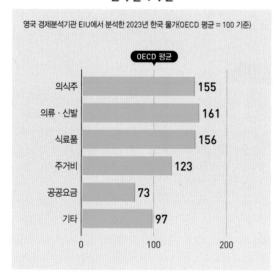

영국 경제분석기관 EIU에서 분석한 2023년 한국 물가(OECD 평균 = 100 기준)

OECD 평균

의식주	155
의류 · 신발	161
식료품	156
주거비	123
공공요금	73
기타	97

자료 / 한국은행

구조적 해법으로는 우선 가격변동성이 큰 농산물의 공급채널을 다양하게 늘리는 방안이 제시됐다. 한은은 "농업생산성 제고, 비축역량 확충, 수입선 확보,

소비품종 다양성 제고 등을 통해 공급 · 수요의 탄력성을 키워야 한다"며 "다만 이 과정에서 발생할 수 있는 농가 손실, 생산기반 약화 등 부작용은 최대한 줄여야 한다"고 밝혔다. 효율적 유통구조 구축은 농산물과 의류 물가에 공통적 해법으로 거론됐다. 또 낮은 공공서비스 물가에 대해선 "러시아 · 우크라이나 전쟁 등에 따른 에너지충격을 완충하기 위해 단기적으로 공공요금 인상 자제가 불가피하지만, 향후 공공요금을 단계적으로 정상화해야 한다"며 "그대로 두면 공공서비스 질 저하, 에너지 과다소비, 세대 간 불평등 등의 문제가 초래된다"고 경고했다.

청약통장 월납입 인정액, 10만 → 25만원으로 올라간다

공공분양주택 청약 때 인정되는 청약통장 납입액 한도가 월 10만원에서 25만원으로 상향된다. 월 납입 인정액이 늘어나는 것은 1983년 이후 처음이다.

월납입 인정액 확대 ··· 배경엔 줄어든 주택도시기금

국토교통부(국토부)는 6월 13일 이 같은 내용의 '민생토론회 후속 규제개선 조치' 32개 과제를 발표했다. 청약통장 가입자는 매달 최소 2만원에서 최대 50만원까지 자유롭게 저축할 수 있지만, 공공분양주택 당첨자를 선정할 때 인정되는 납입액은 월 10만원까지로 1년에 120만원, 10년이면 1,200만원만 인정받았다. 공공주택은 청약통장의 저축총액 순으로 당첨자를 가리는데, 청약 당첨선은 보통 1,200만 ~1,500만원 수준이었다. 이에 국토부는 '주택공급에 관한 규칙'을 개정해 오는 9월부터 청약통장 월납입 인정액을 상향할 계획이다. 월납입 인정액을 25만원으로 늘리면 저축총액과 관련한 변별력이 커질 전망이다.

일각에서는 무주택 서민이 청약통장에 월 10만원을 납입하기도 어려운데 25만원을 납입할 수 있는 사람에게 청약에서 밀리는 것 아니냐는 비판의 목소리도 나온다. 다만 매월 25만원을 청약통장에 저축할 경우 소득공제를 300만원 한도까지 받을 수 있다. 정부가 올해부터 청약저축 소득공제를 받을 수 있는 연간 납입한도를 240만원에서 300만원으로 늘렸기 때문이다. 무주택가구주이면서 총급여가 7,000만원 이하라면 청약통장 연간 납입액의 40%(최대 120만원)를 연말정산 때 소득공제를 받을 수 있다.

국토부, '청약통장 3인방' 140만좌 전환 장려

정부는 2015년 9월 이후 신규가입이 중단된 청약부금, 청약예금, 청약저축을 **주택청약종합저축***으로 전환하는 것도 허용하기로 했다. 현재 청약통장 유형은 모두 4개다. 청약부금으로는 85m² 이하 민영주택, 청약예금으로는 민영주택, 청약저축으로는 공공주택에 청약할 수 있다. 그러나 민간·공공 구분 없이 모든 주택유형에 청약할 수 있는 주택청약종합저축으로 청약통장이 일원화되면서 세 통장의 신규가입은 중단됐다. 올해 4월 기준으로 청약부금(14만 6,768좌)·청약예금(90만 3,579좌)·청약저축(34

만 9,055좌) 총 140만좌가 남아 있다. 이는 전체 청약통장 가입자(2,696만좌)의 5.2%를 차지한다.

주택청약종합저축

2009년 5월 6일 기존 청약부금, 청약예금, 청약저축의 기능을 한데 묶어 출시된 상품이다. 주택 소유나 세대주 여부, 연령 등에 관계없이 누구나 전 금융기관을 통해 1계좌만 가입할 수 있다. 공공주택과 민영주택을 가리지 않고 모든 신규 분양주택에 사용할 수 있어 '만능청약통장'이라고도 한다.

국토부는 청약 부금·예금·저축 가입자가 통장을 해지하고 주택청약저축통장에 재가입하면 기존 납입 실적을 인정하기로 했다. 단, 통장전환으로 청약 기회가 확대된 경우 신규납입분부터 실적을 인정받을 수 있다. 공공주택 청약당첨을 위해서는 납입횟수가 중요한데, 민영주택에만 청약할 수 있는 청약예금을 20년간 부은 사람이 주택청약종합저축으로 전환해 공공주택 청약을 넣을 경우 신규납입분부터 1회차로 횟수를 센다. 이 때문에 주택종합청약통장에 꾸준히 저축한 1순위 청약 신청자와의 경쟁에서 밀릴 가능성이 크다. 그러나 소득요건 등이 부합하면 통장전환 때 소득공제와 이자소득 비과세가 적용된다는 점은 이점이다.

이처럼 정부가 **청약통장 월납입 인정액을 높이고 주택청약종합저축으로의 전환을 유도하는 것은 주택도시기금 축소와 무관치 않다.** 서민들의 주택구입·

전세자금 대출과 임대주택 공급에 활용하는 주택도시기금의 주요 재원은 청약통장 저축액이다. 그런데 최근 청약저축 가입자가 감소하면서 주택도시기금의 여유자금은 올해 3월 말 기준 13조 9,000억원으로 2년 3개월 새 35조 1,000억원 급감했다. 국토부 내에서는 이대로라면 기금 여유자금이 한 자릿수로 떨어질지 모른다는 위기감이 높다. 들어오는 돈은 없는데 부동산 신생아 특례대출, 주택공급 확대를 위한 정책 대출 등 기금 투입처가 늘고 있는 게 특히 문제다. 정부는 청약통장 월납입 인정액을 확대하고, 시중은행이 관리하는 청약 부금·예금을 주택도시기금이 관리하는 주택청약종합저축으로 전환하면 기금 조성액이 늘어날 것으로 기대하고 있다.

윤 대통령, 나토 정상회의 참석 … 북러 밀착 견제

7월 8일 윤석열 대통령이 하와이 방문과 '2024 북대서양조약기구(NATO, 나토) 정상회의' 참석을 위해 닷새간의 미국 방문길에 올랐다. 윤 대통령과 부인 김건희 여사는 이날 경기 성남 서울공항에서 대통령 전용기인 공군 1호기편으로 출국했다. 6월 16일 중앙아시아 3개국 순방에서 돌아온 지 23일 만이다.

3년 연속 나토회의 참석한 첫 한국 대통령

윤 대통령은 나토 정상회의에 3년 연속 참석한 첫 번째 한국 대통령으로 기록됐다. 이번 회의 참석으로 최근 북한과 러시아의 밀착강화에 강력한 경고음을 내고, 글로벌 공조를 통한 안보강화를 도모했다. 윤 대통령은 나토 정상회의에 참석하기 전인 7월

8~9일에는 먼저 하와이 호놀룰루를 방문해 안보동맹 강화 차원의 일정들을 소화했다. 이어서 워싱턴 DC 도착일인 10일에는 체코, 스웨덴, 핀란드, 노르웨이 등 5개 이상의 나토 회원국 정상과 옌스 스톨텐베르그 나토 사무총장과 연쇄 양자회담을 했다. 회담에서는 에너지·안보 협력을 중심으로 양국 간의 현안과 지역·국제 정세에 대해 논의한 것으로 알려졌다.

7월 8일(현지시간) 하와이에 도착한 윤 대통령 부부

10일 저녁에는 정상회의 개최국인 조 바이든 미국 대통령 부부가 주최하는 친교만찬, 다음 날인 11일에는 나토의 인도·태평양 4개국 파트너(IP4)인 한국·일본·호주·뉴질랜드 정상회의 및 본회의인 나토 정상회의에 참석하는 일정을 가졌다. 특히 나토와 미국·유럽의 5개 **싱크탱크***가 공동주최하는 나토 퍼블릭포럼에 참석해 인도·태평양 세션의 단독연사로 나서 글로벌 안보를 주제로 연설을 하기도 했다. 나토 퍼블릭포럼에 한국 대통령이 연사로 나선 것은 이번이 처음이다. 윤 대통령은 또 10일에는 한일, 11일에는 한미 공식 정상회담을 연달아 가졌다. 한미 양자회담은 성사 여부가 막판까지 불투명했지만, 엄중한 안보상황을 고려해 개최됐다. 윤 대통령과 바이든 대통령은 한미 일체형 확장억제 협력을 강화하는 내용을 담은 '한미 한반도 핵억제 핵작전 지침에 관한 공동성명'을 채택했다.

국가나 기업의 정책 · 경영전략을 연구하는 기관 또는 조직을 말한다. 다양한 분야의 두뇌와 석학이 모여 사안에 대한 분석과 연구를 행하고 그 성과를 제공하는 것이 목적이다. 싱크탱크의 시초는 제2차 세계대전 후 미국의 인공위성 시스템을 개발한 '랜드코퍼레이션'이라고 할 수 있다. 한국개발연구원(KDI)은 우리나라의 대표적 경제정책 관련 국책연구기관으로서 싱크탱크의 역할을 수행한다.

나토, 새 안보지형 대비 본격화

한편 이번 정상회의에서 각국 정상은 러시아의 침공에 맞서 싸우는 우크라이나에 내년에 최소 400억 유로(약 60조원) 상당을 지원하는 등 향후 러시아의 침공을 격퇴 · 억제할 수 있도록 장기적인 안보지원 제공을 약속했다. 다만 우크라이나가 원한 나토 가입을 '불가역적인 길'로 규정, 가입 노력을 적극 지원하겠다고 밝히면서도 구체적인 로드맵은 내놓지 않아 전쟁이 끝나기 전에는 가입이 어렵다는 의미로 해석됐다.

또한 나토 정상들은 공동성명을 통해 중국이 러시아의 우크라이나 침공을 돕는 '결정적 조력자' 역할을 하고 있다고 비판하면서 중국에 무기와 기술 수출 중단을 요구하기도 했다. 나토가 이처럼 중국을 공개적으로 비판한 것은 이번이 처음이다. 북한과 이란에 대해서도 강경한 수위로 경고 메시지를 보냈는데, 이에 아시아 문제가 유럽 안보에도 영향을 준다는 인식이 퍼지며 나토의 관심이 아시아로까지 확산한 것이라는 분석이 나온다.

HOT ISSUE **19위**

동해 석유가스 가능성 깜짝 발표 … 분석기업 액트지오 관련 논란도 증폭

6월 3일 윤석열 대통령이 대통령실에서 진행한 국정브리핑에서 동해안 석유 · 가스 매장 가능성을 직접 발표했다. 윤 대통령이 국정브리핑 형식으로 현안을 설명한 것은 취임 후 처음이었다. 윤 대통령의 국정브리핑 계획은 이날 오전 급박하게 결정됐다.

동해 석유·가스 매장 관련 국정브리핑하는 윤 대통령

동해 심해에 석유·가스 매장가능성 매우 높아?

윤 대통령은 브리핑에서 "지난해 2월 동해 가스전 주변에 더 많은 석유 가스전이 존재할 가능성이 높다는 판단하에 세계 최고수준의 심해기술평가 전문기업(액트지오)에 물리탐사 심층분석을 맡겼다"고 설명하며, "최근 140억배럴에 달하는 석유나 가스가 매장돼 있을 가능성이 매우 높다는 결과가 나왔고, 유수 연구기관과 전문가들의 검증도 거쳤다"고 전했다. 이어서 "이는 90년대 후반에 발견된 동해 가스

전의 300배가 넘는 규모이고, 우리나라 전체가 천연가스는 최대 29년, 석유는 최대 4년을 넘게 쓸 수 있는 양이라고 판단된다"고 덧붙였다.

6월 7일에는 심층분석을 담당한 미국 액트지오(Act-Geo)의 비토르 아브레우(Vitor Abreu) 고문이 방한해 직접 브리핑을 진행했다. 그는 이 자리에서 "이 프로젝트의 유망성은 상당히 높다"며 "우리가 분석한 모든 유정이 석유와 가스의 존재를 암시하는 모든 제반요소를 갖췄다"고 밝혔다.

그는 한국석유공사가 발주한 입찰에 참여해 기존에 석유공사가 시추공을 뚫어 확보된 '주작', '홍게', '방어' 유정 등의 각종 데이터 분석을 거쳐 7개 유망구조*를 도출해냈다고 소개했다. 이어서 "7개 유망구조에 대한 마지막 단계인 리스크 평가와 매장량 분석 과정을 통해 총 35억~140억배럴에 해당하는 탐사 자원량을 추정하게 됐다"고 말했다. 그는 "우리가 도출한 유망구조의 석유와 가스의 잠재적인 존재를 판별해냈지만, 실제로 이를 입증할 수 있는 방법은 시추하는 것"이라며, 탐사의 성공률로 '20%'의 수치가 제시된 것과 관련해서는 "굉장히 양호하고 높은 수준의 가능성을 의미한다"고 밝혔다.

유망구조

지질 내에 석유나 가스 등의 자원이 존재할 것으로 예상되는 지층구조를 뜻한다. 석유를 탐사하는 과정은 지표를 통해 지하 지질구조와 석유 부존가능성을 예측하는 지질조사로 시작해 탄성파를 발사하여 석유 부존가능성 및 유망구조를 확인하는 탄성파 탐사로 진행된다. 이후 탄성파 탐사결과 가능성을 발견한 유망구조를 실제 시추탐사를 통해 확인하게 된다.

분석기업 액트지오 두고 갖가지 의혹 터져

브리핑에 참석한 석유공사 관계자는 "2023년 심해 종합평가를 위해 4개 업체에 대한 경쟁입찰을 시행했고, 기술 및 가격평가 결과 액트지오를 공정하게 선정했다"고 설명했다. 그러나 정부가 이번 시추계획을 밝힌 이후 가장 논란이 된 점은 액트지오의 전문성 등에 대한 충분한 검증 여부였다. 액트지오가 아브레우 고문의 사실상 '1인 기업'이라고 할 만큼 영세한 규모인 데다 법인 영업세를 체납한 사실까지 밝혀지면서 산업통상자원부(산업부)와 석유공사에 십자포화가 쏟아졌다. 이에 대해 산업부는 액트지오의 체납이력 등을 둘러싼 잡음은 있었지만, 탐사자료 분석의 '전문성'에는 자신이 있다는 입장이다.

비토르 아브레우 액트지오 고문

그러나 야권 등에서는 강한 의구심을 보였다. 진성준 더불어민주당 정책위의장은 6월 11일 "액트지오가 미국에서 세금을 체납해 법인자격이 4년간 정지된 상태였음에도 석유공사가 계약을 체결했고, 또 액트지오가 개인 절세를 위해 만든 '페이퍼컴퍼니'라는 의혹도 불거졌다"고 밝혔다. 그러면서 "국민의 의혹이 커지자 산업부는 공개됐던 자료마저 비공개로 전환하며 실체를 감추려 하고 있다"며 "국회의원들의 자료제출 요구도 거부하고 있는데, 이 자체가 의혹을 인정하는 꼴 아닌가"라고 지적했다.

이어 6월 14일에는 정청래 민주당 최고위원이 "아브레우 박사의 공동논문저자이자 검증에 참여한 데이비드 모릭 교수가 석유공사 동해탐사 팀장의 지도 교수"라며 '석유게이트 · 카르텔'이라는 의혹을 제기했다. 또한 7월 2일 김한규 민주당 의원이 석유공사 등에서 받은 자료를 종합한 데 따르면 **액트지오가 탐사자료 분석결과를 통보하기 전에 이미 석유공사가 시추에 필요한 자재 등의 계약을 발주한 것으로** 밝혀졌다. 이에 김 의원은 대통령의 국정브리핑이 불필요한 '쇼'였음이 드러났다며 비판했다.

해변에 밀려온 폐사 물고기 떼

HOT ISSUE

20위

구멍 뚫린 하늘, 펄펄 끓는 바다 … 폭우·폭염 속 최악 기후재난 우려

2024년 들어 폭염과 폭우 · 홍수, 우박과 산불 등이 세계 곳곳에 동시다발적으로 발생하면서 인간, 동물, 식물 할 것 없이 극한의 날씨에 신음하고 있다. 이런 가운데 기후전문가들은 최악의 기후재난을 경고하고 나섰다.

전 세계 동시다발적 기상이변

AP통신은 7월 7일(현지시간) 세계 전역에서 극단적인 날씨가 동시다발적으로 나타나고 있다고 보도했다. 세계 최대규모의 선거를 치르고 있는 인도에서는 최고기온이 무려 43℃에 육박하는 폭염이 기승을 부리면서 투표율이 이전 선거보다 3~4%포인트(p)가량 떨어졌고, 뉴스앵커가 생방송 중 실신하는 일이 벌어졌다. 베트남, 인도네시아, 캄보디아, 필리핀 등 동남아시아 전역에서도 역대 고온기록을 넘어서는 최악의 더위가 이어지고 있다. 전 세계 고온기록을 추적해온 기후학자 막시밀리아노 헤레라에 따르면 7월 첫 5일 동안 70개 지역에서 폭염기록이 경신됐다.

미국 또한 6월 하순 전역에서 약 1,500만명이 폭염경보, 9,000만명이 폭염주의보의 영향을 받았다. 무려 50℃가 넘는 폭염으로 온열질환 환자도 크게 늘었는데, 뉴욕타임스(NYT)에 따르면 미국 북동부 뉴잉글랜드 지역에서는 지난 6월 20일 병원 응급실을 찾은 온열질환자가 인구 10만명당 833명을 기록했다. 멕시코 북부에서는 건기와 폭염이 겹치는 바람에 호수가 바닥을 드러내며 물고기 수천마리가 떼죽음을 당했다.

폭우도 이어지고 있다. 아프리카 동부 케냐에서는 지난 6월부터 내린 폭우가 평년의 6배를 넘어가면서 최소 228명이 사망하고 72명이 실종됐다. 남아메리카 브라질에서도 홍수가 발생해 90명이 사망하고 130여 명이 실종, 약 15만명이 이재민이 됐다.

중국에서는 6월 16일에 시작된 폭우로 일부 지역 강수량이 역대 최고치를 갈아치우고 있는 가운데 7월 6일 중국에서 두 번째로 큰 담수호인 둥팅호(동정호) 제방이 220m나 무너졌다. 이 때문에 주변 농작지와 주택이 침수된 데 이어 약 50만명이 사는 화룽현을 오가는 모든 도로가 통제됐다. 인근 광저우에서 토네이도가 발생해 네 개 마을이 초토화되고 80여 명이 다치고 2,800여 채 건물이 붕괴된 지 이틀만이었다.

폭우로 무너진 중국 제2 담수호 둥팅호 제방

미국 남서부는 강력한 비바람을 동반한 허리케인(베릴)이 강타해 텍사스주에서만 2명이 사망하고, 150만가구가 정전되는 피해를 입었다. 이 지역은 한 달 전인 6월 초 직경이 적어도 15cm 이상인 멜론 크기의 우박이 떨어져 피해를 입은 곳이기도 하다.

극한 날씨 등 이상기후, 온실가스 배출이 주요 원인

블룸버그는 이 같은 이상기후 현상을 거론하며 지구촌이 '극한 날씨*의 시대'에 진입했다고 짚었다. 기후과학자인 캐서린 헤이호 텍사스공과대 교수는 "지구온난화(Global Warming)라는 용어가 이제는 시대에 맞지 않다"며 "요즘은 사는 곳마다 날씨가 이상해지고 있으므로 지구이상화(Global Weirding)라고 부르는 것이 더 적합할 것"이라고 경고했다. 블룸버그에 따르면 온실가스 배출로 인한 온난화 때문에 지난해 지구 평균기온이 산업혁명 이전보다 1.3℃ 올랐다.

극한 날씨

급작스런 폭우, 홍수, 한파와 같이 길어야 2~3일이면 끝나는 극단적인 현상에 대해 기후전문가들이 제안하고 있는 용어다. 기상학적 측면에서 이상기후는 '기온, 강수량 등의 기후요소가 기후 평년값에 비해 현저히 높거나 낮은 수치를 나타내는 극한 현상'으로 정의되지만, 최근 평균적인 상태를 넘어 생물의 생명을 유지하기 어려울 정도의 극한에 이르는 일이 빈번해지면서 등장했다.

전문가들은 이상고온과 국지적 폭우의 원인으로 지난해부터 이어진 엘니뇨 현상 등 자연적 요인이 작용한 점도 배제할 수는 없지만, 인간이 초래한 지구온난화가 이상기상 현상의 주범이라고 지적한다. 그러면서 피해를 줄이기 위해서는 도시 정비작업 등이 필요하다고 강조하고 있다. 전 세계 도시 대부분이 20세기에 설계돼 당시의 기온과 강수량 변동 폭을 넘어선 재난에 취약하다는 지적이다.

21위

이란, 개혁 성향 후보 당선 … 신정체제에서 한계 드러날까?

2021년 취임한 강경보수 성향의 에브라힘 라이시 전 대통령이 지난 5월 불의의 헬기 추락사고로 숨지며 갑자기 치러진 이란 제14대 대통령선거에서 온건개혁파 마수드 페제시키안(70) 후보가 최종승리했다. 이로써 이란에 3년 만에 다시 개혁 성향 행정부가 들어서게 됐다.

투표를 위해 줄을 선 이란 테헤란 시민들

유일의 개혁파 후보 당선

대선후보 4명 중 유일한 개혁 성향으로 6월 28일 치러진 1차투표에서 예상을 깨고 1위를 차지했던 페제시키안 당시 후보는 결선에서도 강경보수 성향의 '하메네이 충성파' 사이드 잘릴리(59) 후보를 약 285만표 차이로 누르고 최종 당선자가 됐다. 이란 헌법수호위원회가 새 대통령의 임기와 관련해 라이시 전 대통령의 잔여 임기 1년이 아닌 온전한 임기인 4년이라고 밝힘에 따라 페제시키안 신임 대통령은 2028년까지 대통령직을 맡게 됐다.

마수드 페제시키안 이란 대통령(선거 공보물)

페제시키안 대통령은 국영 IRIB 방송 인터뷰에서 "모든 이란 국민에 손길을 뻗겠다"며 "국가를 발전시키기 위해 모든 사람을 활용해야 한다"고 당선소감을 밝혔다. 페제시키안 대통령은 심장외과의 출신으로 2001~2005년 온건·개혁 성향의 모하마드 하타미 정부에서 보건장관을 지냈다. 마즐리스(의회) 의원에 출마한 2008년부터 내리 5선을 했고, 2016년부터 4년간 제1부의장을 맡았던 인물이다.

그는 "경제제재 완화를 통해 민생고를 해결해야 한다"면서 "핵합의 복원과 서방과의 관계개선을 추진하겠다"는 공약으로 다른 후보들과 차별화했다. 2013~2021년 하산 로하니 행정부 때 추진된 국제자금세탁기구(FATF) 가입 방안도 꺼내들었다. 또

선거전 내내 히잡 단속을 완화하겠다면서 2022년 **히잡 시위*** 이후 불만이 누적된 청년·여성층 표심을 끌었다. 이처럼 일단 개혁파로 분류되기는 하지만 이란의 이슬람 신정체제에는 순응하는 입장이다. 페제시키안 대통령은 권력서열 1위인 아야톨라 세예드 알리 하메네이 최고지도자에게 공개적으로 충성을 맹세했고, 이란 혁명수비대(IRGC)를 지지한다는 발언을 수차례 내놓은 바 있다.

히잡 시위

2022년 9월 이란에서 22세 쿠르드 여성 마흐사 아미니가 히잡을 올바르게 착용하지 않았다는 이유로 종교경찰(도덕경찰)에 체포·구금된 된 후 사흘 만에 의문사한 사건을 계기로 이란에서 벌어진 대규모 시위다. 시위의 기폭제가 된 마흐사 아미니의 이름을 따 마흐사 아미니 시위(Mahsa Amini Protests)라고도 한다. 이란정부가 경찰과 군대를 동원해 시위를 무자비하게 진압한 결과 시위는 전국으로 확대됐고, 장기간 누적된 이란사회의 각종 문제에 대한 불만이 폭발하면서 대대적인 반정부시위로 이어졌다.

신정정치 순응 … 중동정세에 변화 없을 수도

유일한 개혁 성향의 후보였던 만큼 향후 이란과 서방 간 긴장감이 완화될지 관심이 쏠린다. 미국 CNN 방송과 워싱턴포스트(WP)는 페제시키안 대통령에 대해 이란 적들과의 대화, 특히 이란 핵 프로그램에 대한 대화를 선호해왔으며 이를 국내문제 해결의 수단으로 보는 인물이라고 평가했다. 그러면서 페제시키안이 이란과 서방국가들의 대화를 촉진할 수 있다는 것이 전문가들의 의견이라고 전했다.

다만 페제시키안이 국내적으로 선거운동 기간에 강조한 일부 사회변화를 도입할 수도 있지만, 실제 보장되는 것은 아니라는 지적도 나온다. 이슬람 신정일치체제의 이란에서는 최고지도자가 절대권력을 갖고 국방, 안보, 외교 등 국가 주요정책을 좌우하는 만큼 이란에서 대통령의 한계가 존재하기 때문이다.

따라서 이스라엘과 팔레스타인 무장정파 하마스의 전쟁, 이란 대리세력의 개입 등으로 중동긴장이 고조되는 상황에서 대통령직을 맡게 된 **페제시키안이 최고지도자의 뜻을 거스르며 이란 외교정책, 특히 이스라엘에 대한 강경노선을 바꾸지는 않을 것이라**고 전망됐다. 실제로 페제시키안 당선 하루 만에 히잡정책을 비판하고 페제시키안을 지지했던 변호사인 모흐센 보르하니가 투옥되면서 이런 어두운 전망에 힘이 실리고 있다.

한편 이번 대통령선거 투표율은 1차가 39.9%, 결선이 49.8%로 잠정 집계됐다. 사후에 무효 처리된 표도 전체의 4%에 가까운 100만표 이상이었다. 많은 유권자들이 투표소에는 갔지만 특정 후보에 한 표 행사하기를 거부한 것이다. 이는 지속된 경제난에 더해 이전 정권의 강경한 시위진압 등으로 인해 국민들의 정치에 대한 환멸과 무관심, 불안이 커진 탓으로 분석된다. 이에 미국 국무부는 "이란의 대선에 상당수의 국민은 아예 참여하지 않는 것을 선택했다"면서 "이번 대선은 자유롭고 공정한 선거가 아니다"라고 평가절하했다.

22위

기초연금 10주년 됐지만 저출산·고령화에 지속 불가능 전망

기초연금제도가 7월 기준 시행 10주년을 맞이했다. 그러나 저출산·고령화로 인해 재정이 어려워지면서 지속가능성에 '빨간불'이 들어온 데다 제도 자체에 대한 평가도 다소 엇갈리는 모양새다.

노인빈곤율 개선에 일부 기여했으나 한계점도 있어

기초연금은 65세 이상의 소득 하위 70% 노인에게 세금으로 마련한 재원으로 2014년 7월 시행 이후 매달 일정금액을 지급하는 노후소득 보장장치의 하나다. 보험료, 즉 기여금을 한 푼도 내지 않고도 자격요건만 충족하면 받을 수 있어 노인들의 만족도가 높다. 또 국민연금연구원 자료에 따르면 노인빈곤율은 2012년 48.8%에서 10년 뒤 2021년 37.7%로 낮아져 기초연금이 노인빈곤 개선에 일정 부분 기여했다는 평가도 나온다.

65세 이상 기초연금 수급대상 축소 반대 기자회견

기초연금의 전신은 노무현정부 때 만든 기초노령연금법을 토대로 이명박정부 때인 2008년 처음 지급한 기초노령연금이다. 기초노령연금은 65세 이상 소득 하위 70% 노인에게 월 10만원씩 줬다. 이후 박근혜정부 때 소득 하위 70% 지급대상 범위를 유지하는 대신 지급액은 월 20만원으로 상향됐고, 명칭도 '노령'이 빠진 기초연금으로 바뀌어 2014년 7월부터 본격적으로 시행됐다.

그러나 선거와 밀접하게 맺어진 태생적 한계 탓에 '정치적 **포퓰리즘***'으로 비판받기도 한다. 기초연금은 대선이 치러질 때마다 10만원씩 올랐는데, 문재인 전 대통령은 19대 대선기간 기초연금 30만원을 공약한 후 이를 실제로 시행했고, 윤석열 대통령은

20대 대선에서 40만원으로 인상을 약속한 상태다. 하지만 면밀한 검토 없이 기초연금을 확대하다 보니 **국가재정에 과도한 부담을 주고, 다른 복지제도와도 충돌하곤 했다.** 이에 전문가들은 정부가 가난한 노인의 노후소득을 지원하는 것은 당연한 일이지만, 공적연금의 주축인 국민연금의 근간을 흔든다면 문제라고 지적했다.

포퓰리즘

인민이나 대중을 뜻하는 라틴어 '포풀루스(Populus)'에서 유래한 말로 대중을 중시하는 정치사상 및 활동을 말한다. 대중에 대한 호소를 통해 다수를 위한 정책을 수립하고, 다수의 참여와 지배를 강조한다는 특징이 있다. 그러나 본래의 목적을 외면하고 일반대중의 인기에만 영합해 목적을 달성하려는 정치행태로 보고 '대중영합주의'라 비판하는 시각도 존재한다.

저출산·고령화에 재정적으로 지속 불가능

실제로 현재 심각한 저출산·고령화 등 우리나라가 직면하고 있는 급격한 인구구조의 변화를 고려하면 현행 기초연금제도를 계속 지속하기는 현실적으로 어렵다는 게 전문가들의 의견이다. 노령화로 전체 노인인구 규모가 급격히 늘고 있기 때문이다. 이미 올해 노인인구는 1,000만명을 돌파할 것으로 예상되고, 2025년에는 노인인구가 전체 인구의 20%에 도달해 '초고령사회'에 진입할 전망이다. 수급대상자를 현 상태로 유지하면 2050년에는 국민 3명 중 1명이 수급자가 되고, 그해 재정지출은 지금보다 6배에 달할 수 있다는 전망도 나온다.

이처럼 기초연금 개혁이 시급한 상황임에도 불구하고 지난 21대 국회에서 구성한 연금개혁특별위원회 산하 공론화위원회 전문가들은 기초연금 개혁과 관련해 '노후소득 보장 강화론' 측과 '재정안정 중시론' 측으로 나뉘어 논쟁을 거듭했다. 노후소득 보장 강화론 측은 국민연금의 급여수준이 낮은 상황에서 기

초연금을 줄이면 노인빈곤이 더 심화할 것이라며 현행구조에 대한 지지입장을 고수했다. 이에 반해 재정안정 중시론 측은 노인인구가 급증하는 현실에서 기초연금이 노인빈곤 문제를 해결하지 못하고 있는 만큼 수급대상자를 현실에 맞게 줄이고 정말 가난한 분들에게 조금 더 많이 지원하는 쪽으로 고쳐야 한다고 주장했다.

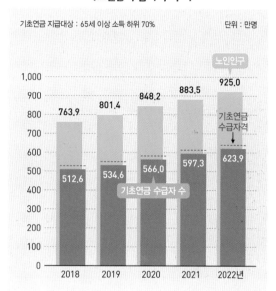

기초연금 수급자 수 추이

기초연금 지급대상 : 65세 이상 소득 하위 70%　　단위 : 만명

자료 / 보건복지부

그러나 주도적으로 상황을 이끌며 정부 차원의 자체 개혁방안을 내놓아야 할 보건복지부는 사실상 침묵으로 일관하고 있다. 국민연금과 기초연금 간의 제도적 정합성을 강조하며 서로 연계해야 한다는 원론적 입장만 표명하고, 국회 논의와 공론화 과정을 지원만 하겠다는 입장이다. 아울러 여전히 **높은 노인빈곤을 완화하려면 보장수준을 높여야 한다는 당위성만 외칠 뿐 기초연금의 구체적인 인상 시기와 방법을 제시하지도 않고 있다.** 단지 국민연금 개혁과 연계해 논의할 방침이라고만 언급했다.

23위

'AI 시대 총아' 엔비디아, 세계 최고기업 등극

인공지능(AI) 칩 시장을 지배하고 있는 미국기업 엔비디아가 생성형 AI 붐을 타고 '세계에서 가장 가치 있는 기업'이라는 타이틀을 거머쥐었다. 몇 년 전만해도 주로 게임을 즐기는 사람들 사이에서나 알려져 있던 컴퓨터부품 제조회사가 이제는 전 세계 증권시장에서 빼놓고 얘기할 수 없는 존재가 된 것이다.

젠슨 황 엔비디아 CEO

MS·애플 제치고 시총 1위 ··· 설립 이후 최초

엔비디아는 6월 18일(현지시간) 주가가 역대 최고치를 경신하면서 시가총액이 3조 3,350억달러에 달해 마이크로소프트(3조 3,173억달러)와 애플(3조 2,859억달러)을 제치고 시총 1위에 올랐다. 1993년 엔비디아가 설립된 이후 31년 만에 최초로 쓴 기록이다. 엔비디아는 초기 3D비디오 게임을 구동하는 컴퓨터 그래픽처리장치(GPU)를 제조해 판매하며 시장에 진입했고, 게이머들 사이에서 1990년대 후반부터 이름이 알려졌다. 이후 GPU 부문에서 뛰어난 성능으로 입지를 다진 엔비디아는 2018년 비트코인 열풍으로 코인 채굴업체들이 우후죽순 생겨났을 때 이들의 컴퓨터에 필요한 GPU를 공급하며 한

단계 도약했다. 이어 2020~2022년 팬데믹 기간에도 PC 수요 급증으로 실적이 대폭 늘고 메타버스 수혜주로 꼽히면서 투자자들의 관심을 받았다.

엔비디아의 폭발적 성장에 기여한 것은 무엇보다도 2022년 11월 말 오픈AI의 대화형 AI 챗봇 '챗GPT' 공개였다. 챗GPT 같은 생성형 AI의 언어모델을 훈련하는 데 엔비디아의 GPU가 핵심적인 역할을 한다는 사실이 알려지면서 엔비디아 주가에 날개가 달린 것이다. 엔비디아 주가는 2022년 말(액면분할 반영 14.6달러) 이후 이날까지 약 1년 반 동안 9배 넘게 상승했고, 1999년 기업공개(IPO)로 나스닥에 상장한 이후 25년간 엔비디아 주식의 수익률은 재투자된 배당금을 포함해 무려 59만 1,078%에 달한다.

엔비디아가 이처럼 업계 최정상에 오를 수 있었던 것은 그래픽칩에 대한 회사의 큰 베팅에 더해 공동설립자이자 최고경영자(CEO)인 젠슨 황의 확고한 비전이 있었기 때문이라고 블룸버그는 분석했다. 젠슨 황 CEO는 IT산업이 '**가속 컴퓨팅***'으로 전환할 것이라고 일찌감치 예견했다. 엔비디아는 현재 데이터센터에 들어가는 AI칩 시장의 약 80%를 점유하고 있으며, AI모델을 개발 중인 마이크로소프트와 구글의 알파벳, 아마존, 메타 등 주요 기술기업들의 AI칩 수요를 거의 독점하다시피 하고 있다. 게다가 최근에는 세계 각국 정부들이 정보·기술 주권 확보를 위한 자체 데이터센터 구축에 나서면서 AI칩 수요가 가파른 상승세를 이어가고 있다.

가속 컴퓨팅

특수한 하드웨어를 통해 작업속도를 대폭 개선하는 방법이다. 가장 대표적인 방법으로 자주 반복되는 작업을 묶는 병렬처리 기법이 사용된다. 이는 대개 직렬로 작업을 실행하는 중앙처리장치(CPU)에 문제가 될 수 있는 인공지능(AI)이나 시뮬레이션, 시각화 등과 같은 까다로운 작업의 속도를 높일 수 있다.

AI 열풍 과열로 주식시장 거품 우려도 제기

AI가 산업혁명에 버금가는 시대적 혁명을 일으킬 것이라는 전망이 커지면서 이런 시대전환의 중심에 있는 엔비디아에 전 세계 투자자금이 쏠리는 양상이다. 여기에 엔비디아가 지난 6월 7일 종가 기준으로 주식 액면가치의 10분의 1 분할을 단행하면서 주당 1,209달러 수준이던 주가가 121달러 수준으로 낮아져 개인투자자들의 접근성도 높아졌다. 전문가들은 주식분할이 소액 투자자들을 끌어들이면서 주가상승에 촉매제가 될 것으로 전망했다.

엔비디아 주가 추이

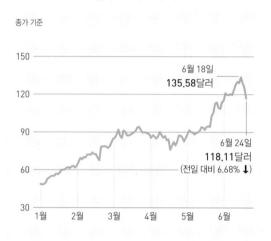

자료 / 뉴욕증권거래소

다만 6월 18일 최고가를 기록한 이후 주가가 급등락을 반복해 일각에서는 'AI 거품론'이 다시 부각되기도 했다. 이러한 엔비디아 주가의 하락은 그동안 주가가 급상승한 데 따른 차익을 실현하려는 매물이 출현했기 때문인 것으로 풀이됐다. 이에 대해 AP통신은 "엔비디아가 MS를 제치고 월스트리트에서 가장 가치 있는 주식에 오른 이후 하락세를 보인다"며 "AI 열풍이 너무 과열돼 주식시장의 거품과 투자자들의 지나친 기대에 대한 우려가 제기되고 있다"고 설명했다.

퇴직연금 디폴트옵션 시행 1년 … 수익률 개선 못 해 도입취지 무색

정부가 물가상승률을 따라가는 것조차 버거워할 정도로 턱없이 낮은 **퇴직연금*** 수익률 문제를 해결하고자 도입한 디폴트옵션(사전지정운용제도)이 시행된 지 1년이 지났지만, 도입취지에 무색하게 아직 제 기능을 못 하고 있는 것으로 나타났다.

퇴직연금제도

노후, 사망 등의 이유로 근로자에게 생활불안이 발생하는 경우에 대처하기 위해 마련된 기업복지제도다. 기업과 근로자가 매달 일정액을 불입하고 금융기관이 이를 자산으로 운용하며, 근로자가 퇴직할 때 연금이나 일시금의 형태로 지급한다. 퇴직연금제도는 기업이 도산하게 되는 등 문제가 발생해도 금융기관이나 보험업계에 적립된 퇴직금을 근로자가 안전하게 수령할 수 있다는 장점이 있다.

유입된 자금 대부분 다시 원리금 보장형 상품으로

6월 18일 고용노동부와 금융감독원 등에 따르면 퇴직연금은 운용방식과 결과를 누가 책임지느냐에 따라 확정급여형(DB：Defined Benefit)과 확정기여형(DC：Defined Contribution)으로 나뉜다. DB형은 회사가 민간 금융기관(퇴직연금 사업자)과 계약해서 퇴직연금 적립금을 운용하는 것으로 운용책임을 회사가 진다. 운용실적에 따라 회사의 퇴직급여 지급 부담금이 달라진다. DC형은 근로자 개인이 민간 금융기관과 개별적으로 계약해 직접 투자상품을 정하고 운용하는 등 본인이 투자결정을 해야 한다.

디폴트옵션은 가입자가 운용지시를 안 해도 수익성이 좋은 실적배당형에 투자할 수 있게 미리 디폴트 상품을 정해두는 제도로 2022년 7월 12일 도입

된 뒤 1년간의 유예기간과 시범사업을 거쳐 지난해 7월부터 전면 시행됐다. DC형 퇴직연금 가입자와 개인형 퇴직연금(IRP) 가입자는 반드시 디폴트옵션을 지정해야 하는데, 투자상품의 만기가 도래했는데도 가입자가 별도의 운용지시를 하지 않는 경우 '기본값·초깃값(Default)'이라는 단어의 뜻처럼 6주의 대기기간이 지나면 근로자가 사전에 정해둔 운용방법으로 민간 금융회사가 디폴트옵션 상품으로 자동 운용하게 된다. 운용을 지시하지 않으면 애초 가입한 대로 원리금 보장형 상품에 그대로 투자된다.

문제는 디폴트옵션 1년의 성과가 굉장히 미흡하다는 점이다. 고용노동부에 따르면 디폴트옵션 제도 도입 후 만기도래에 따라 디폴트옵션으로 들어온 전체 자금의 89%가 은행 예금이나 보험사 이율보증보험계약(GIC)같이 원리금 보장상품에 몰렸다. 겨우 나머지 10%가량의 자금만 펀드상품처럼 '변동성이 커서 원금손실 가능성도 있지만 수익성은 큰 실적배당형 상품'으로 들어갔다. 이러한 이유로 DC형 퇴직연금 가입자 중 대다수가 자신이 가입한 금융상품에 대해 운용지시를 하지 않은 것이 꼽혔다. 실제로 1년 동안 운용지시를 한 번도 하지 않은 가입자가 60%에 달한다는 설문조사 결과도 있다.

가입자 정보부족 해소, 규모경제 이익실현 필요

그렇다 보니 디폴트옵션 시행 후에도 수익률은 형편없다. 원리금 보장상품의 1년 수익률은 정기예금 금리와 비슷한 3%대에 그친다. 실적배당형 상품의 최

근 1년 수익률이 대개 10% 이상, 최고 22%에 달하는 점과 크게 대비되는 대목이다. 결국 장기적으로 안정적 수익률을 제공해 근로자들의 은퇴자금을 더욱 안전하게 보호하고 노후소득 증대에 이바지한다는 도입취지를 살리지 못하고 있는 것이다.

이런 일이 벌어지는 것은 애초 디폴트옵션 제도를 설계할 때 결함이 있었기 때문이라고 전문가들은 지적한다. 우리나라는 미국, 영국, 호주 등 퇴직연금이 발달한 주요 선진국에서 운영하는 디폴트옵션 제도를 본떠서 만들었다. 연평균 6~8%의 안정적 수익률을 목표로 한다. 퇴직연금의 근거가 되는 법률인 '근로자퇴직급여보장법' 시행령에 따라 분기별로 수익률과 운용현황이 공시된다. 그런데 선진국의 디폴트옵션은 원리금 보장상품을 제외하고 모두 실적배당형인 반면 우리나라의 디폴트옵션에는 원리금 보장형이 포함돼 있다. 그렇다 보니 정보부족에다 투자경험이 없는 대다수 근로자는 원리금 보장상품을 선호할 수밖에 없고, 이걸 지정하면 디폴트옵션은 유명무실해진다.

고려대 행정학과 김태일 교수는 "디폴트옵션은 수익률 제고를 위해 다른 나라들이 운영하는 제도 중에서 핵심은 뺀 채 곁가지만 차용한 것으로 한계가 명확해 가입자들이 수익률이 낮은 원리금 보장형 상품을 택하는 것을 막기 어려운 만큼 **가입자 정보부족**

문제를 해소하고 규모의 경제이익을 실현하는 방향으로 바꿔야 한다"고 말했다.

구멍 뚫린 공공기관 …
개인정보 유출 '역대 최다'

행정안전부(행안부)와 법원 등에서 잇달아 개인정보가 유출되며 불안감이 커지는 가운데 2024년에 들어서만 공공기관 50곳에서 개인정보 유출사고가 났던 것으로 파악됐다.

법원·정부24 등 공공기관 개인정보 유출 잇따라

6월 18일 양부남 더불어민주당 의원이 개인정보보호위원회(개인정보위)로부터 제출받은 자료에 따르면 올해 1~5월 개인정보위에 개인정보가 유출됐다고 신고한 공공기관은 50곳으로 집계됐다. 한 달 평균 공공기관 10곳에서 국민 개인정보가 외부에 유출된 셈이다. 개인정보를 유출한 공공기관은 2019년 8곳에서 2020년 11곳, 2021년 22곳, 2022년 23곳, 2023년 41곳으로 매년 늘었다. 올해의 경우 절반도 지나지 않은 시점에 이미 역대 최고치인 지난해를 넘어섰다.

특히 앞선 4월에는 행안부의 '정부24'에서 두 차례에 걸쳐 타인의 민원서류가 발급되는 등의 시스템 오류로 1,200건이 넘는 이름, 주소, 주민등록번호 등이 유출됐다. 앞선 1월에는 학생과 교직원 등 11만 명의 정보를 보유한 인천시교육청 계정에서 해킹 의심사건이 발생해 개인정보위가 조사에 착수했다. 개인정보위는 북한 소행으로 의심되는 해킹공격으로 1,014기가바이트(GB) 분량의 개인정보가 유출된 법원에 대한 조사도 지난해 말부터 진행하고 있다.

공공기관 과징금 제재, 민간기업 1.3% 수준

이처럼 공공기관에서의 개인정보 유출사고가 증가하고 있음에도 불구하고 당국의 제재는 솜방망이에 그치고 있다. 개인정보위가 출범한 2020년 8월부터 올해 5월까지 공공기관당 평균 과징금은 2,342만원으로 민간기업(17억 6,321만원)의 1.3%에 불과했다. 개인정보보호법에서 매출액이 없거나 매출액을 산정하기 힘든 공공기관 등에 부과되는 최대 과징금을 20억원으로 제한한 탓이다.

개인정보 유출건수 추이

단위 : 만건   신고된 유출건수 기준

민간기관 1,398.9 — 1,192.9 — 969.8 — 423.9 — 339.8

공공기관 5.2 — 7.4 — 21.3 — 64.8 — 261.7

2019   2020   2021   2022년   2023년 8월

자료 / 개인정보보호위원회, 윤영덕 더불어민주당 의원

반면 기업의 경우 과징금 상한액을 '위법행위와 관련된 매출액의 3%'에서 '전체 매출액의 3%로 조정하

되 위반행위와 관련 없는 매출액은 제외'하는 방식으로 지난해 9월 관련법이 개정됐다. 관련 없는 매출액을 증명해야 하는 책임이 기업에 주어졌기 때문에 결과적으로 과징금 부담이 무거워진 것이다.

정보보호학계와 관련 업계는 개인정보 유출에 따른 민간기업에 대한 처벌수위는 강화되고 있지만, 공공기관에 대한 제재는 여전히 무디다고 지적한다. 또 공공기관의 **개인정보보호책임자***(CPO ; Chief Privacy Office)가 갖춘 전문성이 민간기업에 비해 턱없이 떨어지는 것도 문제로 꼽았다. 개인정보보호법에 따르면 방대한 개인정보를 다루는 대형병원이나 기업, 대학 등은 전문성과 독립성 등을 갖춘 CPO를 의무적으로 지정해야 하지만, 공공기관에서 근무하는 CPO는 관련 경력이 없어도 급수만 충족된다면 누구나 맡을 수 있다. 이는 개인정보를 총괄하고 책임지는 '정보보호 최고책임자(CISO)'를 둘 의무가 공공기관에는 없기 때문이다.

개인정보보호책임자

사생활보호법이나 관련 정책에 대해 위반되는 문제를 처리하는 책임을 갖는 사람을 말한다. 개인정보 사용에 대한 우려가 커지면서 만들어졌으며, 인터넷이 발달하면서 최근 개인정보 유출과 관련한 위험이 증가함에 따라 필요성도 커지고 있다. 보호책임자로 임명되면 정보주체의 개인정보 유출을 막는 보안장치 및 내부통제시스템을 구축하고 개인정보와 관련한 법이나 정책을 수정하는 등 다양한 업무를 수행하게 된다.

정보통신망법에 따르면 일정규모 이상의 정보통신서비스 업체는 사업주나 대표자 등을 CISO로 지정해야 한다. 그러나 공공기관에는 적용되지 않고 있어 전문가들은 관리기관의 책임성 강화를 위해 공공과 민간에 모두 해당 법안이 적용될 수 있도록 법 개정이 필요하다는 의견이 나온다.

26위

아르헨티나 극우 밀레이, 혐오·증오 부추기는 막말로 마찰

거침없는 말로 외교적 마찰을 일으켜온 하비에르 밀레이 아르헨티나 대통령이 취임한 이후 위태롭던 아르헨티나와 이웃 나라 브라질의 관계가 최악으로 치닫고 있다. 그런 가운데 아르헨티나에서 잇따르고 있는 여성과 성소수자를 대상으로 한 혐오범죄를 밀레이 대통령과 정부가 부추기고 있다는 비판이 커지고 있다.

국내외 안 가리는 막말 ··· 외교갈등 심각

7월 2일(현지시간) 로이터 등에 따르면 밀레이 대통령은 자신의 엑스(X, 옛 트위터)에 올린 '완벽하게 멍청한 공룡'이라는 제목의 글에서 루이스 이나시우 룰라 브라질 대통령이 '부패한 공산주의자'이며 '지난해 아르헨티나 대선에 개입하려 했다'고 맹비난했다. 룰라 대통령이 아르헨티나 대선에서 밀레이 당시 후보의 경쟁자를 돕기 위해 참모를 파견한 것을 두고 "강력한 선거개입"이라고 비판한 것이다.

하비에르 밀레이 아르헨티나 대통령

또한 지난 6월 26일 볼리비아에서 발생한 쿠데타 미수사건에 대해서도 루이스 아르세 볼리비아 대통령의 자작극이라는 자신의 기존입장을 되풀이하면서 이를 반박했던 룰라 대통령까지 싸잡아 비난했다. 그는 "볼리비아에서 발생한 사기극은 이미 알려져 있으며, 완벽한 바보는 그 사실을 받아들이는 대신 나를 비판한다"고 적었다. 이번 게시글은 밀레이 대통령의 7월 6~7일 브라질에서 열린 국제 보수진영 행사 보수정치행동회의(CPAC) 참석을 앞두고 올라 왔다. 그동안 거듭되는 밀레이 대통령의 룰라 대통령에 대한 모욕적인 발언에도 개인감정과 국가 간 관계는 다르다는 입장 아래 대응을 자제해왔던 룰라 대통령 측은 이번에는 '자국 대사 철수'라는 강경조처를 경고하고 나섰다.

밀레이 대통령의 막말로 인한 외교갈등은 이번이 처음이 아니다. 지난 5월 19일 스페인 마드리드에서 열린 극우정당 집회에 참석한 밀레이 대통령은 페드로 산체스 스페인 총리를 비판하고 그의 부인을 부패 인물로 규정하는 발언을 했다. 이에 스페인은 아르헨티나 주재 자국 대사를 소환하고 밀레이 대통령의 공개사과를 요구했지만 밀레이 대통령이 이를 거절했고, 결국 외교관계 단절에 버금가는 '대사 영구 소환' 조처를 취했다. 상황이 이렇게 됐음에도 밀레이 대통령은 스페인의 대응을 "거만한 사회주의자의 헛소리"로 비난하고, 오히려 주 스페인 대사를 맞소환한 데 이어서 "같은 실수를 반복할 정도로 멍청하지 않다"는 말로 스페인을 재차 자극한 바 있다.

최악의 경제난에도 남미공동시장 외면

밀레이 대통령은 최악의 경제난과 외교관계 속에서 참석이 예상됐던 남미 최대 경제협력기구 **메르코수르***(MERCOSUR, 남미공동시장) 정상회의마저 불참했다. 7월 8일(현지시각) 파라과이의 수도 아순시온에서 개막된 이번 회의는 볼리비아의 정회원 참여라는 중요의제가 걸려 있었다. 그러나 밀레이 대통

령은 핵심 회원국 정상임에도 불구하고 불참을 통보하고, 대신 브라질 남부도시 발네아리우 캄보리우에서 열린 CPAC 행사에 참석, "중남미 사회주의 프로그램은 부패를 초래하는 재앙의 레시피"라며 중남미 좌파정부들의 정책을 신랄하게 비판했다.

메르코수르

1991년 3월 26일, 파라과이의 아순시온에서 브라질, 아르헨티나, 우루과이, 파라과이 등 4개 나라 정상이 아순시온협의를 통해 설립해 11월 29일부터 운영을 시작한 국제기구로 역내는 무관세, 대외적으로는 공동관세를 표방하는 관세동맹이다. 남아메리카 국가들의 물류와 인력, 그리고 자본의 자유로운 교환 및 움직임을 촉진하며 회원국과 준회원국 사이의 정치·경제 통합을 증진시키는 것을 목적으로 한다.

한편 국제적으로도 성소수자 인권에 있어 선도국가였던 아르헨티나에 밀레이 대통령 취임 이후 성소수자를 대상으로 하는 혐오·증오범죄가 급증하고 있다. 성소수자 인권 관계자들은 "평소 사회적 소수자를 겨냥해 막말을 서슴지 않는 밀레이 대통령이 취임한 이후 혐오·증오범죄가 늘었다"며 "차별적인 언사와 증오발언을 일삼는 정부 고위인사들"의 행위가 "일상에서 차별과 폭력의 행위가 일어나는 것을 부추기고 있다"고 비판했다.

HOT ISSUE # 27위

재산 빼돌린 가족 처벌 가능해져 … '친족상도례' 헌법불합치

유명 방송인 박수홍 씨 가족의 횡령사건으로 주목받은 '친족상도례(親族相盜例)' 규정이 6월 27일 헌법재판소(헌재)의 **헌법불합치*** 결정으로 도입 71년 만

에 효력을 잃게 됐다. 그러나 행위시점을 기준으로 처벌조항이 적용되기 때문에 횡령을 자백한 박씨 부친에 대한 처벌은 여전히 불가할 전망이다.

헌법불합치

법 규정에 위헌성이 있다고 판단되지만 해당 규정의 효력이 즉시 상실될 경우 나타날 수 있는 사회적 혼란을 방지하기 위해 관련 법이 개정될 때까지 한시적으로 법적 효력을 인정해주는 헌재의 변형결정 중 하나다. 헌법불합치 결정을 내리기 위해서는 재판관 6인 이상의 찬성이 필요하며, 결정이 내려지면 국회와 행정부는 헌재가 제시한 기간까지 해당 법률을 개정해야 한다.

박수홍 부친 횡령 자백 ⋯ 친족상도례 논란 점화

일반인에게 생소한 '친족상도례'가 주목받은 건 박씨의 친형 부부가 박씨 출연료 60억여 원을 착복한 혐의(특정경제범죄 가중처벌법상 횡령)로 수사를 받고 재판에 넘겨지면서다. 박씨의 부친은 검찰조사에서 박씨 자금을 실제로는 자신이 관리했다며 횡령의 주체도 자신이라는 취지로 주장한 것으로 알려졌다. 형법 328조 1항에 따라 직계혈족(부모·자식) 간 횡령범행은 처벌할 수 없도록 한 것을 친족상도례라고 하는데, 박씨 부친이 이점을 악용해 친형을 구제하려 한 것이 아니냐는 의혹이 제기됐다.

헌재도 이날 친족상도례 규정에 헌법불합치 결정을 선고하면서 '가족 간 착취' 문제를 지적했다. 헌재는 결정문에 "피해자가 가족과 친족사회 내에서 **다른 구성원에게 의존하기 쉽고 거래 내지 경제적 의사결정의 의미를 제대로 인식하기 어려운 상황에 있는 때에는 가족과 친족사회 내에서 취약한 지위에 있는 구성원에 대한 경제적 착취를 용인하는 결과를 초래**할 수 있다"고 적었다. 박씨의 사례처럼 피해액이 큰 경우에는 가족이라는 이유로 불법성을 감내하거나 피해를 복구할 수 있으리라 기대할 수 없다는 점도 헌재는 지적했다.

선고를 위해 입장하는 이종석 헌재소장과 재판관들

헌재는 "특정경제범죄 가중처벌법상 횡령은 이득액이 5억원 이상 50억원 미만일 때 '3년 이상의 유기징역', 이득액이 50억원 이상일 때 '무기 또는 5년 이상 징역'으로 가중될 수 있는 중한 범죄"라며 "일률적으로 피해회복이나 관계복원이 용이한 범죄라고 보기 어렵다"고 했다.

이처럼 박씨의 사례는 '친족상도례 폐지' 주장에 불을 지폈고 헌재의 위헌성 논리에도 상당부분 부합하지만, 이날 결정을 이유로 박씨의 부친을 처벌할 수는 없다. 형법 1조에 따라 범죄의 성립과 처벌은 '행위 시의 법률'을 따르기 때문이다. 즉, 횡령범행 시점에는 친족상도례 조항이 적용되므로, 박씨 부친의 주장이 맞다고 해도 그는 처벌이 면제되는 것이다.

가족문화 바뀌면서 변화 ⋯ 2025년까지 개정해야

친족상도례를 규정한 형법 328조는 1953년 형법 제정 당시 마련돼 지금까지 일부 문구 수정을 제외하고는 거의 바뀌지 않았다. 친족상도례는 '가정 내부의 문제는 국가형벌권이 간섭하지 않는 것이 바람직하다'는 전통적인 가계 인식 아래 가정의 평온이 형사처벌로 인해 깨지는 것을 막기 위해 도입됐다. 그러나 **핵가족·정보산업 중심 경제로 사회가 탈바꿈하면서 가족이 재산을 공동으로 소유한다는 인식도 희박**해졌다. 가족구성원 개인이 돈을 벌고 재산을 소유하게 되면서 일방이 다른 일방을 착취하는 범죄도 생겨났다. 이에 따라 친족상도례를 폐지하거나 개정해야 한다는 견해가 부상했다.

방송인 박수홍 씨

헌재 결정에 따라 그간 개정 움직임이 번번이 무산됐던 국회에서는 2025년 12월 31일까지 개선 입법을 할 의무가 생겼다. 국회가 그때까지 대체 법안을 만들지 않으면 친족상도례는 사라져 버린다. 법조계에서는 일률적으로 형을 면제하기보다 피해자의 고소가 있어야 처벌할 수 있는 친고죄로 변경하는 것을 유력한 대안으로 꼽는다. 직계혈족, 배우자, 동거가족, 동거친족 외의 친족에게는 지금도 친고죄 규정이 적용된다.

헌재도 이날 "심판 대상 조항의 위헌성을 제거하는 데에는 현실적 가족·친족 관계와 피해의 정도, 신뢰와 유대의 회복 가능성 등을 고려한 '피해자의 가해자에 대한 처벌의 의사표시'를 소추(기소)조건으로 하는 등 여러 선택 가능성이 있을 수 있다"고 밝혔다.

사우디·인도 종교행사 … 폭염과 인파로 인한 대형 인명사고

사우디아라비아와 인도에서 종교행사 중 대형사고가 터졌다. 올여름 역대급 폭염이 예상되는 가운데 각종 대규모 행사들에 비상이 걸렸다.

폭염 성지순례, 1,301명 사망

6월 25일(현지시간) 미국 일간 뉴욕타임스(NYT)는 올해 여름 전 세계에서 폭염으로 수천명이 목숨을 잃었지만 종교·스포츠·정치 행사 등 대규모 행사들이 이런 현실에 적응하지 못하고 있다고 보도했다. 이를 가장 단적으로 보여준 사례로 사우디아라비아에서 무려 1,301명이 목숨을 잃은 이슬람 정기 성지순례(하지)를 들었다.

하지순례 기간 동안의 카바신전(사우디아라비아 메카)

6월 14~19일 대낮에 50℃가 넘었던 사우디아라비아에서 진행된 이슬람 하지순례*(Hajj Pilgrimage)에 나선 고령의 신자들이 폭염과 사우디아라비아 당국의 미진한 대처 속에서 속수무책으로 당했다. 사고 후 사우디아라비아정부는 6월 24일 사망한 사람이 총 1,301명으로 집계됐다고 공식적으로 발표했다. 이는 작년 사망자 200여 명의 약 6배가 넘는 수치다. 사우디 보건부는 순례객들에게 수분을 섭취하고 우산을 사용할 것을 권고하는 등 대응에 나섰지만, 밀집도를 낮추기 위한 인원 제한조치가 거의 지켜지지 않는 상황에서 당국의 대처가 부족했다는 지적이 나온다.

하지순례

정기적인 이슬람 성지순례다. 이슬람교도가 지켜야 할 5가지 의무(신조암송, 하루 5회 기도, 구제, 라마단 금식, 성지순례) 가운데 가장 성스러운 의식이다. 쿠란(이슬람경전)에 따르면 무슬림은 일생에 한 번은 메카의 대사원인 카바신전을 찾아 순례를 해야 한다. 이슬람력으로 마지막 달인 '순례의 달'이 시작된 뒤 10일 이내에 이뤄지는데, 올해는 6월 14일에 시작돼 19일 종료됐다.

참사는 인도에서도 있었다. 북부 우타르프라데시주 주도 러크나우에서 남서쪽으로 350km 떨어진 하트라스 지역의 힌두교 예배장소에서 행사가 끝난 뒤 참가자들이 서둘러 떠나다 사고가 났다. 우타르프라데시주 경찰은 무덥고 습한 행사장 텐트 안에서 숨이 막혔던 일부 참가자가 행사종료 후 빨리 나가려고 달리기 시작하면서 압사사고가 발생했다며, 이번 사고로 적어도 116명이 사망하고 사망자 대부분은 여성과 어린이였다고 발표했다.

45℃를 넘는 살인적 폭염이 연일 기승을 부린 인도

행사장은 임시 텐트로 꾸며졌고 밀폐돼 있었다고 관계자들은 전했다. 참사 당시에 이 지역의 기온은 약 32℃, 습도는 77%에 달했다. 정치권에서는 인도국민당(BJP)이 집권 중인 주정부와 연방정부를 겨냥한 책임론이 터져 나왔다.

의회의원인 라제시 쿠마르 자는 취재진에 "무엇이 일어났고 얼마나 많은 이들이 목숨을 잃었는지 보라. 누가 책임을 질 것인가"라고 반문하며 이번 참사는 주정부와 연방정부가 행사 참가자들을 제대로 통제하지 못한 데서 비롯됐다고 주장했다. 그는 "당국이 (행사 관련) 안전절차를 진지하게 받아들이지 않으면 사람들은 앞으로도 죽어 나갈 것"이라고 목소리를 높였다.

올림픽 등 스포츠행사도 비상

NYT는 "지난해 여름 한국 새만금에서 열린 세계 스카우트 잼버리 행사를 비롯해 호주, 유럽, 북아메리카 등에서 열린 각종 음악축제에서 폭염으로 인한 환자들이 쏟아졌다"고 전했다. 이 때문에 올해 무더위 속에서 개최될 것으로 예측된 파리올림픽 역시 마라톤 경기 시간을 오전으로 앞당기고 곳곳에 급수장소를 설치하는 등 대비에 나섰다.

전문가들은 앞으로 기후변화로 인해 이러한 극심한 무더위는 일상화될 것이라며 대규모 행사를 기획할 때 이에 대한 적극적인 대비가 필요하다고 지적한다. NYT는 하계올림픽을 추계올림픽으로 바꾸거나 테니스대회, 선거날짜 등을 덜 더운 시기로 조정하는 등의 변화가 필요할 수 있다고 짚었다.

29위

"최소 6만 5,000명 정보 유출" …
카카오에 과징금 151억 '역대 최대'

4,500만명이 사용하는 '국민메신저' 카카오톡에서 최소 6만 5,000명의 개인정보가 유출된 것을 두고 그 경위와 배경에 관심이 쏠렸다. 개인정보보호위원회(개인정보위)는 카카오톡의 보안취약성으로 인해 다수의 개인정보가 유출됐다는 입장이지만, 카카오 측은 무리한 제재라며 법적대응을 예고했다.

개인정보위 "암호화 소홀히 해 개인정보 유출 초래"

개인정보위는 5월 22일 전체회의를 열어 카카오에 국내업체 중 역대 최대 과징금인 151억여 원을 부과했다. 개인정보위에 따르면 카카오는 **오픈채팅***방 참여자의 임시아이디(ID)를 암호화하지 않은 탓에 여기서 회원일련번호를 쉽게 확인할 수 있도록 했다. '회원일련번호'는 카카오톡 내부에서만 관리를 목적으로 쓰이는 정보로 주민등록번호나 사원증 번호처럼 개인에게 부여된 고유번호와 유사한 개념이다. 카카오는 2020년 8월부터 오픈채팅방 임시아이디를 암호화하는 조처를 했으나, 기존에 개설된 일부 오픈채팅방의 임시아이디는 여전히 암호화가 되지 않은 채 그대로 쓰였던 것으로 개인정보위는 파악했다. 특히 여기서 쓰이는 임시아이디의 뒷자리

정보로 회원일련번호를 쉽게 확인할 수 있었던 것으로 나타났다.

오픈채팅

카카오톡에서 전화번호나 ID 등을 통해 친구를 추가하지 않아도 링크를 이용해 타인과 편하게 채팅할 수 있는 기능이다. 서로 모르는 사람들이 특정 주제를 중심으로 모여서 콘텐츠나 정보를 주고받는 채팅방 형식이 다수를 차지하고 있다. 대부분 익명으로 이루어지며, 특정 주제에 관련된 이미지 등을 공유하고 그 외의 불필요한 대화는 일절 하지 않는다는 특징이 있다.

이 틈을 노린 해커는 오픈채팅방에서 확보한 회원일련번호와 함께 카카오톡의 '친구 추가' 기능으로 일반채팅방에서 알아낸 이용자정보를 결합해 개인정보 파일을 생성한 뒤 이를 텔레그램 등을 통해 거래에 나선 것으로 조사됐다. 이 과정에서는 불법 해킹 프로그램이 이용됐다. 개인정보위는 이러한 수법으로 약 6만 5,000건의 개인정보가 유출된 것으로 추정했다.

카카오 개인정보 관련 위반사항

개요	개인정보위가 2023년 3월 카카오톡 오픈채팅 이용자 개인정보 유출사고와 관련해 개인정보보호법 위반 여부 조사
위반사항 및 처분결과	**안전조치의무 위반** • 시정조치 과징금 151억 4,196만원 • 2020년 8월 이전 생성 오픈채팅방은 임시ID를 암호화하지 않아 회원일련번호 쉽게 확인 가능 • 개발자 커뮤니티 등에 응용프로그램 인터페이스(API)를 이용한 이용자정보 추출방법이 공개됐음에도 피해가능성 검토 및 개선조치 미흡 **유출신고 · 통지의무 위반** • 과태료 780만원 • 이용자의 개인정보 유출 사실 인지했음에도 유출신고 및 이용자에게 유출통지를 하지 않음 ※ 이용자 대상 유출통지 시정명령 ※ 개인정보위 홈페이지에 처분결과 공표

자료 / 개인정보보호위원회

보안취약성 말고도 오픈채팅방이 해커들의 먹잇감이 된 또 다른 이유는 서비스의 특성에 있다. 남석 개인정보위 조사조정국장은 "오픈채팅방에 개인의 실명이나 전화번호는 들어 있지 않지만 특정한 주제나 공통의 관심사를 공유하는 사람들이 모인 방이라는 특성이 있다"며 "이것이 마케팅 측면에서 굉장히 유리했기 때문에 (해커들이) 이곳의 이용자 데이터베이스(DB)를 판매하게 된 것"이라고 설명했다. 이 정보를 바탕으로 이용자들에게 일종의 '맞춤형' 스팸 메시지 등이 전송됐던 것으로 알려졌다.

카카오 "개인정보 유출 아니다" … 법적대응 예고

카카오는 거액의 과징금 부과에 대해 "행정소송을 포함한 다양한 법적 조치 및 대응을 적극 검토할 예정"이라며 강하게 반발하고 나섰다. 카카오는 회원 일련번호와 임시아이디는 숫자로 구성된 문자열일 뿐 그 자체로는 어떠한 개인정보도 포함하고 있지 않다는 입장이다. 카카오는 "사업자가 생성한 서비스 일련번호는 관련법상 암호화 대상이 아니기에 이를 암호화하지 않은 것은 법령위반으로 볼 수 없다"며 "그 자체로는 개인식별이 불가능하기에 개인정보라고 판단할 수 없다"고 반박했다. 또한 "해커가 결합해 사용한 정보는 카카오에서 유출된 것이 아니다"라며 "해커가 불법적인 방법을 통해 자체 수집한 것"이라고 강조했다.

이 때문에 전문가들은 정보와 정보의 결합에 대한 명확한 기준선을 마련해야 한다고 지적한다. 김승주 고려대 정보보호대학원 교수는 "이번 카카오 사건은 기업 내부에서 개인정보가 유출된 일반적인 케이스와 다르다"며 "외부에서 불법프로그램을 사용해 무작위로 많은 정보를 결합해 개인정보를 확보한 것"이라고 설명했다. 그는 "언제, 어디서, 얼마큼의 정보를 결합하는 것을 허용하는지 정부의 기준도 모호하지 않은가"라며 "이 문제가 명확히 해결되지 않는다면 결국 국내 개인정보 분야 사업은 위축될 수밖에 없다"고 우려했다.

서울대 N번방 충격에 …
위장수사 범위 확대 추진

경찰이 미성년자 대상 범죄에만 한정됐던 디지털성범죄 '위장수사' 범위를 성인 대상 범죄로까지 확대하는 방안을 추진한다. 이른바 '서울대 N번방' 사태를 계기로 경각심이 다시금 높아진 만큼 디지털성범죄에 대한 수사력을 높일 수 있는 효과적인 방안이라는 판단에서다.

미성년 상대 위장수사 도입돼 2년간 1,000명 검거

5월 26일 경찰 등에 따르면 경찰청은 최근 발생한 서울대 N번방 사건이 알려진 후 디지털성범죄 현황과 함께 위장수사 확대 등의 내용을 담은 대책검토 방향을 국회에 보고했다. 디지털성범죄 위장수사는 N번방·박사방* 등의 사건을 계기로 논의가 시작돼 2021년 9월 개정 '아동·청소년의 성보호에 관한 법률(아동청소년성보호법)' 시행에 따라 정식 도입됐다. 그러나 이 법률로는 현재 미성년자 대상 디지털 성범죄에 대해서는 위장수사를 할 수 있지만, 성인 대상 범죄에 대해서는 법적 근거가 없어 위장수사가 사실상 불가능했다.

N번방·박사방 사건

미성년자를 포함해 일반 여성들을 상대로 한 성착취 영상이 텔레그램을 통해 대대적으로 공유·판매된 디지털성범죄 사건이다. 경찰의 수사결과 N번방은 2018년 하반기부터, 박사방은 2019년 7월부터 운영된 것으로 알려졌으며, 텔레그램이 해외에 서버를 두고 있어 압수수색 등이 어렵고 대화내역을 지우는 기능이 있어 해당 메신저앱을 사용해 범행을 저지른 것으로 추정됐다. 당시 경찰은 2019년 9월부터 소셜미디어상 불법음란물 유통을 집중수사하는 과정에서 채팅방 운영자 및 공범, 유료회원들을 검거해 재판에 넘겼다.

그런데 최근 서울대 N번방 사건의 피의자인 서울대 졸업생 박모(40) 씨의 신상을 특정하고 검거할 수 있었던 데는 2년여간 공범을 자처하며 텔레그램으로 접촉을 시도한 '추적단 불꽃' 소속 민간활동가의 역할이 컸던 것으로 알려졌다. 성인이 피해자라는 이유로 수사기관이 위장수사를 하지 못하면서 민간에 의존하는 상황이 벌어진 것이다. 해당 사건의 주범인 박씨와 또 다른 주범 강모(31) 씨는 2021년 4월부터 이듬해 11월까지 SNS 등에서 수집한 피해자들의 사진을 이용해 허위영상물을 제작·유포한 혐의로 현재 재판에 넘겨진 상태다.

기본권 침해 우려 감안해 관계부처 협의·입법 필요

다만 위장수사 범위를 확대하려면 성폭력범죄의 처벌 등에 관한 특례법 개정이 필요해 국회 협조가 필수다. 경찰은 위장수사제도의 효과는 이미 검증됐다고 본다. 경찰청 통계에 따르면 개정 아동청소년성보호법이 시행된 2021년 9월부터 지난해 말까지 위장수사를 통해 검거한 인원은 1,028명, 구속인원은 72명에 달한다. 죄의 종류별로 구분하면 '아동 성착취물 판매·배포·광고'가 747명으로 약 73%를 차지했다. 이어 아동 성착취물 제작·제작알선(125명), 아동 성착취물 소지·시청(118명), 불법촬영물 반포(31명), 성착취 목적 대화(7명) 등이었다.

디지털성범죄 피해자 비율이나 피해자가 느끼는 성적 수치심과 공포감은 연령에 따라 크게 다르지 않다는 점도 위장수사 확대가 필요하다는 논거 중 하나다. 경찰청이 2022년 3~10월 시행한 사이버성폭력 사범 집중단속 결과를 보면 범행대상이 된 피해자 총 678명 중 성인은 420명으로 61.9%를 차지했다. 경찰청은 2022년 12월 경찰대 치안정책연구소가 발간한 '치안정책리뷰'에 기고한 글에서 "아동·청소년 대상 디지털성범죄에 한정된 위장수사를 해도 성인 피해자가 꾸준히 확인되는 상황"이라며 "실제 검거된 피의자들 대부분은 아동·청소년 성착취물을 비롯해 (성인) 불법촬영물, 불법성영상물 등을 함께 취급하는 경향이 있다"고 언급했다.

이어 "피해자의 고통은 연령에 따른 차등이 없으므로 성인 대상 디지털성범죄까지 위장수사를 할 수 있도록 법적 근거를 마련해야 한다"며 "해외 각국이 위장수사제도를 시행하는 이유도 점차 교묘해지는 범죄에 대처하려면 다른 선택의 여지가 없기 때문"이라고 지적했다. 다만 위장수사에는 남용 시 무고한 피해자가 나올 수 있고 과도한 기본권 침해가 발생할 수 있다는 우려가 따라붙는 만큼 법무부, 개인정보보호위원회 등 관계부처와의 협의과정에서 허용요건 등에 대해 심도 있는 논의가 필요하다는 입장이다. ▣

화제의 뉴스를 간단하게!
간추린 뉴스

민주당 발의 '전 국민 25만원 지원법' 국회 행안위 상정

의사봉 두드리는 신정훈 국회 행안위원장

국회 행정안전위원회는 7월 2일 전체회의를 열고 더불어민주당이 당론으로 발의한 '2024년 민생위기극복 특별조치법(전 국민 25만원 지원법)'을 상정했다. 국가 및 지방자치단체가 민생회복 지원금 지급에 필요한 행정·재정적 지원을 하며, 전 국민에게 지역사랑상품권으로 지원금을 지급한다는 내용을 담았다. 금액은 지급대상에 따라 25만~35만원 범위에서 대통령령으로 정하도록 지급액에 차등을 뒀다. 국민의힘은 예산편성권이 없는 국회의 월권입법이자 포퓰리즘이라며 반대했고, 윤석열 대통령 또한 건전재정 기조의 필요성을 강조하며 반대입장을 표했다.

국민연금 '지급보장 법제화' 실효성 논란에 비판 목소리 나와

7월 2일 보건복지부는 국민연금에 대한 청년세대의 신뢰 제고를 위해 국가의 '지급보장 근거'를 국민연금법에 보다 명확하게 규정하기로 했다. 22대 국회에서도 야당을 중심으로 국가가 국민연금 지급보장을 책임지도록 명문화하는 법안이 쏟아졌다. 그러나 한편으로는 "지급보장을 법제화한다고 해서 약속된 연금을 온전히 보장받는 것은 아니"며, "코앞에 닥친 국민연금 재정위기를 극복하기 위해 보험료를 더 많이 부담해야 할 현세대가 그 책임에 눈감고서 '논점 바꿔치기'를 통해 미래 연금재정 불안을 뭉개고 넘어가려는 무책임한 논의 중 하나"라는 비판도 나왔다.

국민연금의 지급보장을 명문화하라는 시위

유보통합 '첫발' 뗐지만 … 교사자격 통합·재원마련 등 난제 여전해

정부가 저출생에 대응해 영유아 교육·보육 상향평준화를 위한 유보통합(유아교육·보육체계 일원화) 실행계획안을 내놨지만, 통합기관 명칭부터 교사 양성체계, 재원문제 등은 올해 연말에야 명확해질 것으로 보인다. 교육부는 공론화 등을 통해 연말께 실행계획을 확정하고, 내년까지 관련법을 정비해 이르면 2026년부터 통합기관을 선보일 수 있을 것으로 내다봤다. 하지만 교육계에서는 교사 자격기준 통합 등 30여 년간 풀지 못한 난제가 남은데다 2026년 지방선거가 예정된 만큼 각계의 이해관계가 얽힌 유보통합을 정부가 밀어붙일 수 있겠느냐는 우려도 나왔다.

졸속 유보통합에 반대하는 전국교사결의대회 참가자들

내년 최저임금 1만 30원으로 1.7% 인상 … "결정구조 바꿔야" 지적도

기자들 질문에 답하는 이인재 최저임금위원장

최저임금위원회가 7월 12일 제11차 전원회의를 열고 위원 투표를 거쳐 2025년 최저임금을 시간당 1만 30원으로 최종결정했다. 올해 9,860원에서 170원(1.7%) 오른 것으로, 사상처음으로 최저임금 1만원 시대를 맞게 됐다. 월급기준으로는 209만 6,270원(주 40시간·월 209시간 근무기준)이다. 한편 올해도 합의가 아닌 표결로 최저임금이 정해지자, 최저임금 결정구조를 근본적으로 바꿔야 한다는 의견도 제기됐다. 노사는 공익위원의 영향력이 너무 크다고 입을 모았고, 한편으론 객관적 근거 없이 노사가 흥정하듯 최저임금을 결정하는 것도 문제라는 지적이 나왔다.

정부는 "내년도 R&D 예산 역대급"이라는데 … 그저 떨떠름한 과기계

24조 8,000억원 규모로 책정된 내년도 연구개발(R&D) 예산에 대해 정부는 '역대 최대규모'를 강조했지만, 연구현장의 반응은 떨떠름했다. 예산확대는 환영하지만 지난해 예산의 대규모 삭감으로 현장 어려움이 여전한데, 예산을 신규과제 편성에만 집중하고 중단위기에 놓인 계속과제 복원과 같은 요구는 외면했다는 것이다. 매년 주요 R&D 예산 배분·조정안에 담겼던 주요 사업별 예산 변화 등이 사라져 구체적 내용파악도 힘들고, 기초연구 분야 예산도 확대됐지만 '잘하는 연구자는 더 잘하도록' 하는 수월성을 강조하면서 보편성과 다양성이 사라진다는 우려도 나왔다.

2025년도 R&D 재원 배분 관련 브리핑하는 대통령실

8월부터 종합·요양 병원 임종실 설치 의무화

보건복지부는 6월 27일 제13차 건강보험정책심의위원회를 열고 8월부터 시행될 의료법 개정안에 따라 300병상 이상을 갖춘 종합·요양 병원에 1개 이상의 임종실을 반드시 설치하도록 했다. 통계청에 따르면 지난해 우리 국민 75.4%는 병원에서 죽음을 맞이했는데, 존엄한 임종을 위한 별도공간이 없는 의료기관이 많다. 또한 급속한 고령인구 증가로 편안한 임종을 돕는 호스피스 서비스에 대한 수요가 증가할 것으로 보고 관련 수가를 개선하기로 했다. 아울러 임종과정에 있는 환자, 가족을 대상으로 팀 단위 돌봄을 활성화하고자 '임종관리료' 등 보상도 강화한다.

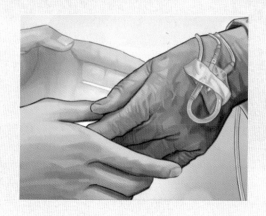

이탈리아 해변가에 평화의 소녀상 세워져 … 일본은 항의

이탈리아 사르데냐섬의 휴양지에 '평화의 소녀상'이 6월 22일(현지시간) 설치됐다. 일본정부의 압박으로 세계 곳곳의 소녀상이 철거위협을 받는 가운데 이번에 세워진 소녀상을 놓고도 일본 측의 항의로 출발부터 진통이 빚어졌다. 소녀상 옆에는 제2차 세계대전 당시 일본군이 아시아·태평양 지역에서 수많은 소녀와 여성을 강제로 군대의 성노예로 삼았다는 등의 내용이 적힌 비문도 설치됐다. 제막식 전 주이탈리아 일본대사가 비문 내용이 사실이 아니라며 제막식 연기를 요청했으나, 리타 발레벨라 스틴티노 시장은 이를 거부했다고 전해졌다.

이탈리아 사르데냐섬 해안가에 설치된 평화의 소녀상

65세 이상 주민등록인구 1,000만명 넘어 … 초고령사회 '눈앞'

행정안전부는 65세 이상 주민등록인구가 7월 10일 기준 1,000만 62명으로 전체 주민등록인구의 19.51%를 차지했다고 밝혔다. 현재 추세라면 65세 인구비율이 올해 말이나 내년에는 20%를 넘어설 것이 확실시된다. 기대수명 또한 2022년 기준 82.7세에 달한 상황에서 전문가들 사이에서는 65세 이상이라는 노인의 정의를 바꿔야 하는 것 아니냐는 의견도 나온다. 경제협력개발기구(OECD)는 '2024 한국경제보고서'에서 인구위기 대응을 위한 과제를 제시하며, 노동·연금 구조개혁을 통해 고령자 경제활동 참가를 확대하는 정책이 필요하다는 내용을 담기도 했다.

대낮 볼리비아 쿠데타 … 국민 냉소 속 '3시간 천하'로 끝나

6월 26일(현지시간) 대낮에 버젓이 이뤄진 볼리비아의 쿠데타 시도가 불과 3시간 만에 실패로 막을 내렸다. 후안 호세 수니가 장군이 수도 라파스 도심 대통령궁에 무장한 군인과 장갑차를 투입해 루이스 아르세 대통령을 억류했지만 아무 지지도 얻지 못한 채 해산당했다. 반란과정은 현지언론 등을 통해 실시간으로 국민에게 전해졌다. 국민 반응은 싸늘했고 볼리비아 각계에서는 반대 성명이 빗발쳤다. 얼마 지나지 않아 수니가 장군은 고립무원의 처지에 몰렸고, 아르세 대통령이 군 지휘부를 전격교체하자 대통령궁을 점거했던 병사들은 2시간도 채 되지 않아 전원 철수했다.

볼리비아 대통령궁 주변을 장악한 쿠데타군

금융권 '책무구조도' 도입 … 책무 겹치면 상급자에게 배분해야

금융당국이 7월 2일 '책무구조도' 도입을 골자로 한 개정 지배구조법 시행을 하루 앞두고 해설서를 공개했다. 책무구조도란 금융회사 주요업무에 대한 최종책임자를 사전 특정해두는 제도로 내부통제 책임을 하부에 위임할 수 없도록 하는 원칙을 구현한다. 책무구조도는 대표이사 등이 마련해야 하며, 책무의 누락·중복·편중이 없도록 책무를 배분해야 한다. 회사임원과 직원, 책무에 사실상 영향력을 미치는 다른 회사임원이 책무를 배분받게 된다. 특히 상위임원(상급자)과 하위임원(하급자)의 업무가 일치하는 경우엔 상위임원에게 책무를 배분해야 한다고 판단했다.

르노 신차 홍보직원 '손동작' 논란 … 르노코리아 "직무수행 금지"

6월 29일 르노코리아가 공식 유튜브 채널에 올린 신차 홍보영상이 논란에 휩싸였다. 영상에 등장한 한 여성매니저가 신차 소개 과정에서 잠시 엄지와 검지손가락으로 'ㄷ' 모양을 했는데, 누리꾼들이 이를 두고 "남성 신체부위를 조롱할 때 쓰는 손동작"이라며 이 장면을 캡처해 온라인 커뮤니티에 올리면서 논란은 확산했다. 일각에서는 '얼굴까지 나오는데 직원이 의도를 갖고 그런 손동작을 했겠느냐'는 반론도 있었으나, '불필요한 동작으로 오해를 샀다'는 비판이 이어졌다. 사측은 논란이 일자 즉각 관련영상을 삭제하고 조사에 착수하는 한편 해당 직원의 직무를 정지시켰다.

손동작 논란과 관련한 르노코리아의 사과문

민수용 도시가스요금 인상 … 4인가구 기준 월 3,770원 오른다

가스공사가 8월 1일부터 주택용 도시가스 도매요금을 서울시 소매요금 기준으로 MJ(메가줄)당 현재의 20.8854원에서 22.2954원으로 1.41원 올린다고 밝혔다. 가스공사는 요금조정으로 서울시 4인가구 기준 월 가스요금이 약 3,770원 오를 것으로 전망했다. 정부는 국민경제에 끼치는 영향을 고려해 그간 가스요금 인상을 유보해왔다. 그러나 가스공사의 재무위기가 심각해 일단 공급원가에 준하는 수준까지의 인상은 불가피하다고 보고, 국민들이 받는 충격을 최소화할 수 있는 여름철에 인상을 결정한 것으로 전해졌다.

튀르키예에서 시리아 난민 겨냥 집단폭력 확산 … 국경 폐쇄

반(反)튀르키예 시위 도중 숨진 시리아 주민 장례식

튀르키예에서 시리아 난민사회를 겨냥한 집단폭력이 확산하고 있다. 7월 2일(현지시간) 국영방송 TRT하베르 등에 따르면 전날 저녁 튀르키예 중부 카이세리에서 현지주민들이 연이틀 시리아 난민의 집과 가게에 돌을 던지고 차에 불을 질렀다. 이러한 집단폭력은 안탈리아, 가지안테프 등지는 물론 이스탄불 외곽에서도 벌어졌다. 시리아인을 겨냥한 폭력이 이어지자 튀르키예군이 주둔한 시리아 서북부의 튀르키예 군기지 앞에서 항의시위가 벌어졌다. 사태가 격화하자 전날 튀르키예 측에서 주요 국경검문소 일부를 폐쇄했다고 로이터 통신은 전했다.

중국 여행객 카카오톡 사용 주의 … 중국 당국 휴대폰 불심검문 강화

국가정보원은 7월부터 중국 당국의 전자기기 불심검문 권한이 강화된다며, 체류·여행자들은 중국 당국의 승인을 받지 않은 가상사설망(VPN)을 이용해 카카오톡 등을 사용하는 것에 주의해야 한다고 전했다. 국정원은 "7월 1일부터 '국가안전기관 안전행정 집행절차 규정' 등에 따라 중국 공안기관이 국가안전에 해를 끼칠 우려가 있는 사람에 대해 신체·물품 검사, 전자데이터 조사·수집 등을 할 수 있게 된다"고 했다. 그러면서 "우리 국민의 민감 개인정보를 일방적으로 수집하고, 신체·경제적 불이익 처분 등을 내릴 가능성이 커졌다"며 주의를 당부했다.

유의사항
✓ 中 지도자·소수민족 인권·대만문제 등 민감주제 언급 자제
✓ 보안시설(군사·항만 등) 촬영 금지
✓ 중국 내 선교·포교 등 종교활동 유의
✓ 시위 현장 방문·촬영 금지
✓ VPN을 활용한 카카오톡·페이스북 등 SNS 사용 자제
✓ 中 법집행인의 신분증·검증통지서 제시 여부 확인

국가정보원이 보도자료로 낸 유의사항

기록적 폭우에 인명피해 속출 … '쑥대밭'된 충청·전라

7월 10일 새벽 충청권과 전라권 등에 쏟아진 기록적 폭우로 6명이 숨지고 2명이 실종되는 등 인명피해가 발생했다. 심야에 중남부를 강타한 집중호우로 주택이 물에 잠기고 주민이 고립되는 등 피해도 속출했다. 연일 내린 비로 약해진 지반이 무너지면서 산사태도 잇따라 발생해 수마가 할퀴고 간 자리는 말 그대로 '쑥대밭'이 됐다. 전북 군산 어청도에는 한때 시간당 146mm 극한호우가 쏟아졌고, 충남지역에도 시간당 100mm가 넘는 기록적인 폭우가 내렸다. 중앙재난안전대책본부에 따르면 이날 집중호우로 발생한 이재민은 2,585세대 3,568명이다.

호우피해로 인한 막막함에 주저앉은 주민

'입시비리' 교수 최대 '파면' 철퇴 … 부정입학생은 '입학취소'

교육부는 6월 18일 정부세종청사에서 오석환 교육부 차관 주재로 주요 음대 입학처장 회의를 열고 '음대 등 입시비리 대응방안'을 논의했다고 밝혔다. 우선 국립대·사립대 교수에게 모두 적용되는 '교육공무원 징계양정 등에 관한 규칙'을 개정해 징계양정 기준에 비위유형으로 '입시비리'를 신설한다. 고의정도가 심하고 과실이 큰 입시비리를 저지른 교원은 최대 파면에 처한다. 입시비리로 부정입학한 학생은 입학을 취소할 수 있도록 '고등교육법 시행령'에 근거를 마련하고, 대학이 조직적으로 중대한 입시비리를 저지른 경우 1차 위반부터 '정원감축'을 할 수 있도록 한다.

페루, 40년 전 원주민 여성 성폭행한 전직 군인들 단죄

페루에서 1980~1990년대 군부대 인근 마을여성들을 성폭행한 전직군인들이 40년 가까이 지나서 정부의 재조사 끝에 법의 심판을 받았다. 6월 21일(현지시간) 페루 리마 형사법원은 강간 등 혐의로 기소된 전직군인 10명에게 징역 6~12년을 선고했다고 밝혔다. 법원은 "피고인들에 의해 조직적으로 자행된 반인륜적 범죄"라고 설명했다. 페루정부가 반체제 반군과 분쟁을 벌이던 시절 당시 정부군이 반군에게 식량을 제공한 주민들을 심문하는 경우가 있었는데, 이 과정에서 군인들이 검문소 등지에서 마을여성들을 성폭행한 것으로 조사됐다.

재판 방청하는 페루 주민들

초여름 불청객 '러브버그' … 역대급 이른 폭염 속 더 극성

초여름이면 찾아오는 붉은등우단털파리(일명 러브버그)가 올해 유난히 더 기승을 부렸다. 평년을 웃도는 기온이 이어지면서, 서울에서는 역대 가장 이른 열대야가 나타날 만큼 유독 빨리 찾아온 무더위 때문에 러브버그 또한 급격히 늘었다. 지구온난화로 한반도 기후가 아열대성으로 변해가면서 기온이 더 높은 지역에 살던 곤충이 우리나라까지 서식지를 확대한 것이다. 러브버그는 '익충'으로 볼 수 있지만, 장소를 가리지 않고 떼로 출몰하면서 사람들에게 불편을 줬다. 이로 인한 민원도 급증해 지방자치단체에서는 러브버그 없애기에 골머리를 앓았다.

러브버그

부산, 광역시 중 첫 '소멸위험지역' … 전국 시군구 11곳 신규진입

부산광역시 중구 시내 모습

한국고용정보원이 6월 28일 내놓은 분석 결과 부산시가 광역시 가운데 처음으로 '소멸위험단계'에 들어선 것으로 나타났다. 또한 전국 288개 시군구 중 지난해 3월 이후 신규로 소멸위험지역에 진입한 곳은 11개였고, 이 중 무려 8개가 광역시 산하 구군지역이었다. 부산은 저출생·고령화와 수도권 인구 유출 등으로 인구가 지속해서 감소하고 있다. 발등에 불이 떨어진 부산시는 지방소멸 위기에 대응하는 정책 강화에 나섰다. 인구정책담당관을 신설하고 인구감소 종합대책, 이민·외국인 정착지원, 다문화가정 지원 등을 추진한다.

'아동학대 논란' 손웅정 감독·코치 2명 첫 검찰 소환조사

손웅정 감독이 운영하는 유소년 축구 훈련기관에서 일어난 아동학대 혐의 사건과 관련해 검찰이 7월 2일 손 감독과 손흥윤 수석코치 등 피의자들을 불러 조사했다. 손 감독 등은 아동 B군을 신체적·정서적으로 학대한 혐의를 받는다. B군 측은 지난 3월 "오키나와 전지훈련 중 손 수석코치가 B군의 허벅지 부위를 코너킥봉으로 때려 2주간 치료가 필요한 상처를 입혔다"며 손 감독 등을 고소했다. 손 감독은 "맹세컨대 아이들에 대한 사랑이 전제되지 않은 언행은 결코 없었다"며, "시대변화와 법 기준을 캐치하지 못한 점 반성하겠다"고 밝혔다.

손웅정 감독

휴대전화에 신분증이 쏙 … '모바일 주민등록증' 12월 27일 도입

주민등록법 개정안으로 휴대전화에 주민등록증을 저장해 편리하게 사용할 수 있게 한 '모바일 주민등록증'이 올 연말에 도입된다. 앞서 행정안전부는 2021년 모바일 공무원증을 시작으로 2022년 운전면허증, 지난해 국가보훈등록증 등으로 모바일 신분증을 확대해왔다. 모바일 주민등록증은 실물 주민등록증을 발급받은 사람이라면 누구나 만들 수 있다. 읍면동 주민센터를 방문해 본인확인을 거친 후 신청하면 된다. 모바일 주민등록증은 위·변조와 부정사용 방지를 위해 암호화 등 최신 보안기술이 적용되며, 본인 명의 단말기 1대에서만 발급할 수 있다.

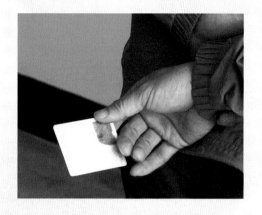

"PB 검색순위 조작" 쿠팡에 과징금 1,400억원 부과

공정거래위원회는 쿠팡 및 CPLB(자체브랜드(PB) 상품 전담납품 자회사)의 위계에 의한 고객유인행위에 대해 시정명령과 과징금 1,400억원을 부과하고 검찰 고발한다고 6월 13일 밝혔다. 공정위에 따르면 쿠팡은 PB상품 등의 판매를 늘리기 위해 검색순위 알고리즘을 조작했다. 특정상품에만 순위 점수를 가중 부여하거나 순위를 인위적으로 조정하는 방식으로 자사상품을 상위에 올렸다는 것이다. 이뿐만 아니라 임직원을 동원한 '셀프리뷰' 작성 사실도 조사에서 드러났다. 쿠팡 측은 유통업체의 고유권한인 상품진열을 문제 삼은 것이라고 반발하며 즉각 항소한다고 밝혔다.

한국축구 새 사령탑 홍명보 … 선임절차 두고 논란 일파만파

홍명보 전 울산HD 감독의 축구국가대표팀 감독 선임절차를 두고 대한축구협회(협회) 안팎과 축구팬들 사이에 논란이 불거졌다. 축구팬들은 위르겐 클린스만 전 대표팀 감독 사임 이후 5개월 간 협회가 새 감독을 물색하는 데 별다른 성과를 내지 못하다가 결국 현재 K리그 소속팀 감독인 홍 감독을 선임해 중도하차시킴으로써 해당 팀에게 피해를 입혔다고 주장했다. 아울러 협회의 전력강화위원이었던 박주호 전 위원이 자신의 유튜브 채널에서 홍 감독이 정당한 절차로 선임되지 않았고, 그 과정에 상당한 문제가 있었음을 폭로하면서 논란과 비판은 더욱 거세졌다.

홍명보 신임 축구대표팀 감독

한국도 안전지대 아냐
부안 4.8 지진

예측불가 지진, 대비만이 답

진원 깊이 8km
규모 4.8

충남

전북

부안군

서해

6월 12일 오전 8시 26분께 부안군 남남서쪽 4km 지역에서 규모 4.8의 지진이 발생했다. 전북에서 4.0 이상의 지진이 발생한 것은 이번이 처음이었다.

다행히 지진으로 인한 직접적인 인명 피해는 없는 것으로 알려졌으나 일주일간 1,000여 건에 육박하는 시설 피해와 7건의 국가유산 피해가 확인됐다.

학계에서는 부안 지역에 활성단층이 존재하는 것은 확실하나 그것이 '함열단층'으로 추정될 뿐 어떤 단층인지 알기 위해선 지속적인 연구가 필요하다고 밝혔다.

또 일본보다 지진위험이 적은 것은 사실이지만 한반도 규모 7.0의 강진이 일어날 수 있다는 예측이 있는 만큼 관련 연구와 투자가 필요하다는 목소리가 나온다.

전문가들은 현재 과학기술로는 지진을 예측하는 것이 불가능한 만큼 발생가능성을 평가해 지진 발생 후 대응방안을 마련하는 것이 최선이라고 입을 모았다.

그러나 연구의 기반이 되는 단층구조선 조사는 2036년 완료를 목표로 이제 걸음마를 뗀 상황이고, 내진설계율은 지진위험도에 비해 턱없이 낮다고 평가된다.

핵심 브리핑

지난 6월 12일 전북 부안군에서 규모 4.8의 지진이 발생했다. 이는 기상청이 지진 계기관측을 시작한 1978년 이래 전북 내륙에서 처음 발생한 규모 4.0 이상의 지진이었다. 이날 발생한 지진으로 부안과 인접 지자체뿐만 아니라 수도권과 강원 등 전국 대부분 지역에서 흔들림 감지 신고가 접수됐으며, 7월 3일까지 총 27차례의 여진이 이어졌다. 시대

교권위축과 학습권 침해 해결엔
학생인권조례 폐지가 답이다?

What?

7월 4일 서울시의회가 서울시교육청과 갈등을 빚어온 '서울시 학생인권조례 폐지조례'를 의장 직권으로 공포하면서 2012년 제정된 지 12년 만에 폐지수순을 밟게 됐다. 그간 학생인권조례는 학생인권 향상에 기여했다는 평가를 받았지만, 학생 개개인의 인권이 과도하게 강조돼 교권이 위축되고 다른 학생들의 학습권이 침해된다는 지적도 이어져 왔다.

학생권리 침해 시 교육청 조사 … 교육권 침해 비판

학생인권조례는 2010년 경기도교육청에서 처음 제정된 뒤 17개 시도 교육청 중 서울을 비롯한 6개 교육청에서 제정돼 시행해왔다. 학생인권조례에는 학생이 성별, 종교, 나이, 성적 지향, 성별 정체성, 성적 등을 이유로 차별받지 않을 권리가 있다고 명시돼 있다. 체벌과 따돌림, 성폭력 등 모든 폭력으로부터 자유로울 권리, 자기 소질에 맞게 학습할 권리 등도 담겼다. 이러한 권리를 학교 측이 보장해주지 못하거나 침해할 경우 학생은 교육청 직속기관인 학생인권센터의 학생인권옹호관에게 상담 · 조사 등을 청구할 권리를 갖게 된다.

학생인권조례는 학생을 한 명의 인격체로 바라본다는 점에서 긍정적이라는 평가를 받았지만, 교사의 정당한 교육권을 침해한다는 비판도 받았다. 학생의 권한을 과도하게 강조하면서 학생이 수업을 방해하는 등 다른 학생들의 학습권을 침해하거나 부적절한 행동을 하는 상황에서도 교사가 이를 적극적으로 제지하지 못하는 사례가 생겼기 때문이다. 교사의 생활지도 등 교육의 일부를 학부모가 아동학대로 신고하는 경우에 악용된다는 지적도 적지 않았다. 또한 교육청에서 통상 학생의 신고를 받아 사안을 조사한 뒤 '권고' 수준의 조치를 내리지만, 교원들에게는 이러한 체계 자체가 큰 부담으로 작용했다.

2022년부터 불거진 폐지 논란 ··· 여당 주도로 폐지

서울 학생인권조례를 폐지하자는 주장은 '학생의 성적 지향을 존중한다'는 점에 반대한 한 시민단체로부터 처음 제기됐다. 종교단체와 학부모단체 등으로 구성된 '서울시 학생인권조례 폐지 범시민연대'는 2022년 8월 "학생인권조례가 동성애, 성전환, 조기성행위, 낙태 등 비윤리적 성행위들과 생명침해행위를 정당화한다"며 조례 폐지 청구인 명부를 서울시의회에 제출했다. 이후 2023년 3월 의회에서 청구를 받아들여 김현기 시의회 의장 명의로 폐지조례안이 발의됐다. 여기에 같은 해 7월 서울 서이초등학교 교사 사망사건 등 교권침해 이슈가 사회적 관심사로 떠오르면서 서울 학생인권조례에 대한 논쟁은 더 뜨거워졌다.

그러다 같은 해 12월, 폐지안 수리 및 발의에 대한 서울시교육청의 집행정지 가처분 신청이 법원에서 인용되면서 학생인권조례는 극적으로 살아났다. 당시 법원은 "신청인에게 회복하기 어려운 손해가 발생할 우려가 있고, 그 손해를 예방하기 위해 효력을 정지할 긴급한 필요가 있음이 소명된다"고 설명했다. 그러나 서울시의회는 올해 4월 26일 인권·권익 향상 특별위원회(특위)와 본회의에서 각각 서울 학생인권조례 폐지안을 의결했다. 이에 조희연 서울시교육감은 5월 16일 "일방적 폐지가 아닌 보완을 통해 학생권리를 보장해야 한다"며 재의를 요구했지만, 6월 25일 열린 정례회 본회의에서 조 교육감의 요구가 수용되지 않으면서 결국 학생인권조례가 폐기됐다. 지방자치단체에서 학생인권조례가 폐지된 것은 충남에 이어 서울이 두 번째다. 서울시교육청은 7월 11일 대법원에 '조례 폐지 재의결 무효확인 소송' 및 집행정지 신청을 청구한 상태다.

학생인권 향상 등 성과 커 ··· 시대에 맞게 바뀌어야

이처럼 학생인권조례가 최근에는 교권침해의 한 원인으로 지목받고 있지만 권위적인 학교문화를 바꿔낸 성과는 분명히 있었다는 것이 교육계의 평가다. 실제로 학생인권조례 도입으로 서울의 학교에서는 두발·복장 규제, 체벌, 일방적인 소지품 검사 등이 사라졌다. 모의고사 등 시험성적이 발표됐을 때 성적표를 뽑아 교실 앞에 붙이는 문화 등 차별로 지적될 수 있는 관행이 대부분 사라지기도 했다. 다만 사회가 성숙해지면서 '학생인권'만을 따로 명문화할 필요가 있는지에 대한 비판의 목소리가 생겨났다.

충남과 서울뿐만 아니라 다른 지역에서도 학생인권조례 폐지가 논의되는 상황에서 한 지역교육청 관계자는 "학생인권조례로 학생인권이 신장이 된 것은 분명하다"며 "그러나 학생권리의 보장을 넘어 타인의 권리를 침해하는 것은 문제가 있을 것"이라고 말했다. 그는 "시대가 이미 성숙해졌다"며 "지금 시대에는 업그레이드 버전이 필요한 것이 맞다. '학생' 인권이 아닌 '교사'를 포함한 '사람'에 대한 인권으로 표기해야 할 때가 온 것"이라고 말했다. 일각에서는 학생인권조례 폐지 찬반 논란을 떠나 학생인권과 교권을 대립적인 제로섬 관계로 봐선 안 된다며 학생과 교사 모두 존중받고 보호받을 수 있는 대안이 필요하다는 의견도 나왔다. 🔲

Fact!

학생인권조례에 대해 상반된 평가가 존재하는 것은 사실이지만, 학생인권과 교권 모두 보호받아야 할 권리인 만큼 궁극적인 문제 해결을 위해서는 학생과 교사가 모두 보호받을 수 있는 대안을 찾는 것이 필요하다.

우천시가 지역이름?
문해력, 다시 논란의 중심에

최근 '문해력'이라는 단어가 소셜미디어를 또다시 뜨겁게 달구고 있다. 한 어린이집 교사가 온라인커뮤니티에 올린 "우천 시 OO로 장소를 변경한다고 공지하면 '우천시에 있는 OO지역으로 장소를 바꾸는 거냐'라고 묻는 학부모가 있다"는 글이 회자하면서부터다. 여기에 과거의 에피소드들이 재소환되면서 젊은 층의 문해력이 국제사회 기준에 미치지 못한다는 언론보도까지 나오고 있다.

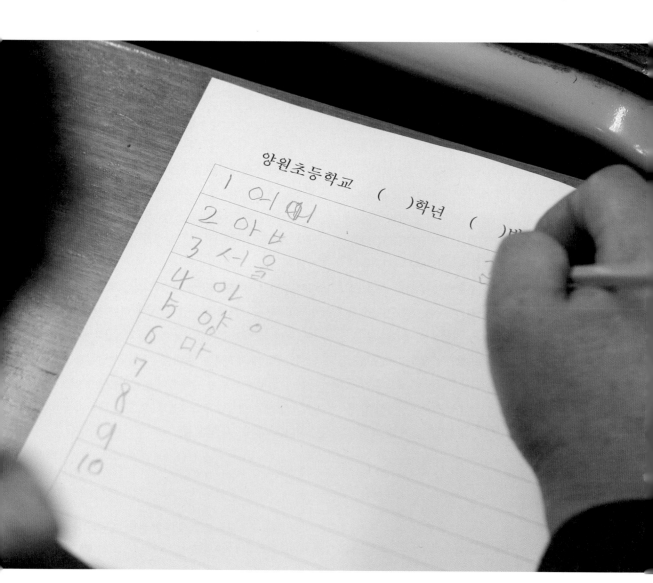

문맹(文盲, illiteracy)은 글을 읽거나 쓸 줄을 모르는 상태나 그런 사람을 이르는 말이다. 반면 문해(文解)는 글을 읽고 이해하는 것을 말한다. 문자 읽고 쓰기와 문장 이해는 전혀 다른 문제다. 문맹률은 낮을수록 좋고, 문해율은 높을수록 좋다.

그런데 최근 사회가 복잡해지고 교육환경이 변화하면서 문해력에 대한 논란이 빈번하게 온라인을 뜨겁게 달구고 있다. '우천시'를 '비가 올 경우'가 아닌 특정지역의 이름으로 이해한다든가 '중식 제공'의 '중식'을 '점심'이 아닌 '중국음식'로 이해하는 게 그 예다. 그 외에도 '심심한 사과를 드린다'의 한자어 '심심(甚深)'을 '매우 깊게'가 아닌 우리말 '싱거운' 또는 '지루하고 따분하고 재미가 없다'는 식으로 받아들인 사례도 있다.

그럴 때마다 언론은 전문가의 입을 빌려 '실질 문맹률'을 거론하며 글자를 읽고 쓸 수 있는 사람은 많지만 실제로 그 뜻을 제대로 이해하는 사람을 많지 않다고 앞다투어 보도하고, 정부는 초·중·고 교육과정에 변화를 주겠다고 발표한다.

문맹률 1% 이하, 그런데 문해율은?

❖ 실질 문맹률 75%?
❖ 쇼츠 영상 선호가 집중력 저하시켜
❖ 한자교육의 필요성 대두

우리나라는 한글 덕분에 문맹률 1% 이하의 세계 최고의 글자해독 국가에 속한다. 그런데 2004년 한국교육개발원에서 발표한 '교육인적자원지표'를 보면 2001년 기준 문해력에 취약한 수준이 38.0%, 단순 작업에는 대응할 수 있지만 새로운 작업 등을 학습하는 데 문해력이 부족한 수준이 37.8%로 집계됐다. 언론들이 우리나라의 문해력을 거론할 때 경제

협력개발기구(OECD) 국가 중간 이하 또는 최하위라며 들고 있는 실질 문맹률 75%가 여기에 근거하고 있다.

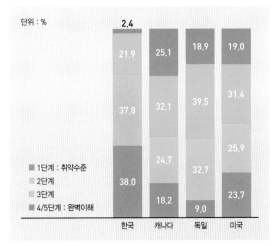

2001년 성인 문해력 국제비교

단위 : %

	한국	캐나다	독일	미국
1단계 : 취약수준	38.0	18.2	9.0	23.7
2단계	37.8	24.7	32.7	25.9
3단계	21.9	32.1	39.5	31.4
4/5단계 : 완벽이해	2.4	25.1	18.9	19.0

자료 / 2004년 한국교육개발원

언론은 문해력이 저하된 요인을 몇 가지로 요약한다. 우선 스마트폰 등 디지털 기기 의존도가 높아지면서 활자보다 영상에 익숙해진 데다가, 틱톡(TikTok)처럼 몇 초짜리 짧은 영상(쇼츠)이 유행하면서 집중력에 대한 문제가 발생했다는 것이다. 특히 MZ세대가 성장해온 환경은 스마트폰과 모바일이 '연결된 환경'이었다. 그들에게 지식은 검색하면 언제든 찾을 수 있는 것에 속한다. 활자매체보다는 영상매체에 익숙하고 정보와 지식의 연결망에 대한 이해도가 높지 않다면 문장의 맥락을 이해하는 능력이 낮을 수밖에 없다. 최근 수년간 대학수학능력시험에서 '어려운 국어' 논란이 반복되는 것도 청소년 문해력 저하와 무관하지 않다는 지적도 있다.

또한 어릴 때부터 단문을 주로 사용하는 카카오톡을 이용하면서 기성세대와는 언어가 많이 달라진 것도 한 요인으로 꼽힌다. 여기에 유튜브 영상매체를 주로 접하다 보면 문자에 대한 거부감이 커지고 어휘

력 자체가 떨어질 수밖에 없다. 영상매체를 통해 직관적으로 눈에 보이는 것만 이해하려고 하지 글의 구조나 논리 흐름을 파악하지 않는 것이다. SNS와 영상매체 사용량은 대폭 늘고 상대적으로 독서량은 급격히 줄어든 탓에 기존에 사용되던 단어는 사장되고 대신 축약어나 신조어가 그 자리를 차지한 것도 문제다.

청소년 독서실태

■ 기간 : 2021년 9월 1일~16일
■ 대상 : 초등학교 5학년~고등학교 2학년

평소 독서량(교과서, 학습지, 잡지, 만화 제외)	
부족하다	45.6%
보통이다	33.6%
충분하다	20.8%
독서가 어려운 현실적 이유(장애요인)	
휴대전화(스마트폰), 인터넷, 게임 하느라	28.8%
학원 때문에	24.8%
책 읽기가 싫고 습관이 들지 않아서	22.8%
책을 읽지 않아도 된다고 생각하는 이유	
새로운 정보 및 지식을 다른 매체(인터넷 등)로 충분히 얻을 수 있어서	75.0%
교과서 · 참고서를 보는 편이 더 도움이 돼서	25.0%
친구들과의 대화가 감정 순화 및 진정에 더 도움이 돼서	25.0%

자료 / 아동복지연구소

또한 직관적으로 이해되는 일상어와 달리 단어 속에 담긴 뜻을 해독해야 하는 한자(漢字)어를 이해하는 데 어려움을 겪고 있는 것도 현실이다. 2000년부터 적용된 '제7차 교육과정'에 한문이 필수과목에서 빠지면서 한자학습에서 거리가 멀어진 것이 큰 원인이다. 그 외에도 각종 줄임말, 국적불명 신조어 등의 남발, 인터넷 등 디지털공간에서 중장년층의 문해력이 상대적으로 낮은 점 등으로 인한 세대 간 의사소통이 단절된 것도 문제로 꼽힌다. 그러다 보니 언

어 사용에 있어 최전선에 서 있는 언론사 기자들마저 '사흘'을 3일이 아닌 4일로, '금일(今日)'을 오늘이 아닌 금요일로 쓰는 것은 물론이고, '동에 번쩍 서에 번쩍'을 '동해 번쩍 서해 번쩍'으로 사용해 논란이 되곤 한다. 심지어 건설현장에서 사용하는 일본식 외국어를 설명 없이 그대로 사용하는 경우도 있다.

이 때문에 전문가들은 독서교육과 한자교육에 변화를 주어야 한다고 강조한다. 또한 사지선다(四枝選多)형 객관식 문제풀이와 정답찾기를 위한 기계적 반복학습이 문해력과 사고력 발달을 저해한다며 개성이 필요하다고 주장한다. 아울러 TV 방송에서 무분별하게 남발되고 있는 줄임말, 신조어, 외국어 등 한글파괴언어 등을 자제해야 한다고 조언한다.

진짜 문해율 낮은가? … 문제는 디지털문맹?

❖ 성인 독서율 세계 최저
❖ 장년층 디지털 · 금융 문맹 심각
❖ 문서 외 산문 · 수량 문해력 우수

경제협력개발기구(OECD) 보고서에도 비슷한 결과가 있다. 이에 따르면 지난 2021년 우리나라 학생들의 디지털정보에 대한 사실과 의견 식별률은 25.6%로 회원국 평균(47.4%)에 크게 미달했다. 2018년 국제학업성취도평가(PISA) 읽기영역에서 한국학생들의 평균점수는 OECD 37개 회원국 중 5위로 상위권이지만, 실제로 문장 독해력과 정보의 신뢰성을 식별하는 능력은 떨어진다는 것이다.

물론 문해력 논란은 비단 우리나라의 문제만은 아니다. 스웨덴의 경우 학생들의 문해력이 유럽 평균에 비하면 여전히 높은 편임에도 초등학교 4학년생을 기준으로 독서능력이 2016년에서 2021년 사이에 급격히 저하된 것으로 알려지자(국제문해력교육

연구소 통계 기준) 교사들이 아이들에게 태블릿 PC와 온라인 검색, 키보드를 다루는 기술 대신에 인쇄된 종이책들을 제공하고 조용한 독서시간, 손글씨를 쓰는 연습시간에 더 치중하는 등 전통적 교육방식으로 돌아갔다. 스웨덴정부 또한 유치원에서의 디지털기기 사용을 의무화했던 기존방침을 뒤집고 6세 미만 아동에 대한 디지털학습을 완전히 중단할 계획이라고 밝혔다. 아울러 각 학교에 배치되는 도서 구입비용으로 내후년까지 모두 2,000억원 이상을 투입하기로 했다.

그러나 진짜 젊은 층의 문해력이 낮은가에 대한 의문은 존재한다. 지난 4월 문화체육관광부가 발표한 '2023 국민 독서실태조사'에 따르면 20대의 독서율이 74.5%로 전 세대 중 가장 높다. 게다가 독서, 기록 등 '텍스트 콘텐츠를 힙하다'고 여기는 새로운 경향을 의미하는 '텍스트 힙'이라는 말이 나올 정도로 젊은 층에서는 텍스트가 또 하나의 트렌드다. 미디어와 친밀한 이들의 특성은 예술, 독서, 패션 등 다양한 분야의 관심사를 글로 나타내기 위한 SNS에 '매거진'을 만들어내는 것으로 표출되기도 한다.

한자교육의 기회를 박탈당한 세대에게 한자어를 모른다는 게 문해력의 기준이 되는 것도 의아한 대목이다. '우천 시'가 아니라 '비가 올 때', '중식'이 아니라 '점심', '심심한 사과' 대신 '깊은 사과'라고 쓰면 오해의 여지가 있을 수 없다. 우리말 순화운동의 결과 많은 부분에서 개선됐지만, 공무원들의 문서나 정치인들의 발언 등을 보면 우리말로 써도 충분히 가능한데도 일부러 한자어를 쓰는 경우도 많다. 이런 경향은 연령이 높을수록 강하다. 오랜 세월 한자문화권이었고, 일제강점기부터 내려온 일본식 한자어의 오남용 결과다. 한자교육도 받지 않고 우리말 순화운동을 경험한 세대에게 한자어를 모른다고 지적하는 것은 법조인이 아닌 일반인에게 법률용어를 모른다고 타박하는 것과 다르지 않다는 것이다.

언론들이 '한국인의 문해력은 OECD 최하위'의 근거로 내놓은 '교육인적자원지표'가 20년 전 자료라는 것도 문제다. 가장 최근이라 할 수 있는 2018년 OECD '국제성인역량조사(PIAAC ; Programme for the International Assessment of Adult Competencies)' 보고서에 따르면 우리나라의 문해력은 273점으로 OECD 평균인 266점보다 높았다. 또한 청년층(16~24세)이 OECD 국가 중 4위였던 반면 25세를 기점으로 급격히 하락해 55~65세에는 최하위권으로 떨어졌다. 디지털기기에 익숙한 젊은 층의 문해력이 낮다는 세간의 평가와 달리 오히려 연령층이 높을수록 문해력이 낮았으며, 그 격차가 다른 나라에 비해 크다는 특징을 보였다. 교육부와 국가평생교육진흥원이 발표한 '2020년 성인문해능력조사'에서도 완벽하게 이해하는 문해능력 1단계에서 일상생활에 필요한 충분한 문해력을 갖춘 수준인 4단계까지의 비율이 79.8%나 됐다.

교육전문가들은 문장 속에서 단어 한 개를 모른다고 전체 맥락을 아예 이해할 수 없는 것은 아니라고 입을 모은다. 또한 과거 우리나라의 문해율이 낮은 이유를 전쟁과 경제건설 시기에 배움의 기회가 상대적으로 적었고, 이 시대를 거친 기성세대가 인구의 절반 이상을 차지하고 있다는 것을 간과해서는 안 된다고 주장한다. 일상에서 사용되지 않는 단어, 일본식 한자어·외국어를 고집하고 있는 기성세대가 오히려 문해율의 평균을 낮추고 있는 것은 아닌지 되돌아봐야 한다는 것이다. ■

광화문에 태극기 게양대?
국민 공감 먼저 얻었어야

NEWSPAPER

조희연, "광화문 국기게양대 재고해 달라"

조희연 서울시교육감이 서울시가 2026년 광화문 광장에 높이 100미터의 국기게양대를 설치하기로 한 것을 "미래세대를 위한 교육의 입장에서 재고해달라"고 촉구했다. 조 교육감은 "우리 아이들은 피부색과 언어, 문화가 다른 지구촌 시민과 평화롭게 공존하는 세계시민으로 자라야 한다"며 "이런 시대적 과제를 안고 있는 지금, 광화문 한복판에 거대한 태극기 게양대를 만드는 사업을 추진하는 것은 미래지향적인 결정이 아니다"고 주장했다.

2024.6.28. 연합뉴스

광화문에 100m 태극기 게양대 세운다는 서울시

서울시가 광화문광장에 100m 높이의 태극기 게양대를 세울 계획을 내놨다. 영원한 애국과 불멸을 상징하는 '꺼지지 않는 불꽃'도 함께 조성된다고 했다.

오세훈 서울시장은 6월 25일 제74주년 6·25를 맞아 인천상륙작전과 9·28 서울 수복 등에서 헌신한 참전용사 7명을 초청한 간담회 자리에서 이런 내용이 담긴 광화문 국가상징공간 조성계획을 밝혔다. 오 시장은 "광화문광장에 국가상징 시설인 대형 태극기와 꺼지지 않는 불꽃을 건립해 국민 모두가 자긍심을 느낄 수 있는 국가상징 공간으로 만들겠다"고 했다.

광화문광장 국가상징공간 조성계획 발표하는 김승원 서울시 균형발전본부장

「국가상징조형물」 근거리 조망을 고려한 일체화된 미디어파사드와 미디어플로어

110억짜리 '애국주의적 조형물' 반발 거세

서울시의 구상은 미국 워싱턴DC 내셔널몰의 '워싱턴 모뉴먼트(워싱턴 기념탑)', 프랑스 파리 샹젤리제 거리의 '에투알 개선문', 아일랜드 더블린 오코넬 거리의 '더블린 스파이어'처럼 역사·문화·시대적 가치를 모두 갖춘 국가상징 조형물을 광화문광장에 만들겠다는 것이었다. 이를 통해 광화문광장을 대한민국의 정체성과 상징성을 간직한 국가상징 공간으로 탈바꿈시키겠다는 생각을 내놨다.

서울시는 올해 8~11월 통합설계 공모를 거쳐 2025년 4월까지 기본·실시 설계 후 5월 착공할 것이라 밝혔다. 광화문 주변 건물 가운데 외교부 청사가 92m로 가장 높아 태극기가 어디서든 잘 보일 수 있도록 계양대 높이를 100m로 정했다. 여기에는 110억원의 예산이 투입된다고 했다. 계획대로라면 2026년 광화문광장에서 초대형 태극기가 펄럭이게 되는 것이다. 이런 계획을 두고 일각에서는 '애국주의적 발상'이라는 비판이 나오는 등 찬반 논란이 일었다. 이미 세종대왕·이순신 동상이 있는 만큼 시민들이 자유롭게 오가야 할 광장에 국가주의적 조형물을 꼭 조성해야 하느냐는 지적이 나왔다.

온라인 공간에서는 "110억원으로 서울시 반지하 가구들이나 지원해줘라", "세계에서 어떤 나라들이 광장에 대형 국기를 게양할까" 등의 부정적인 내용들이 적잖았다. 광화문광장 태극기 상시설치는 국가보훈처가 2015년 광복 70주년 기념사업의 하나로 추진한 적이 있는데 당시 박원순 시장의 서울시와 갈등 끝에 무산됐다.

취지에는 공감하나 국민 공감 먼저 얻어야

대한민국의 정체성과 상징성을 담은 국가상징 공간을 만들겠다는 취지에는 대부분 국민이 공감할 것이다. 하지만 우리나라의 역사와 문화, 시대적 가치를 모두 갖춘 국가상징 조형물이 '100m 높이에 걸린 태극기'인지에 대해서는 이견이 있을 수 있다. 더군다나 시민들의 휴식공간인 광화문광장에 국가상징 조형물을 설치하는 것은 지나친 애국주의적 발상이라는 비판도 가능하다. 보는 사람에 따라서는 초대형 태극기가 광화문 주변 경관과 안 어울린다는 인상을 줘 되레 반감을 살 수도 있다. 워싱턴과 파리의 조형물이 전근대적 애국주의시대의 산물이라는 것도 간과할 수 없다.

오 시장은 7월 1일 자신의 취임 2주년 기자간담회에서 논란을 빚은 계양대와 관련해 "더 귀를 열겠다"며 합리적 대안을 찾겠다는 입장을 밝혀 수정방침을 시사했다. 그리고 결국 7월 11일 논란이 가라앉지 않자 태극기 게양을 포함해 모든 가능성을 열어놓고 원점에서 재검토하겠다며 물러섰다. 광화문광장은 서울시민만의 공간이라고 할 수 없다. 모든 국민에게 의미가 있는 장소다. 서울시는 폭넓고 다양하게 의견을 수렴하는 과정을 거치면서 더 많은 국민이 이번 계획에 수긍할 수 있도록 해야 한다. 그게 당초 취지를 제대로 살리는 길이다. 시대

이래저래 악재
파리올림픽 비상

파리 센강에서 펼쳐진 파리올림픽 개막식 리허설

7월 26일(현지시간) 개막을 앞둔 파리올림픽을 두고 갖가지 좋지 않은 이슈가 터져 나왔다. 수상개막식과 수영경기가 예정된 센강에서의 테러우려와 최악 수질이 도마에 올랐다. 일부 파리시민 사이에서는 올림픽을 반대하는 과격한 캠페인과 보이콧 움직임이 전개됐다. 아울러 친환경 올림픽을 표방하며 각국 선수단에 에어컨 사용을 금지하면서 선수의 경기력과 안전에 대한 논란을 불렀다.

전례 없는 '수상개막식'에 테러공포 일어

100년 만에 올림픽을 개최하게 된 프랑스 파리가 개막 전 이런저런 악재에 시달리고 있다. 그중에서도 먼저 파리의 상징과도 같은 '센강'이 도마에 올랐다. 파리올림픽 조직위원회(조직위)는 근대 올림픽 128년 역사상 최초로 주경기장이 아닌 외부, 무려 강 위에서 배를 타며 개막식을 치르기로 계획했다. 전 세계 수천명의 선수단을 100척에 이르는 배에 태워 센강 물살을 가르며 행진한다는 것이다. 그런데 이 야심찬 계획은 지난 3월 이슬람 극단주의세력인 이슬람국가(IS)가 러시아 모스크바 공연장에서 충격테러를 벌이면서 먹구름이 꼈다. 한 10대 소년은 올림픽 때 자폭테러를 벌이겠다는 글을 SNS에 게시했다가 기소되기도 했다. 계획된 행진경로에는 수백채의 건물과 100개 이상의 출입구가 위치해 있어 공포는 더 커졌다. 프랑스정부는 대회기간 동안 보안인력을 확충하고 최고수준의 보안작전을 펴겠다고 했으나, 우려는 좀처럼 불식되지 않았고 결국 에마뉘엘 마크롱 프랑스 대통령은 경우에 따라 센강 개막식을 포기할 수 있다는 의사를 밝히기도 했다.

최악 수질 센강에 '올림픽 보이콧' 움직임까지

센강의 수질도 문제가 됐다. 수영마라톤과 트라이애슬론 종목이 진행되는 센강의 수질은 올림픽 개최를 목전에 둔 시점에서도 좀처럼 개선되지 않았다. 7월 1일(현지시간) AP통신에 따르면 센강의 테스트 지점 4곳의 장구균, 대장균 박테리아 농도는 법적 기준치를 훌쩍 넘어섰다. 특히 경기가 펼쳐지는 알렉상드르 3세 다리 부근은 장구균이 기준치의 2.5배, 대장균이 4배 이상인 것으로 드러났다. 센강의 수질은 7월 4일(현지시간) 발표된 샘플분석에서야 수영 가능 기준에 적합해졌다는 결과가 나왔다.

그간 수질정화사업에 최소 14억유로(약 2조 815억 원)가 쓰인 것으로 알려졌다. 그럼에도 좀처럼 유의미한 수질개선이 나타나지 않자 파리시민의 불만도 표출됐다. 파리 네티즌들 사이에서는 정부가 교통난 등 여러 사회적 문제는 제쳐두고 정화작업에 막대한 예산을 들인 데 대한 불만으로 '센강에 똥을 싸자'는 위협적인 캠페인까지 벌어졌다. 일각에서는 올림픽을 앞두고 몰려든 관광객 탓에 물가가 치솟고 테러·범죄위협이 높아지자 올림픽에 오지 말라는 '보이콧' 운동을 벌이기도 했다.

에어컨 없는 친환경 올림픽? 선수는 비상

한편 이번 대회는 탄소배출을 저감하는 친환경 올림픽을 표방했다. 선수촌 메뉴에서 육류를 줄이고, 새 경기장을 짓는 대신 임시 경기장이나 오래된 경기장을 개조해 활용한다는 방침이었다. 그런데 여기서 탄소저감을 위해 '에어컨 없는 올림픽'으로 진행한다고 공표해 논란이 됐다. 조직위는 선수촌에 에어컨을 설치하는 대신 물을 이용한 냉각시스템을 가동할 것이라 밝혔다. 그러나 올 여름 파리의 기온이 40℃를 웃도는 불볕더위가 될 것으로 관측되면서 선수들의 온열질환과 컨디션 저하에 대한 우려가 커졌다. 이러한 우려에 조직위 측은 선수단이 원할 경우 저공해 이동식 냉방장치를 빌려줄 것이라는 입장을 보였으나, 결국 타협안을 제시해 각국이 자비로 이동식 에어컨을 주문할 수 있도록 했다.

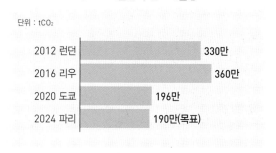

역대 하계올림픽 탄소배출량

단위 : tCO₂

2012 런던	330만
2016 리우	360만
2020 도쿄	196만
2024 파리	190만(목표)

자료 / The Olympic Studied Center

이로써 영국 일간 가디언에 따르면 미국, 영국, 호주, 덴마크, 이탈리아는 자체 에어컨을 가져올 것으로 전해졌다. AFP 통신은 "약 2,500대의 에어컨이 주문됐다"는 선수촌 담당자의 말도 전했다. 이에 대해 한편에서는 에어컨을 주문할 여건이 되지 않는 가난한 국가의 선수들은 올림픽 성적면에서 부유한 국가에 비해 상대적으로 불리할 수도 있다는 의견이 나왔다. 친환경 올림픽이 뜻밖에도 국가 간 빈부격차를 표면화했다는 지적이다. ⓝⓓ

"내수진작 vs 경제손실"

워라밸과 내수진작

날짜제는 특정 날짜를 정해 그날의 의미를 되새기는 데 효과적이기는 하지만, 주말에 걸리면 휴식권을 보장받을 수 없고 화요일이나 목요일이면 이른바 샌드위치데이가 생기면서 리듬이 흐트러진다.

일본과 미국 등 요일제 도입 국가들은 주로 3일 연휴를 활성화하기 위해 월요일 휴일제를 운영하고 있다. 일본은 2000년 '해피 먼데이 제도'를 제정해 성인의 날은 1월 두 번째 월요일, 바다의 날은 7월 세 번째 월요일, 경로의 날은 9월 세 번째 월요일, 스포츠의 날은 10월 두 번째 월요일로 하고 있다. 미국도 1968년 관련 법을 제정해 독립기념일 등 일부 공휴일을 제외하고 1971년부터 메모리얼데이(5월 마지막 월요일), 대통령의 날(2월 세 번째 월요일)처럼 월요일을 공휴일로 지정해 연휴를 보장하고 있다. 주중 휴일에 따른 업무 단절 등 날짜제 단점을 보완할 수 있는 데다 소비진작 등 효과가 있어서이다.

토·일요일과 이어진 3일간의 연휴는 선물 같은 느낌이 크다. 일찌감치 계획을 세워 가족여행이나 넉넉한 여가활동을 즐길 수 있다. 일과 가정의 병행이 가능해진다는 말이다. 또한 휴식에 따라 올라갈 노동생산성, 사회적 편익 같은 무형의 가치까지 고려하면 경제효과가 더 크다.

국가별 공휴일제도 현황

구분		한국	미국	일본	영국	프랑스
일요일 포함여부		○	×	×	×	×
대체공휴일	도입여부	△	○	○	○	×
	적용일수	15일 중 7일	날짜지정 휴일 전부	날짜지정 휴일 전부	날짜지정 휴일 전부	-
요일지정제	도입여부	×	○	○	○	○
	적용일수	-	6일	4일	5일	4일

자료 / 국회입법조사처

7월 3일 정부는 하반기 경제정책방향과 새로운 경제정책으로서 '역동경제 로드맵'을 발표했다. 관계부처 합동으로 브리핑을 하는 자리에서 기획재정부는 "3대 분야에 대한 10대 과제를 담은 역동경제 로드맵은 한국경제의 현주소를 진단하고 분야별 내재한 역동성이 최대한 발현되도록 정책을 설계했다"고 설명했다. 역동경제 로드맵의 추진배경으로는 '한강의 기적'을 들었다. 정부는 과거 대한민국에는 성공스토리가 있다고 분석했다.

역동경제 로드맵은 단기대응과 함께 구조개혁을 통해 국민 삶의 질을 제고하고 우리 경제의 지속가능성을 강화하기 위해 마련한 정부의 핵심 정책이다. 여기에서 역동경제는 내재된 역동성이 최대한 발현되도록 제도와 정책이 설계된 경제를 말한다. 역동경제 로드맵의 3대 축은 '혁신생태계 강화', '공정한 기회 보장', '사회이동성 개선'이다. 이 세 축에 따라 ▲ 생산성 높은 경제시스템 구축 ▲ 생산요소 활용도 제고 ▲ 글로벌 네트워크 확장 ▲ 균등한 기회 ▲ 정당한 보상 ▲ 능동적 상생 ▲ 가계 소득·자산 확충 ▲ 핵심 생계비 경감 ▲ 교육시스템 혁신 ▲ 약자보호·재기지원 강화 등 10대과제로 세분화했다.

요일제 공휴일

특히 10대과제 중 '정당한 보상'에는 선진국 수준의 일·생활 균형을 위한 방안으로 날짜 중심의 공휴일제도를 개선, '요일제 공휴일'이 포함됐다. 요일제 공휴일은 대체공휴일 확대 외에 특정 요일을 공휴일로 지정하는 것으로 '매년 안정적인 휴일 수를 확보'하겠다는 취지다. 우리나라는 신정(1월 1일)과 현충일(6월 6일)에 대체공휴일을 적용하지 않아 연도별로 공휴일 수가 차이가 난다. 따라서 정부는 미국의 '월요일 공휴일 법'이나 일본의 '해피 먼데이 제도'처럼 날짜 지정 공휴일에 모두 대체공휴일을 적용함으로써 안정적인 휴일 수를 보장하겠다는 계획이다.

또한 금요일이나 월요일을 공휴일로 지정하게 되면 주말과 이어 사흘간 쉼으로써 연휴효과를 극대화할 수도 있다. 예컨대 공휴일을 월요일로 지정하면 주말을 포함해 최소 사흘간의 연휴가 발생하게 되고, 이는 여행과 소비의 증대로 이어져 내수진작 효과도 기대할 수 있다는 것이다. 이에 정부는 신정의 경우 다음 월요일을 대체공휴일로 지정하고, 현충일은 대체공휴일 대상 공휴일로 지정하는 방안과 함께 요일제 공휴일로 지정하는 방안도 유력하게 검토하고 있다. 날짜를 특정하는 대신 '6월 첫 번째 월요일'이나 '6월 두 번째 월요일'과 같은 식으로 요일을 특정하는 방식이다. 〈시대〉

"3일 연휴가 늘면 워라밸 가능해져"
"여행·외식 증가로 내수진작에 도움될 것"

"생색은 정부가, 비용은 기업이"
"쉰다한들 쓸 돈이 없어"

반대
기업에게는 업무공백

요일제 공휴일 관련 법안은 이전에 국회에서 여러 번 발의됐지만 통과되지 못했다. 국민정서가 이를 받아들이지 못하고, 각 기념일의 직·간접 당사자인 관련 단체들이 반대하면서 도입이 무산된 것이다. 공휴일을 의무적으로 보장받지 못하는 소규모 사업장의 경우 상대적 차별문제가 발생할 수 있다는 반박도 매번 이어졌다.

근로시간 단축과 휴일 확대는 기업에게는 업무공백이며 생산성 급락을 의미한다. 과거 경기침체로 힘들었던 시기 이명박·박근혜정부가 지지율 상승을 노리고 추진했던 요일제 공휴일이 성과를 얻지 못한 데는 이런 문제를 해결할 만한 정책이나 대안이 없었기 때문이다. 이번 정부의 계획도 마찬가지다. 그래서 정치적 이익을 얻기 위한 선심성 정책이며, 그에 따른 비용·손해를 온전히 기업에게 전가시키려 한다는 비판이 나오는 것이다.

정부는 3일 휴일이 내수진작으로 이어질 것이라며 경제효과를 말하지만, 고물가와 저급여 시대에 허덕이는 요즘의 상황으로 봐서는 원하는 만큼의 성과가 나올지도 미지수다. 무엇보다 법정공휴일은 그날을 기념하는 데 지정 목적이 있다. 따라서 요일제 공휴일이 되면 본래 기념일의 의미가 퇴색할 수밖에 없고, 끝내는 그저 '쉬는 날'로 전락하게 된다.

"재정자립 기여 vs 사적재산 아냐"

찬성

지역소멸 막을 수 있어

재생에너지 발전소의 건설은 많은 부지를 필요로 한다. 그만큼 지역주민의 희생을 담보로 한 것이다. 따라서 지역주민은 그 희생의 대가를 받아야 하고, 햇빛연금을 비롯한 여타의 이익공유기금은 주민에게 제공될 대가의 재원이다. 실제로 제주도는 이익공유기금을 취약계층 에너지 지원사업에 일부 배분하고 있다.

현재 지방은 소멸 중에 있다. 수도권과 비수도권의 인구격차는 계속 커지고 있고, 비수도권은 인구감소에 경제침체의 이중고가 심각하다. 재정자립도가 20% 미만으로 중앙정부가 주는 지원금(교부세)에 의존해 버티는 곳이 2023년 기준 전체 243개 지자체 중 절반이 넘는 139곳이다. 이런 와중에 종부세마저 폐지된다면 이마저도 유지할 수 없게 된다.

세금을 낼 주민이 줄어들고 있는 지방에게는 천연자원을 더 적극적으로 이용할 수 있도록 길을 터줘야 한다. 한 예로 수도권에서 한강을 생활용수로 사용할 수 있는 것은 한강 상류지역의 개발제한이 있기 때문이다. 즉, 지역주민이 감내한 결과인 것이다. 따라서 이익공유기금으로 전기세가 상승한다고 하더라도 수도권이 전기사용량이 압도적으로 많은 만큼, 이익공유기금은 수도권과 비수도권의 상생이라는 측면에서 이해돼야 할 문제다.

윤석열 대통령의 후보 시절 공약대로 정부가 종합부동산세(종부세)를 폐지하고 재산세와 통합할 것을 공식화하면서 지방자치단체(지자체)는 발등에 불이 떨어졌다. 국세수입 감소로 지방에 배분하는 교부세가 줄고 있는 상황에서 지자체 몫인 종부세까지 없어지면 지자체로서는 직격탄이 될 수밖에 없기 때문이다. 6월 17일 한병도 더불어민주당 의원이 공개한 행정안전부 '기초자치단체별 부동산교부세 현황' 자료에 따르면 지난해 부동산교부세는 4조 9,601억원으로 전년보다 2조 6,068억원 급감한 것으로 집계됐다.

이미 2년 전 대선공약 발표 직후에도 관련 연구결과 2020년 기준 전남, 경북, 강원 방재원이 2,000억~3,000억원 이상 줄어들 것으로 나타났다. 반면 서울은 2조원 늘었다. 결국 수도권과 비수도권의 재정격차를 악화하고 균형발전에 역행할 것이라고 예상됐다. 2022년 기준 226개 기초지자체, 2개 특별자치시도 가운데 총수입에서 부동산교부세 비중이 3%(2020년 기준)를 넘는 지자체가 23곳에 달했다. 부산 중구(5.7%)와 전남 함평군(5.2%)은 5%를 넘었다. 지자체에 배분하는 부동산교부세는 종부세를 재원으로 한다는 것을 감안하면 이는 모두 지자체 부담이 되는 것이다.

재생에너지사업 이익공유제

공공자원은 모두의 것

그러다 보니 강원도, 전라북도, 제주도처럼 특별자치도법을 제정한 지자체를 선두로 바람 값, 햇빛 값을 요구하는 곳이 늘고 있다. 풍력·태양 에너지가 공공자원이라는 관점에서 신재생에너지 사업자의 이익을 강제로 공유, 즉 '공공발전기금'을 추가로 내놓으라는 것이다. 광역지자체뿐만 아니다. 신재생발전사업이 밀집한 전남 신안군도 이미 지자체 단위에서 조례를 제정해 태양광사업자 이익의 30%가량을 '햇빛연금'으로 징수, 지난해 말 누적 100억원을 햇빛연금으로 거뒀다. 나아가 현재는 풍력발전으로 이익공유 범위 확대를 추진 중이다. 이대로면 SK E&S, 코펜하겐인프라스트럭처파트너스(CIP) 등 신안에서 풍력사업을 추진 중인 국내외 기업들도 이익공유의 대상이 된다.

풍력발전소와 태양광발전소는 정부와 지자체의 인허가를 거친 사업이기 때문에 관련 업체로서는 거부하기가 쉽지만은 않다. 한화자산운용이 투자한 제주 탐라해상풍력발전의 경우 2022년 당기순이익 77억원 중 약 13억원을 제주도에 지급했다. 일단 중앙정부인 산업통상자원부에서 반대하고 있어 관련 규정 마련이 쉽지만은 않다. 이렇다 보니 제주도와 전라남도는 도 경계지역인 추자도의 풍력사업을 놓고 서로 이익갈등도 벌이고 있다. ▨

바람과 햇볕은 어떤 경우에도 사유화할 수 없다. 사적 사용이 가능하다는 근거가 헌법 어디에도 없다. 초헌법적 발상인 셈이다. 풍력과 태양광 시설은 기본적으로 정부와 지자체의 인허가가 필요한 사안이다. 부지 선정에 있어 환경영향과 주민피해 여부에 대한 평가가 필요하기 때문이다. 따라서 인허가를 했으면 그것으로 지자체 개입은 끝나는 게 정당하다.

전체 국민의 부담으로 전가될 수 있다는 점도 문제다. 제주도는 이익공유기금을 영업이익의 17.5%로 적용하고 있다. 이 정도는 세금이라 해도 가혹한 징세다. 이를 그대로 감내할 사업주는 어디에도 없다. 풍력 사업자나 태양광 사업자는 시·도, 시·군에 지급한 공유이익만큼을 원가에 추가로 포함할 것이고, 한국전력은 이에 맞춰 전기요금에 다시 전가할 것이기 때문이다. 정당성에 대한 법적다툼이 빚어지면 소송비용까지 소비자에게 전가될 것이다.

우리나라는 2020년 기준 재생에너지 발전비중이 2022년의 8%에 불과하다. 그런데 이익공유제가 실현되면 신재생에너지 산업 전반의 위축과 퇴보를 초래할 것이다. 추자도 풍력사업은 외국 에너지 기업이 지분 100%를 가지고 있어 통상마찰로 비화될 수도 있다. 그런 상황이 되면 어떤 사업가나 자본도 이 분야에 투자하지 않을 것이다.

"지방재정의 숨통 트일 것"
"취약계층 에너지 지원사업에 쓰일 것"

"숨 쉬는 공기에도 세금 붙일 건가"
"대동강 물 팔던 봉이 김선달이네"

핫이슈 퀴즈

한 달 이슈를 퀴즈로 마무리!

01 7월 4일 야당 주도로 두 번째 채 상병 특검법이 국회 본회의를 통과했지만 윤석열 대통령이 또다시 (   )을/를 행사했다.

02 (   )(이)란 미국정부가 65세 이상 시니어에게 제공하고 있는 건강보험을 말한다.

03 (   )은/는 운전자의 가속페달 및 제동페달 등의 조작과 엔진상태, 속도, 전방상황 등을 실시간으로 기록하는 장치다.

04 자국이 아닌 타국에 대한 공격도 자국에 대한 공격으로 인정해 무력행사를 할 수 있는 권리를 (   )(이)라고 한다.

05 현재 (   )은/는 화재위험성이 비교적 적다는 이유로 '일반화학물질'로 분류돼 별도의 대응매뉴얼이나 안전기준이 없는 상황이다.

06 정부가 전공의에 대한 (   ) 행정명령을 철회하기로 결정해 전공의들에게 또다시 '면죄부'를 줬다는 비판을 피하기 어려워졌다.

07 30일 이내에 5만명 이상이 동의한 (   )은/는 국회의 소관위원회 및 관련위원회에 회부돼 정식으로 심의를 받게 된다.

08 (   )(이)란 대상의 가치를 높이거나 향상시키는 행위를 가리키는 말이다.

09 최근 인공지능기술과 관련해 데이터의 중요성이 커진 가운데 (   ) 주권을 두고 각국이 적극적으로 움직이고 있다.

10 (   )은/는 의원내각제 정부체제에서 의회 내에 과반을 차지한 단일정당이나 정당끼리 연대한 연합이 없는 상태를 말한다.

11 정부는 저출생·고령화를 대비하기 위한 기획부처로 (   )을/를 신설하고 범정부 차원에서 저출생 문제에 대응하기로 했다.

12 최근 정치권에서 논의된 (   ) 폐지와 관련, 지방재정에 직격탄이 될 수 있다며 보다 면밀한 검토가 필요하다는 의견이 나왔다.

13 (   )은/는 MBC의 대주주로서 경영에 관여할 수 있으며, MBC 사장의 임명권과 해임권도 가지고 있다.

14 한국은행은 국내 (   ) 가격이 다른 나라보다 특히 높은 원인으로 낮은 생산성, 유통비용, 제한적 수입 등을 꼽았다.

15 ( )은/는 청약부금, 청약예금, 청약저축의 기능을 한데 묶어 출시된 상품으로 주택 소유나 연령 등에 관계없이 누구나 전 금융기관을 통해 1계좌만 가입할 수 있다.

16 ( )은/는 다양한 분야의 두뇌와 석학이 모여 사안에 대한 분석과 연구를 진행하고 그 성과를 제공하는 것을 목표로 한다.

17 지질 내 석유나 가스 등 자원이 존재할 것으로 예상되는 지층구조를 ( )(이)라고 하며, 실제 시추탐사를 통해 확인할 수 있다.

18 최근 평균적인 상태를 넘어 생물의 생명을 유지하기 어려울 정도로 극한에 이르는 이상기후가 빈번해지면서 ( )(이)라는 용어가 등장했다.

19 ( )은/는 65세 이상의 소득 하위 70% 노인에게 세금으로 마련한 재원으로 매달 일정금액을 지급하는 것을 말한다.

20 ( )(이)란 특수한 하드웨어를 통해 작업 속도를 대폭 개선하는 방법으로 최근 IT산업의 전환을 이끌고 있다.

21 물가상승률에 비해 턱없이 낮은 퇴직연금 수익률 문제를 해결하기 위해 도입된 ( )이/가 시행된 지 1년이 지났는데도 여전히 제 기능을 하지 못하는 것으로 나타났다.

22 사생활보호법이나 관련 정책에 대해 위반되는 문제를 처리하는 책임을 가지는 사람을 ( )(이)라고 한다.

23 ( )은/는 남미 국가들의 물류와 인력, 자본의 자유로운 교환 및 움직임을 촉진하며, 회원국과 준회원국 간 정치·경제 통합을 증진시키는 것을 목적으로 한다.

24 ( )(이)란 형법 제328조 1항에 따라 직계혈족, 즉 부모 또는 자식 간 횡령범행은 처벌할 수 없도록 규정한 것을 말한다.

25 지난 6월, 사우디아라비아에서 50℃가 넘는 폭염 속에 진행된 이슬람 ( )에서 무려 1,300여 명의 신자들이 목숨을 잃었다.

26 경찰이 미성년자 대상 범죄에만 한정됐던 디지털성범죄 ( ) 범위를 성인 대상 범죄로까지 확대하는 방안을 추진하기로 했다. 시대

---

01 법률안 재의요구권(거부권) **02** 메디케어 **03** 사고기록장치(EDR) **04** 집단적 자위권 **05** 일차전지 **06** 면허정지 **07** 국민동의청원 **08** 밸류업 **09** 클라우드 **10** 헝 의회 **11** 인구전략기획부 **12** 종합부동산세(종부세) **13** 방송문화진흥회 **14** 농산물 **15** 주택청약종합저축 **16** 싱크탱크 **17** 유망구조 **18** 극한 날씨 **19** 기초연금 **20** 가속 컴퓨팅 **21** 디폴트옵션(사전지정운용제도) **22** 개인정보보호책임자 **23** 메르코수르 **24** 친족상도례 **25** 하지순례 **26** 위장수사

조경 분야 자격증 일자리 전망 소개!

시대에듀 유튜브 채널 토크레인 인터뷰 영상 보러가기

조경 분야 자격증 관계도

조경기능사 → 조경산업기사 → 조경기사 → 조경기술사

시험 응시자격

- **조경기능사** : 연령 · 학력 · 경력 · 지역에 제한 없이 누구나 응시 가능
- **조경산업기사** : 조경기능사 자격 + 실무 1년, 동일(유사) 분야 산업기사, 실무 경력 2년, 관련 학과 전문대졸
- **조경기사** : 조경산업기사 자격 + 실무 1년, 동일(유사) 분야 기사, 실무 경력 4년, 관련 학과 대졸
- **기술사** : 조경기사 자격 + 실무 4년, 동일(유사) 분야 기술사, 실무 경력 9년, 관련 학과 대졸 + 실무 6년

 ## 조경이란?

많은 분들이 '조경'이라고 하면 처음에는 단순하게 나무를 관리하고, 전정(가지를 다듬는 일) 작업하고, 거름을 주는 것만 생각하시는데, 사실 조경 분야의 업무는 그런 범위를 넘어서 있어요. 우선 조경은 일종의 건설관련업으로서 수목이나 잔디를 관리하기도 하지만, 그 외에도 우리가 흔히 볼 수 있는 공원의 모든 것을 설계 · 시공 · 관리하고 있습니다.

또한 사람이 발전을 하듯이 지속적으로 발전해서 이용자들이 시설을 이용하는 데 전혀 불편함이 없게 해야 하기 때문에 단순히 식물을 다루는 것뿐만 아니라 예술성이나 과학성 같은 능력도 갖추어야 하는 직종입니다. 예술성이 부여되지 않은 설계나 시공, 관리의 경우 높은 이해도를 가진 이용자들은 그것을 편안하게 이해할 수 없기 때문에 예술성이 필요한 것이고요. 관리를 하고 시공을 하는 데는 과학성도 분명히 있어야 하거든요. 자격시험을 준비하고자 한다면 식물에 관한 지식 외에 다른 분야의 지식도 많이 필요로 한다는 것을 아셔야 할 것 같습니다.

자격 취득 이후 일자리 전망은 어떤지?

조경 업무는 건설업 등록허가 업종이라고 보면 되는데요. 큰 업체의 경우 조경공사업 면허를 필요로 해서 현장에 기사와 산업기사를 둬야 하고, 조경기능사 5명 이상을 확보해야 정부로부터 면허를 받을 수 있습니다. 조경식재공사업 면허의 경우에는 조경기능사 2명만 있으면 됩니다. 또 조경시설물 설치 공사업 면허는 어린이 놀이시설이나 퍼걸러(덩굴식물을 올리기 위해 설치하는 시설물), 벤치 같은 것을 만드는 것이라 역시 기능사 2명을 두면 됩니다.

이런 자격증 보유자 수요가 많은 것은 업체들이 자격증 보유자를 확보하고 있어야 하기 때문이거든요. 이전에는 작업현장을 중복해서 맡아 감독하는 것이 가능했는데 요즘에는 작업자별로 각각 현장감독을 하도록 바뀌었습니다. 그래서 자격증을 찾는 범위가 전에 비하면 굉장히 많아졌다고 보시면 될 것 같아요. 또 정부가 시민들이 힐링할 수 있는 공간들을 넓히고 있어서 조경 분야 인원이 계속 필요할 것으로 보입니다.

 ## 자격시험과 관련해 주의해야 할 점이 있다면?

응시자격이 있는 경우 보통 시험에 응시하고 합격을 한 뒤에 경력증명서를 산업인력공단에 제출해서 응시자격이 인정되는지 확인받도록 돼 있거든요. 그래서 서류를 제출하는 기간이 있는데, 간혹 경력이 인정되지 않는 경우도 있기 때문에 시험에 응시하기 전 경력인정 확인을 먼저 한 후 시험준비를 하는 게 더 편해요. 4대 보험이 적용되는 업체는 보험 납부내역이 있으면 인정이 되는데, 4대 보험에 가입하지 않고 이름만 올려서 급여를 수령하는 소규모 업체도 있거든요. 경력증명서만 있으면 담당관이 바로 확인해주니까 산업기사나 기사 자격에 응시하고자 하는 분들은 가능하면 응시자격 인정 여부를 먼저 확인하시길 바랍니다. 시대

조경기능사·
조경(산업)기사 **김근성**

경력	두드림 직업전문학교 강사
현	부천 근로자 종합복지관 강사
현	MIT 능력개발원 교수
현	조경과 플라워 대표
현	시대에듀 조경기능사·조경(산업)기사 교수

필수
시사상식

화제의 용어를 한자리에!
시사용어브리핑

비즈니스 케어러(Business Carer) 일과 부모의 간병을 동시에 하는 회사원

▶ 국제·외교

일본에서 직장을 다니면서 부모를 돌보는 회사원을 지칭하는 용어로 사용된다. 최근 일본에서는 고령의 부모를 돌보며 회사를 다니는 중년 직장인들이 증가하는 추세다. 특히 2025년은 약 800만명에 달하는 전후 베이비부머(1947~1949년 출생)인 '단카이(덩어리)세대'가 75세를 넘는 시점이라는 점에서 비즈니스 케어러가 급증할 것으로 전망된다. 고령인구가 많은 일본에서는 간병인력이 부족해 간병에 전념하기 위해 퇴사하는 사람들이 증가하고 있어 사회·경제적 문제로 꼽힌다.

왜 이슈지?

일본정부는 직장인들이 간병을 이유로 퇴사·이직함으로써 발생할 막대한 경제적 손실을 예방하기 위해 돌봄휴가를 법으로 규정하는 등 **비즈니스 케어러**들을 지원하기 위한 사업을 지속적으로 시행하고 있다.

데이터 주권 데이터의 사용범위나 방법, 목적 등에 관해 결정할 수 있는 권리

▶ 과학·IT

개인 또는 국가가 자신이 소유하고 있는 데이터의 사용범위나 방법, 목적 등에 관해 결정할 수 있는 권리를 의미한다. 인터넷기술이 발전하면서 소수의 인터넷서비스 기업이 데이터를 독점하게 됐는데, 해당 기업들의 무분별한 데이터 수집으로 인한 개인정보 침해 및 정보 독과점 등의 문제가 파생하면서 대두된 개념이다. 크게 ▲ 자신이 데이터에 접근할 수 있는 권리 ▲ 데이터를 수정·삭제할 권리 ▲ 데이터가 특정 목적으로 사용되는 데 동의하거나 이전의 동의를 철회할 수 있는 권리 등을 핵심으로 한다. 특히 최근 인공지능(AI)의 발달로 데이터의 중요성이 커지면서 국가의 핵심경쟁력 중 하나로 급부상하고 있다.

왜 이슈지?

최근 국가안보 차원에서 데이터 유출이 큰 위협이 될 수 있다는 위기감이 커지면서 미국의 '틱톡금지법', 유럽연합(EU)의 '디지털시장법(DMA)', 중국의 '네트워크안전법' 등 세계 각국에서 **데이터 주권**을 지키기 위한 법안들이 발표되고 있다.

0차 문화 유명 식당이나 카페 등에 입장대기를 걸어놓고 다른 장소에서 시간을 보내는 행위

▶ 문화·미디어

'핫플레이스'라고 불리며 늘 사람들로 붐비는 유명 식당이나 카페 등에 입장 대기를 걸어놓고 자신들의 차례가 되기 전까지 다른 장소(0차)에서 시간을 보내는 것을 뜻한다. 인기 있는 식당이나 카페 등에서 음식을 먹는 것이 '1차' 일정이라면 그에 앞서 대기를 걸어두고 다른 장소를 방문해 둘러보거나 다른 일정을 소화하는 것은 '0차'라는 것이다. 이에 대해 일각에서는 남는 시간도 알차게 활용하는 것을 선호하는 MZ세대의 특성으로 인해 생겨난 문화라는 분석이 나온다.

왜 이슈지?

최근 외식업체의 주문·예약·대기 관리 등을 대신 해주는 푸드테크업체가 증가하면서 MZ세대를 중심으로 '**0차 문화**'가 확산하는 가운데 많은 외식업체들이 인건비 절감과 편의성 향상을 위해 관련 서비스를 적극 활용하는 것으로 나타났다.

넥스트레이드(Nextrade) 국내에서 처음으로 출범하는 다자간매매체결회사

▶ 경제·경영

현재 한국거래소가 독점하고 있는 증권시장을 경쟁이 가능한 복수시장 체제로 전환해 자본시장의 인프라를 질적으로 발전시키겠다는 목표하에 추진 중인 다자간매매체결회사(ATS ; Alternative Trading System)를 말한다. 자본시장법에 따르면 ATS는 전산시스템과 네트워크를 활용하여 동시에 다수의 거래자를 대상으로 경쟁매매 등 방법을 통해 상장주권 등을 매매하거나 그에 대한 중개·주선·대리 업무를 하는 투자매매업자 또는 투자중개업자로 정의된다. 금융투자협회와 주요 증권사 등 34곳이 출자한 넥스트레이드는 2022년 설립돼 2023년 7월 금융위원회의 예비인가를 취득했고, 2025년 초 거래업무를 수행할 예정이다.

왜 이슈지?

금융감독원이 2025년 3월 대체거래소(ATS)인 '**넥스트레이드**' 출범을 앞두고 증권사가 투자자 주문을 최선의 거래조건으로 처리하게 하기 위해 최선집행의무 가이드라인을 마련해 발표했다.

곤충겟돈 곤충의 감소가 생태계에 엄청난 비극을 일으킬 것이라는 의미의 신조어

▶ 사회·노동·교육

'곤충'과 종말을 뜻하는 '아마겟돈(armageddon)'의 합성어로 곤충의 감소가 생태계에 끔찍한 비극을 일으킬 것이라는 의미가 담긴 신조어다. 현존하는 동물계의 70%를 차지하는 곤충은 수분(受粉), 즉 종자식물에서 수술의 꽃가루를 암술머리에 옮기는 매개체 역할을 할 뿐만 아니라 조류나 포유류의 먹이가 되는 등 생태계에서 중요한 역할을 한다. 때문에 곤충이 감소할 경우 먹이사슬이 무너짐에 따라 생태계가 파괴되고, 결국 식량이 감소하면서 인간의 생존에까지 영향을 미치게 된다.

왜 이슈지?

과도한 살충제 사용과 환경파괴 등으로 인해 '**곤충겟돈**'이 현실화하는 가운데 특히 농작물의 수분을 담당하는 꿀벌의 개체 수가 눈에 띄게 감소하면서 전 세계적으로 심각한 문제로 부상하고 있다.

토스트아웃(Toast-out) 번아웃 직전의 무기력한 상태를 일컫는 신조어

약간의 피로감을 느끼긴 하지만 '완전히 타지는 않은' 조금 지친 상태를 뜻하는 말로 토스트를 오랜 시간 구워 까맣게 타기 직전의 상태에 비유한 신조어다. 일에 지나치게 몰두하다 극도의 피로감을 느끼며 무기력증, 자기혐오 등에 빠지는 증상인 '번아웃(Burn-out)'에서 파생됐다. 토스트아웃에 빠지게 되는 원인으로는 일상생활 속에서 반복된 스트레스나 지루함의 연속 등이 꼽힌다. 토스트아웃 상태의 사람들은 실제론 의욕이 없더라도 주어진 역할을 충실하게 수행한다는 특징이 있다.

왜 이슈지?

토스트아웃 증상이 나타나는 사람들은 겉으로는 티가 나지 않으나 내면의 에너지가 많이 소진된 상태여서 번아웃에 빠질 위험이 높으므로 그 전에 휴식을 통해 이를 극복하는 것이 필요하다.

젠세니티(Jensanity) 엔비디아 CEO 젠슨 황의 영향력과 인기를 반영한 신조어

최근 인공지능(AI) 반도체시장을 주도하고 있는 엔비디아의 대표이사(CEO) 젠슨 황의 세계적인 영향력과 인기가 반영된 신조어다. 젠슨 황의 '젠(Jen)'과 광기를 뜻하는 '인세니티(insanity)'의 합성어로 그가 반도체시장에 등장해 활동하면서 대중과 산업에 큰 반향을 불러일으킨 현상을 일컫는다. 젠슨 황이 공동창업한 엔비디아는 2018년 비트코인 열풍과 팬데믹을 거치면서 크게 성장했고, 2022년 오픈AI가 공개한 챗GPT가 상용화됨에 따라 AI 반도체시장을 주도하면서 기업가치가 급격히 상승했다. 엔비디아는 현재 AI 가속기 시장의 98%, 핵심부품인 그래픽처리장치(GPU) 시장의 약 80%를 점유하고 있는 것으로 알려졌다.

왜 이슈지?

엔비디아의 가치가 급상승하면서 기업의 창업자이자 대표이사인 젠슨 황은 현재 실리콘밸리의 대표 스타이자 젊은 세대의 롤모델로 손꼽히는데, 최근엔 그의 인기를 반영한 **'젠세니티(Jensanity)'**라는 신조어까지 등장했다.

글로벌 혁신특구 미래기술분야의 신제품 개발 및 해외진출을 지원하기 위해 지정된 지역

법률에서 금지한 행위가 아니면 신기술 실증에 대해 원칙적으로 허용하는 네거티브 방식이 적용되는 지역이다. 즉, 미래기술분야의 신제품을 개발하고 해외진출을 지원하기 위해 지정되는 지역으로서 규제로 인해 시험 불가능한 혁신기술을 제약 없이 테스트할 수 있었던 '규제자유특구'를 확장한 것이다. 이는 바이오기업과 연구소, 대학, 종합병원이 서로 긴밀하게 협력하는 '보스턴 바이오 클러스터'를 벤치마킹했다고 알려져 있다. 2023년 5월 도입돼 2024년 4곳이 처음 지정됐다.

왜 이슈지?

정부가 지난 4월 30일 정부서울청사에서 규제자유특구 위원회를 열고 부산시(차세대 해양모빌리티), 강원도(AI 헬스케어), 충청북도(첨단재생바이오), 전라남도(직류산업) 등 4곳을 **글로벌 혁신특구**로 처음 지정했다.

늑대 경례 손가락을 활용해 늑대의 얼굴처럼 만드는 동작

국제 · 외교

엄지와 약지, 중지를 모으고 검지와 소지는 곧게 펴서 늑대의 옆얼굴처럼 만드는 손동작을 말한다. 독일을 비롯한 유럽에서는 튀르키예 우익 극단주의 단체인 '회색늑대'의 인사법으로 간주한다. 회색늑대는 튀르키예 인구의 약 80%를 차지하는 튀르크족을 제외한 쿠르드족과 유대인 등 다른 민족을 적으로 규정 · 배척하고 있어서 독일과 유럽연합(EU), 미국 등은 해당 단체를 우익 극단주의로 분류해 감시하고 있다. 다만 전통적으로 튀르크족은 늑대를 안전한 장소를 알려주는 신성한 동물로 여기기 때문에 일각에서는 늑대 경례가 파시즘의 상징이 아니라 민족적 전통의 일부일 뿐이라고 주장하기도 한다.

> **왜 이슈지?**
>
> 독일에서 열린 2024 유럽축구선수권대회(유로 2024)에서 튀르키예 선수가 오스트리아와의 경기에서 골을 넣은 후 세리머니로 **늑대 경례**를 한 것을 두고 개최국인 독일이 강력하게 항의하면서 외교갈등으로 비화됐다.

마처세대 부모를 부양하는 마지막 세대이자 자녀에게 부양받지 못하는 첫 세대

사회 · 노동 · 교육

부모를 부양하는 '마'지막 세대이면서 자녀에게 부양받지 못하는 '처'음 세대를 일컫는다. 보통 1955~1963년 출생한 베이비붐 세대와 1960년대생들이 마처세대로 분류되며, 이들은 고령이 된 부모를 부양하는 동시에 자신의 노후도 스스로 대비해야 한다. 마처세대는 2024년 기준 우리나라 인구의 약 16%를 차지하고 있는데, 이미 정년을 맞았거나 앞둔 상황이다. 그러나 아직 독립하지 못한 자녀와 준비가 덜 된 노후 때문에 은퇴 후에도 경제활동을 지속하는 경우가 많다.

> **왜 이슈지?**
>
> 재단법인 돌봄과미래가 한국리서치에 의뢰해 지난 5월 8~15일 이른바 '**마처세대**'로 불리는 1960년대생 980명을 대상으로 웹 · 모바일 조사를 시행한 결과 3명 중 1명은 본인의 고독사를 우려하고 있는 것으로 조사됐다.

AI 워터마크 AI기술을 활용해 제작된 이미지나 문서에 삽입되는 표식

과학 · IT

인공지능(AI)기술을 적용해 만들어진 디지털 이미지나 문서에 삽입되는 로고 및 텍스트를 가리킨다. 이를 통해 소비자는 이용하려는 이미지나 정보가 AI를 활용해 제작된 콘텐츠라는 사실을 인지할 수 있고, 해당 콘텐츠가 가짜뉴스처럼 악의적인 의도로 제작된 것인지도 식별할 수 있다. 또 콘텐츠 제작자 및 소유자의 입장에서는 표식을 통해 불법복제나 무단사용을 방지할 수 있다. 최근 AI기술이 급속도로 발전함에 따라 각국에서는 생성형 AI를 악용해 만들어진 가짜정보가 무분별하게 유통되는 것을 우려하여 AI 콘텐츠에 대한 워터마크 규제를 도입하거나 관련 규제를 도입하기 위해 준비하고 있다.

> **왜 이슈지?**
>
> 5월 21일 정부가 발표한 '새로운 디지털 질서 정립 추진계획'은 인공지능(AI)기술의 안전성과 신뢰 · 윤리 확보 등을 골자로 하며, 딥페이크를 악용한 가짜뉴스에 대응하기 위해 **AI 워터마크** 표시를 의무화하는 내용을 담고 있다.

계속고용제도 정년을 채운 뒤에도 계속 일할 수 있도록 한 제도

▶ 사회·노동·교육

정년을 연장·폐지하거나 정년이 된 근로자를 재고용하는 방식으로 계속 일할 수 있도록 한 제도다. 최근 한국사회가 직면한 저출생·고령화에 따른 노동공급 부족에 대비하기 위해 필요성이 대두되고 있다. 현재 법적 정년은 2013년 5월 22일 개정된 '정년 60세 연장법'에 따라 60세로 규정돼 있으며, 국가 및 지방자치단체 관할 기관과 정년이 있는 사업장에 적용되고 있다. 계속고용제도를 시행하면 근로자들은 정년 후에도 일을 할 수 있어 국민연금 수령까지 소득공백 우려를 해소할 수 있고, 기업은 업무경험이 풍부한 근로자를 계속 고용함으로써 생산성 향상과 인력 채용비용을 절감하는 효과를 누릴 수 있다.

왜 이슈지?

한국고용정보원이 지난 5월 발간한 '식품업종 고령인력 고용가이드'에 따르면 식품제조기업의 72%가 **계속고용제도**를 운영 중이며, 55세 이상 고령근로자의 생산성이 20~30대와 비슷하거나 오히려 더 높다고 생각하는 것으로 조사됐다.

토끼굴 효과 SNS 이용자가 온라인 피드와 주제에 점점 중독되는 현상

▶ 문화·미디어

소셜미디어(SNS) 이용자가 특정 알고리즘으로 인해 자신도 모르게 온라인 피드와 주제에 점점 중독돼 더 자극적인 콘텐츠를 시청하게 되는 현상을 일컫는다. SNS는 알고리즘을 통해 사용자가 선호하는 콘텐츠에 관한 정보를 광범위하게 수집해 맞춤형 콘텐츠를 추천한다. 그런데 일부 플랫폼 사업자가 알고리즘을 조작해 자사의 상품이나 서비스를 우선 노출시키거나 자극적인 콘텐츠를 추천함으로써 SNS 중독을 유발하는 등의 문제가 있어 디지털콘텐츠 검열에 관한 논란이 불거졌다.

왜 이슈지?

유럽연합(EU) 집행위원회는 지난 5월 알고리즘을 포함한 페이스북과 인스타그램의 시스템이 아동들에게 '**토끼굴 효과**'와 같은 행동장애를 유발할 가능성이 우려된다는 점을 들어 모기업 메타를 상대로 디지털서비스법(DSA) 위반 조사에 착수했다.

방귀세(Agri-Carbon Tax) 덴마크정부가 가축을 사육하는 농가에 부과하겠다고 발표한 농업분야 탄소세

▶ 국제·외교

2024년 6월 25일(현지시간) 덴마크정부가 2030년부터 도입하겠다고 발표한 농업분야 탄소세의 명칭이다. 당장은 소와 양, 돼지 등을 사육하는 농가에서 배출되는 이산화탄소에 1톤(t)당 300크로네(약 6만원)의 세금을 부과하고, 2035년부터는 1t당 750크로네(약 15만원)로 인상된다. 다만 실제로는 여기에 약 60% 정도 세금공제 혜택이 적용돼 2030년 기준 이산화탄소 1t당 120크로네(약 2만 4,000원), 2035년 기준 300크로네의 세금이 부과된다. 국토의 60%가 농지인 덴마크는 소고기와 돼지고기, 우유의 주요 생산국인 만큼 현재 북유럽 국가 중에서도 가장 많은 양의 온실가스를 배출하는 것으로 알려져 있다.

왜 이슈지?

2030년부터 **방귀세**를 도입하기로 한 덴마크정부는 이를 통해 소와 같은 반추동물의 소화과정에서 주로 발생하는 메탄 배출량이 이산화탄소 환산량으로 약 180만t 줄어들고, 온실가스도 1990년 수준보다 약 70% 감축할 수 있을 것으로 내다봤다.

바이콧(Buycott) 소비자들이 특정 제품이나 서비스를 적극적으로 구매하는 행동

불매를 뜻하는 '보이콧(Boycott)'에 대비되는 말로 소비자들이 자신이 지지하는 기업이나 업체의 상품을 적극적으로 구매하는 행동을 가리킨다. 사회적으로 선한 영향력을 행사하는 등 사회적 가치를 구현하고자 하는 기업의 상품을 구매함으로써 이를 지지한다는 의사를 표현하는 것이다. 젊은 세대를 중심으로 소비를 통해 자신의 신념이나 가치관을 드러내는 '미닝아웃' 트렌드가 형성되면서 더 적극적으로 나타나고 있으며, 관련 정보가 실시간으로 공유돼 대중에게 빠르게 전파된다.

왜 이슈지?

최근 자신의 신념과 가치를 드러내는 '**바이콧**'을 적극적으로 실천하는 소비자들이 증가하면서 기업의 ESG경영 실천 여부가 제품을 구매하는 데 중요한 기준으로 떠오르고 있다.

경계선 지능인 지적장애인과 비지적장애인 사이의 경계에 있는 이들을 일컫는 용어

지적장애(지능지수(IQ) 70 이하)에 해당하지는 않지만 IQ가 71~84 구간으로 인식되는 사람들을 말한다. 맞춤형 교육 등이 이루어질 경우 학습과 취업 등 일상생활이 가능해 '느린 학습자'라고도 한다. 국내에서는 경계선 지능인을 구분하는 명확한 법적 기준이나 정의, 통계(IQ 분포상 약 13.6%로 추정)가 없으나 비지적장애인보다 학습능력이나 어휘력, 인지능력, 이해력, 사회적응력이 떨어진다는 특징이 있다. 특히 낮은 인지기능으로 인해 일상생활에서 여러 불편함이나 어려움을 겪는데도 지적장애에 해당하지 않는다는 이유로 각종 정부정책의 지원대상에서 제외돼왔다.

왜 이슈지?

7월 3일 정부는 **경계선 지능인**에 대한 최초의 종합대책인 '경계선 지능인 지원방안'을 발표하고 그동안 복지 사각지대에 놓여 있던 경계선 지능인에 대해 처음으로 실태조사에 나섰다.

검색증강생성(RAG) 생성형 AI가 답변을 도출하기 전 데이터베이스를 통해 정보를 실시간으로 검색하는 것

대규모 언어모델(LLM)에 정보검색기능을 결합한 기술로 생성형 인공지능(AI)이 답변을 도출하기 전 학습된 내용이 아닌 외부 데이터베이스를 이용해 관련 정보를 실시간으로 검색하는 기술을 뜻한다. 생성형 AI의 단점으로 꼽히는 '할루시네이션'을 보완하기 위해 고안된 것인데, 할루시네이션이란 생성형 AI가 거짓정보를 사실처럼 생성·전달하는 현상이다. RAG를 통해 정확한 정보와 개인화된 답변의 제공이 가능해질 것으로 보인다.

왜 이슈지?

검색증강생성(RAG)의 데이터 처리 및 학습능력이 향후 사람과 같거나 그 이상의 지능을 구현하는 범용인공지능(AGI)을 실현하는 기반이 될 수 있다고 전망되면서 그 수요가 증가할 것으로 예측되고 있다.

시사상식 기출문제

01 다양한 금융상품을 하나의 계좌에서 운용할 수 있는 통장은? [2024년 한국일보]

① ETF
② MMF
③ CMA
④ ISA

해설

개인종합자산관리계좌(ISA)는 2016년 정부가 국민에게 자산형성의 기회를 제공하고 노후를 대비한 자금을 마련하는 것을 돕기 위해 도입한 제도로 다양한 금융상품을 한 계좌에서 운용할 수 있다. 소득에 상관없이 19세 이상이라면 가입이 가능하며, 15~19세이더라도 소득이 있으면 가입할 수 있다. 수익에 대한 비과세 혜택도 받을 수 있다.

02 다음 중 달의 뒷면을 사진 촬영하는 데 최초로 성공한 국가는? [2024년 한국일보]

① 미국
② 소비에트 연방
③ 중국
④ 독일

해설

1959년 10월 7일 소비에트 연방의 탐사선 '루나 3호'가 세계 최초로 달의 뒷면 사진을 촬영하는 데 성공했다. 이 밖에 1968년 미국의 아폴로 8호는 유인우주선으로서 최초로 달의 궤도를 돌면서 달의 뒷면을 목격했고, 중국이 2018년 발사한 '창어 4호'는 최초로 달의 뒷면에 착륙하는 데 성공하기도 했다.

03 이승만정권이 국민 사상통제를 위해 조직한 반공단체는? [2024년 한국일보]

① 서북청년회
② 국민보도연맹
③ 대동청년단
④ 한국자유총연맹

해설

국민보도연맹은 1948년 12월 시행된 국가보안법을 바탕으로 이승만정권이 국민의 사상통제를 위해 조직한 반공단체다. 국가적인 반공운동과 함께 전향한 좌익인사들을 교화하기 위한 활동을 벌였다. 대한민국 정부를 절대 지지하고 조선민주주의인민공화국과 공산주의 사상을 배격하도록 국민을 대상으로 강압적인 교육을 펼쳤다.

04 다음 중 북한정권이 발사한 미사일의 이름이 아닌 것은? [2024년 한국일보]

① 노동
② 화성
③ 원산
④ 무수단

해설

'화성'은 북한이 개발·운용하고 있는 탄도미사일의 제식 명칭이다. 우리나라와 미국정부 측은 이 미사일이 발사된 장소의 이름을 따 명칭을 짓는데, 화성-7은 '노동', 화성-10은 '무수단'으로 이름 붙였다. 원산은 북한 측 강원도에 위치한 중심도시이며, 조선인민군의 탄도미사일 기지가 소재한다.

05 다음 중 위드마크 음주측정공식에 대한 설명으로 틀린 것은? [2024년 한국일보]

① 1931년 창안된 계산공식이다.
② 음주운전자의 체중과 성별 등을 감안한다.
③ 법정에서 음주운전에 대한 핵심적인 증거로 쓰인다.
④ 음주운전 사고 당시의 혈중알코올농도를 계산한다.

해설

위드마크 음주측정공식이란 음주운전 사고 후 시간이 경과돼 사고 당시 운전자의 혈중알코올농도를 알 수 없을 때, 혈중알코올농도가 시간당 0.015%씩 감소한다는 것을 감안해 사고 당시의 농도를 역추적하는 방식이다. 스웨덴 생리학자 위드마크(Widmark)가 1931년 창안한 방식으로, 음주운전자의 체중, 성별, 경과시간 등을 공식에 포함해 계산한다. 위드마크 공식은 법정에서 참고용 자료로 사용될 수 있다.

06 다음 중 세계 3대 문학상에 해당하지 않는 것은? [2024년 한국일보]

① 뉴베리상
② 노벨문학상
③ 부커상
④ 공쿠르상

해설

세계 3대 문학상으로 손꼽히는 것은 노벨상 중 문학 부문에 수여하는 '노벨문학상', 프랑스 4대 문학상 중 하나인 '공쿠르상', 영국 부커사에서 제정한 '부커상'이다. 뉴베리상은 1922년부터 미국 아동문학(소설, 시집, 논픽션)에 공헌한 작가에게 시상하는 상이다. 수상대상은 미국 시민이나 미국에 거주하는 사람의 작품이다.

07 상대 정당의 주장을 모두 거부하는 극단적 정치를 뜻하는 말은? [2024년 코리아헤럴드]

① 로그롤링
② 치킨호크
③ 네포티즘
④ 비토크라시

해설

비토크라시란 '거부(veto)'와 '민주주의(democracy)'를 합친 말로, 상대 정당에 대한 정책과 입장을 모두 거부하는 극단적인 파당정치를 말한다. 즉, 상대 정당을 반대하기 위해 반대하는 것이다. 이러한 비토크라시 상황에서는 정당 간의 협치와 소통은 사라지고, 입법 등 국정운영 과정에서도 큰 차질을 빚게 된다.

08 한 번 오른 물가가 시간이 지나도 좀처럼 떨어지지 않는 현상을 뜻하는 용어는? [2024년 코리아헤럴드]

① 스티키 인플레이션
② 디스인플레이션
③ 스크루플레이션
④ 딥플레이션

해설

스티키 인플레이션은 '끈적하다'는 의미의 'sticky'와 고물가를 뜻하는 'inflation'을 합친 용어로, 한 번 오른 물가가 끈적거리듯이 좀처럼 떨어지지 않는 양상을 뜻한다.

09 첨단기술이 초기시장에서 널리 사용되기 전에 일시적으로 수요가 정체되는 현상은?

[2024년 뉴스1]

① 죽음의 계곡
② 캐즘
③ 티핑포인트
④ 캐시버닝

해설
본래 캐즘(Chasm)이란 지질학에서 지층의 균열을 뜻하는 말이다. 이 용어가 경영에서는 첨단기술을 이용한 상품이 새로운 상품을 찾는 혁신적 소비자가 지배하는 초기시장에서 널리 애용되기 전에, 일시적으로 수요가 정체되거나 후퇴하는 현상을 표현하는 데 쓰인다. 다시 말해 새롭게 개발된 첨단기술 제품이 대중에게 받아들여지고 시장에 정착하기 전에 겪는 침체기를 뜻하는 것이다.

11 다음 중 방송통신위원회에 대한 설명으로 옳은 것은?

[2024년 뉴스1]

① 국무총리산하 직속기관이다.
② 2024년 7월 기준 위원장은 류희림이다.
③ 5명의 상임위원으로 구성된 합의제 기구다.
④ 한국방송공사의 이사진 임명권을 가진다.

해설
대통령의 직속기관인 방송통신위원회는 방송정책 및 규제를 총괄하는 기구다. 위원장 1인, 부위원장 1인을 포함해 5명의 상임위원으로 구성된 합의제 기구다. 문화방송(MBC)의 대주주인 방송문화진흥회의 이사진 임명권을 가진다. 2024년 7월 2일 위원장이던 김홍일이 사퇴했고, 류희림은 유관기관인 방송통신심의위원회 위원장이다.

10 다음 중 친고죄에 해당하지 않는 범죄는?

[2024년 뉴스1]

① 사자명예훼손죄
② 모욕죄
③ 업무상비밀누설죄
④ 강제추행죄

해설
친고죄란 범죄의 피해자나 법률이 정한 고소권자의 고소가 있어야만 공소제기가 가능한 범죄를 말한다. 피해자가 고소하지 않는다면 검사가 범죄에 대한 기소를 할 수 없고, 판사도 유·무죄를 판단할 수 없다. 사자명예훼손죄, 모욕죄, 비밀침해죄, 업무상비밀누설죄 등이 친고죄에 해당한다.

12 레임덕에서 한 단계 더 나아간 의미의 용어로 권력공백 상태를 뜻하는 것은?

[2024년 뉴스1]

① 마이티덕
② 롤링덕
③ 데드덕
④ 시팅덕

해설
레임덕(Lame Duck)이 정부수반 등의 임기 말 권력누수 현상을 뜻한다면, 데드덕(Dead Duck)은 이보다 더 심각한 권력공백 상태를 뜻하는 말이다. 데드덕은 영어에서 '가망이 없는 사람'을 의미하기도 한다.

13 애덤 스미스의 〈국부론〉에 등장하는 조세원칙으로 틀린 것은?

[2024년 폴리텍]

① 편의성
② 최대성
③ 투명성
④ 효율성

해설
애덤 스미스는 자신의 대표적 저서인 〈국부론〉을 통해 조세의 4가지 원칙을 내세웠다. 첫째 소득에 따라서 비례적으로 걷혀야 할 것(비례성), 둘째 임의대로 징수하는 것이 아닌 확실한 기준이 있을 것(투명성), 셋째 납세자가 편리한 방법으로 납부할 수 있을 것(편의성), 넷째 징수에 드는 행정비용이 저렴할 것(효율성) 등이다.

14 구직자 · 근로자들이 더 좋은 조건을 찾는 탐색행위로 인해 발생하는 실업은?

[2024년 폴리텍]

① 구조적 실업
② 기술적 실업
③ 마찰적 실업
④ 경기적 실업

해설
마찰적 실업이란 구직자 · 근로자들이 더 좋은 조건을 찾는 탐색행위로 인해 발생하는 실업으로, 고용시장에서 노동의 수요와 공급 간에 소통이 원활하지 않아 발생한다. 근로자들이 자발적으로 선택해서 발생하는 일시적인 실업 유형이므로 자발적 실업에 해당한다. 자발적 실업은 일할 능력과 의사는 있지만 현재의 임금수준이나 복지 등에 만족하지 못하고 다른 곳으로 취업하기 원하여 발생하는 실업을 말한다.

15 해외 투자자가 평가하는 투자상대국의 대외 신인도를 뜻하는 말은?

[2024년 폴리텍]

① 컨트리 리스크
② 소버린 리스크
③ 폴리티칼 리스크
④ 이머전시 리스크

해설
컨트리 리스크(Country Risk)란 글로벌 투자자가 한 국가를 상대로 투자를 하려고 할 때 평가하는 투자상대국의 대외신인도를 말한다. 컨트리 리스크는 해당 국가의 정치적 결단이나 금융정책의 실행에 따라 한순간에 크게 좌우될 수 있다. 때문에 투자상대국의 정책적 행보에 큰 손해를 볼 수 있으므로 글로벌 투자자는 컨트리 리스크를 면밀히 검토해야 한다.

16 도심에는 상업기관 · 공공기관 등만 남아 주거인구가 텅 비어 있고, 외곽에 주택이 밀집되는 현상은?

[2024년 폴리텍]

① 토페카 현상
② 지가구배 현상
③ 스프롤 현상
④ 도넛화 현상

해설
도넛화 현상은 '공동화 현상'이라고도 하며 높은 토지가격, 공해, 교통 등 문제들로 인해 도심에는 주택들이 줄어들고 상업 · 공공기관 등만이 남게 되는 현상이다. 주거인구의 분포를 보면 도심에는 텅 비어 있고, 외곽 쪽에 밀집돼 있어 도넛 모양과 유사하게 나타난다. 이로 인해 도심의 직장과 교외의 주택 간 거리가 멀어지는 직주분리가 나타나는데, 심해지면 교통난이 가중되고 능률이 떨어져 다시 도심으로 회귀하는 현상이 일어날 수도 있다.

17 특정 정당이나 후보에게 유리하도록 의도적으로 선거구를 조작하는 것은? [2024년 폴리텍]

① 게리맨더링
② 스핀닥터
③ 매니페스토
④ 스윙보터

해설

게리맨더링(Gerrymandering)이란 1812년 당시 미국 매사추세츠 주지사 게리가 당시 공화당 후보에게 유리하도록 선거구를 재조정했는데 그 모양이 마치 그리스신화에 나오는 샐러맨더와 비슷하다고 한 데서 유래한 말이다. 이는 특정 정당이나 후보자에게 유리하도록 선거구를 인위적으로 획정하는 것을 의미하며, 이를 방지하기 위해 우리나라에서는 선거구 법정주의를 채택하고 있다.

18 핵융합을 통해 스스로 빛과 에너지를 내는 천체는? [2024년 폴리텍]

① 항성
② 위성
③ 혜성
④ 행성

해설

태양과 같은 항성(Fixed Star)은 내부의 무수한 수소와 헬륨 원자들의 핵융합을 통해 스스로 고온의 빛을 내고 막대한 에너지를 방출한다. 또 거대질량이 만든 중력으로 고온의 가스구체 형태를 유지한다. 우리은하 안에는 태양과 같은 항성이 약 1,000억개가 존재할 것으로 추측된다.

19 하나의 부정적 행동이 연쇄적으로 다른 부분에 영향을 끼치며 전반적 상황을 악화시키는 현상은? [2024년 부산광역시공공기관통합채용]

① 피셔 효과
② 둠루프
③ 트리플딥
④ 그레샴의 법칙

해설

둠루프(Doom Loop)란 '파멸의 고리'라는 뜻으로 하나의 부정적 행동이나 사고가 연쇄적으로 다른 부분으로까지 악영향을 끼치며 전반적인 상황을 악화시키는 현상을 말한다. 경제상황에서는 하나의 기업이 무너지면 그 충격으로 산업 전체가 몰락하는 현상을 뜻하기도 한다. 2008년 전 세계를 금융위기로 몰아넣었던 '서브프라임 모기지 사태'를 대표적 사례로 꼽을 수 있다.

20 저임금 노동에 시달리는 노동계급을 뜻하는 말은? [2024년 부산광역시공공기관통합채용]

① 룸펜
② 부르주아
③ 프롤레타리아
④ 프레카리아트

해설

프레카리아트(Precariat)는 '불안정하다'라는 의미의 이탈리아어 'precario'와 노동계급을 뜻하는 독일어 'proletariat'가 조합된 단어로, 불안정한 고용과 저임금에 시달리는 노동자들을 의미한다. 영국 경제학자 가이 스탠딩은 '엘리트-봉급생활자-연금생활자-프롤레타리아'라는 전통적 계급 아래에 프레카리아트가 존재한다고 말하며, 이들은 평생 불안정한 직업을 전전하고 노동의 가치를 깨닫지 못할 뿐만 아니라 자기계발을 하기도 힘든 계급이라고 설명했다.

21 부유한 가정에서 태어나 별다른 노력 없이도 성공한 삶을 사는 자녀를 뜻하는 말은?

[2024년 부산광역시공공기관통합채용]

① 눕프
② 킨포크
③ 네포 베이비
④ 텐포켓

해설

네포 베이비(Nepo Baby)란 족벌주의를 뜻하는 '네포티즘(nepotism)'과 '아기(baby)'를 합친 말로, 우리말로 하면 '금수저'를 뜻한다. 부유하고 유명한 부모에게서 태어나 별다른 노력 없이 풍족하고 성공적인 삶을 사는 자녀를 의미하는 말이다. 최근 미국에서는 청년층을 비롯한 대중들이 부모의 후광으로 화려한 삶을 사는 네포 베이비에 대한 반감을 느끼는 것으로 보도되기도 했다.

22 지지하는 브랜드의 상품을 의도적으로 구입하고 구입을 권장하는 행위는?

[2024년 부산광역시공공기관통합채용]

① 노멀크러시
② 윤리적 소비
③ 보이콧
④ 바이콧

해설

바이콧(Buycott)은 보이콧(Boycott)에 대비되는 개념으로 스스로 지지하는 브랜드의 상품을 의도적으로 구입하고, 주변에도 구입을 권장하는 행위를 말한다. 환경보호에 나서거나 사회에 선한 영향력을 끼치는 기업의 상품을 적극적으로 구입해, 이러한 기업을 지지하고 더 좋은 영향력을 끼칠 수 있도록 독려하는 것이다.

23 상품이 판매된 후 추가적인 수요에 의해 발생하는 시장은?

[2024년 부산광역시공공기관통합채용]

① 애프터마켓
② 스왑마켓
③ 이브닝마켓
④ 로우마켓

해설

애프터마켓(Aftermarket)은 상품이나 서비스가 판매된 후 이를 유지보수하기 위한 추가적 수요에 의해 발생되는 시장을 말한다. 또는 액세서리 같이 고객의 성향에 따라 상품에 부수적으로 추가할 수 있는 상품들의 시장을 말하기도 한다. 제품 구입 후 고객이 누릴 수 있는 서비스가 기업의 경쟁력이 되면서, 애프터마켓도 큰 성장을 이뤘다. 애프터마켓과 대비되는 신제품 시장은 비포마켓(Beforemarket)이라고 한다.

24 로봇이 인간의 외모와 유사성이 높을수록 호감도가 높아지다 일정수준이 되면 외려 불쾌감을 느끼는 현상은?

[2024년 부산광역시공공기관통합채용]

① 게슈탈트 붕괴
② 타나토스
③ 불쾌한 골짜기
④ 언캐니

해설

불쾌한 골짜기(Uncanny Valley)는 1970년대 일본의 로봇공학자인 모리 마사히로가 소개한 이론으로, 로봇이나 인형처럼 인간이 아닌 존재가 인간의 외형과 닮아갈 때 어느 정도까지는 호감을 느끼지만, 일정수준에 도달하면 오히려 불쾌감을 느낀다는 것이다. '인간과 거의 흡사한 모습'과 '인간과 거의 똑같은 모습' 사이에서 불완전함과 이로 인한 거부감을 느끼게 된다.

시사상식 예상문제

01 제품의 희소성을 이용해 소비자의 구매욕구를 높이는 마케팅은?

① 코즈 마케팅
② 헝거 마케팅
③ 뉴로 마케팅
④ 프로슈머 마케팅

해설

헝거 마케팅(Hunger Marketing)은 상품을 한정된 물량으로만 판매하는 마케팅 기법으로, 상품의 희소성을 높여 소비자의 목을 마르게 해 구매욕구를 높이는 방식이다. 헝거 마케팅 전략을 펼치는 기업들은 의도적으로 상품 물량 공급을 줄여 소비자들을 배고프게 만든다.

02 근거 없는 사실을 조작해 상대를 공격하는 정치용어는?

① 도그마
② 사보타주
③ 마타도어
④ 헤게모니

해설

마타도어(Matador)는 정치권의 흑색선전을 뜻하는 용어로 근거 없는 사실을 조작해 상대 정당·후보 등을 공격하는 공세를 말한다. 스페인의 투우에서 투우사가 마지막에 소의 정수리에 칼을 꽂아 죽이는 스페인어 '마타도르'에서 유래한 것이다.

03 해안에서 바다로 돌출되어 나온 뾰족한 모양의 지형을 일컫는 말은?

① 해식애
② 시 스택
③ 반도
④ 곶

해설

곶은 해안에서 육지 지형이 바다의 방향으로 비교적 뾰족하게 돌출되어 나간 부분을 말한다. 육지의 침강이나 산줄기였던 곳이 해수면의 상승으로 잠기게 되면서 형성된다. 또는 파랑이나 연안류의 오랜 침식으로 육지 쪽으로 움푹 들어간 지형인 만과 함께 만들어지기도 한다.

04 조선왕조실록에 대한 설명으로 틀린 것은?

① 주로 기전체로 작성됐다.
② 유네스코 세계기록유산으로 등록됐다.
③ 태조부터 제25대 왕인 철종까지의 기록을 담고 있다.
④ 소실을 막기 위해 사본을 만들어 보관했다.

해설

〈조선왕조실록〉은 조선시대 제1대 왕 태조부터 제25대 왕 철종에 이르기까지 472년간의 역사를 편년체로 기록한 역사서다. 편년체란 역사의 기록을 연·월·일순으로 정리하는 체재를 말한다. 국보 제151호이며, 1997년에는 〈훈민정음〉과 함께 유네스코 세계기록유산으로 등재됐다. 전란 등으로 인한 소실을 방지하기 위해 여러 사본이 만들어졌으며 오대산, 태백산 등 다양한 곳에 보관됐다.

05 다음 중 경제가 호황인 가운데 물가가 상승하는 현상은?

① 스태그플레이션
② 슬로플레이션
③ 슬럼플레이션
④ 붐플레이션

해설

호황을 의미하는 '붐(boom)'과 '인플레이션(inflation)'의 합성어인 붐플레이션(Boomflation)은 경제가 호황인 가운데에 물가가 상승하는 현상을 의미한다. 반대로 경제가 불황인 가운데 인플레이션을 함께 겪는 상황을 뜻하는 용어는 슬럼플레이션(Slumplation)이다.

06 다음 문장 중 밑줄 친 단어의 맞춤법이 틀린 것은?

① 그는 사과를 껍질째 씹어 먹었다.
② 나의 한마디에 상황은 금세 정리됐다.
③ 그는 성과에 걸맞는 보상을 받지 못했다.
④ 잇단 사고에 사람들은 경악했다.

해설

'두 편을 견주어 볼 때 서로 어울릴 만큼 비슷하다'는 의미의 '걸맞다'는 형용사로서 관형형 어미 '-ㄴ/은'과 결합해야 한다. 또한 '걸맞다'의 어간, '걸맞-'의 끝소리에는 받침이 있으므로 '-은'과 결합하여 '걸맞은'으로 적어야 한다.

07 최근 MZ세대를 중심으로 자리잡은 '일상에 활력을 불어넣는 규칙적인 습관'을 가리키는 말은?

① FIVVE
② 소셜버블
③ 미라클 모닝
④ 리추얼 라이프

해설

리추얼 라이프란 일상에 활력을 불어넣는 규칙적인 습관을 의미한다. 규칙적으로 행하는 의식 또는 의례를 뜻하는 '리추얼(ritual)'과 일상을 뜻하는 '라이프(life)'를 합친 말이다. 자기계발을 중시하는 MZ세대 사이에 자리 잡은 하나의 트렌드로 취업난, 주택난 등에서 오는 무력감을 극복하고, 심리적 만족감과 성취감을 얻으려는 욕구가 반영된 것으로 분석된다.

08 주식을 대량으로 매수해 주주가 된 뒤 경영에 적극적으로 참여해 기업가치를 높이는 헤지펀드는?

① 행동주의 헤지펀드
② 스튜어드십 헤지펀드
③ 엘리엇 헤지펀드
④ 강성주의 헤지펀드

해설

행동주의 헤지펀드란 대량의 주식을 매수해 어느 정도 의결권을 가진 주주가 된 후, 기업에 자산매각이나 구조조정을 요구하는 등 경영 전반에 적극적으로 참여해 기업가치를 높이는 투자전략을 말한다. 주주들이 적극적으로 기업 경영에 관여하는 것을 행동주의라고 부른다.

09 미국 하버드대학교의 과학잡지사에서 수여하는 상으로 기발한 연구나 업적을 대상으로 하는 상은?

① 이그노벨상

② 프리츠커상

③ 뉴베리상

④ 콜더컷상

해설

이그노벨상은 1991년 미국 하버드대학교의 유머과학잡지인 〈기발한 연구 연보(The Annals of Improbable Research)〉가 제정한 상으로 '흉내낼 수 없거나 흉내내면 안 되는 업적'에 수여되며 매년 진짜 노벨상 수상자가 발표되기 1~2주 전에 시상식이 열린다. 이그노벨상은 상금이 주어지지 않으며 실제 논문으로 발표된 과학 업적 가운데 재미있거나 기발한 연구에 수여한다.

10 다음 중 대한민국 임시정부가 소재했던 지역이 아닌 것은?

① 상하이

② 톈진

③ 항저우

④ 충칭

해설

대한민국 임시정부는 1919년 광복을 위해 중국 상하이에 수립한 임시정부로서 우리나라 최초의 민주공화정체였다. 초대 대통령은 이승만, 2대 대통령은 박은식이었다. 당시 임시정부는 여러 지역에 있던 임시정부가 통합되어 중국 상하이에 세워졌다. 그러나 이후 일제의 영향으로 항저우, 전장, 창사, 광둥, 류저우, 치장, 충칭 등으로 이동해야만 했다.

11 헌법재판소의 위헌 판결에도 일시적으로 기존의 해당 법률을 적용하도록 하는 조치는?

① 헌법불합치

② 한정합헌

③ 한정위헌

④ 일부위헌

해설

헌법불합치는 어떤 법률에 대해 위헌이라는 헌법재판소의 결정이 내려지면 당장 해당 법률의 효력이 정지되면서 발생하는 혼란을 막기 위해, 국회에서 해당 법률을 개정할 때까지 일시적으로 법률을 적용토록 하는 조치다. 국회는 헌법재판소가 제시한 기간까지 법률을 헌법에 맞게 고쳐야 하며, 이 기한을 넘을 경우 해당 법률의 효력은 즉시 정지된다.

12 실제로는 환경에 유해한 활동을 하면서 마치 친환경적인 것처럼 광고하는 행위는?

① 업사이클링

② 프리덤 푸드

③ 고프코어

④ 그린워싱

해설

'green'과 'white washing(세탁)'의 합성어인 그린워싱(Greenwashing)은 실제로는 환경에 해롭지만, 마치 친환경적인 것처럼 광고하는 것을 말한다. 기업들이 자사의 상품을 환경보호에 도움이 되는 것처럼 홍보하는 '위장환경주의'를 뜻하기도 한다. 기업이 상품을 생산하는 과정에서 일어나는 환경오염 문제는 축소시키고 재활용 등의 일부 과정만을 부각시켜 마치 친환경인 것처럼 포장하는 것이 이에 해당한다.

13 소득불평등을 나타내는 지표로서 0에 가까울수록 평등하고, 1에 가까울수록 불평등함을 뜻하는 것은?

① 엔젤계수
② 지니계수
③ 로렌츠 곡선
④ 필립스 곡선

> **해설**
> 지니계수는 계층 간 소득분포의 불균형 정도를 나타내는 수치로, 소득이 어느 정도 균등하게 분배돼 있는지를 평가하는 데 주로 이용된다. 지니계수는 0부터 1 사이의 수치로 표시되는데 소득분배가 완전평등한 경우가 0, 완전불평등한 경우가 1이다. 즉, 낮은 수치는 더 평등한 소득분배를, 반면에 높은 수치는 더 불평등한 소득분배를 의미하는 것이다.

14 해안으로 밀려들어온 파도가 한 곳에 모였다가 바다 쪽으로 급속히 빠져나가는 현상은?

① 파랑
② 조류
③ 연안류
④ 이안류

> **해설**
> 이안류는 해안으로 밀려들어온 파도가 한 곳에 모였다가 바다 쪽으로 급속히 빠져나가는 현상이다. 폭이 좁고 빨라 휴가철 해수욕장에서 이안류로 인한 사고가 자주 발생한다. 이안류에서 빠져나오기 위해서는 해수면 아래로 잠수한 뒤 해안선과 평행한 방향으로 수영하면 된다. 이안류는 다양한 장소에서 짧은 시간 동안 국지적으로 발생하기 때문에 예측하기가 매우 어렵다.

15 개인이 가진 특유의 신체적 색상을 뜻하는 용어로 특히 패션·미용업계에서 자주 쓰이는 말은?

① 유니크 컬러
② 마이 컬러
③ 프라이빗 컬러
④ 퍼스널 컬러

> **해설**
> 퍼스널 컬러(Personal Color)는 타고난 개인의 신체적 컬러를 뜻하는 용어로 크게 '봄웜톤', '여름쿨톤', '가을웜톤', '겨울쿨톤' 등 4가지가 있다. 퍼스널 컬러를 파악하여 피부톤에 잘 어울리는 의상이나 액세서리, 화장품을 선택할 수 있다. 최근 패션·미용업계에서는 고객들의 퍼스널 컬러를 진단해주고, 이에 알맞은 상품을 추천하는 등의 마케팅을 펼치고 있다.

16 판소리에서 창자가 대목을 넘어가며 사설을 엮어 가는 것을 뜻하는 용어는?

① 창
② 아니리
③ 발림
④ 중고제

> **해설**
> '아니리'는 '창', '발림'과 함께 판소리의 3대 요소 중 하나다. 창자가 한 대목에서 다음 대목으로 넘어가기 전에 장단 없이 자유로운 리듬으로 말하듯이 사설을 엮어가는 것으로 판소리의 문학적 요소라고 할 수 있다. 창은 창자가 부르는 노래, 발림은 사설의 내용에 따라 몸짓을 하는 것을 말한다.

17 외교·경제정책 등에서 상대방과 타협하고 온건하게 문제를 해결하려는 성향을 뜻하는 용어는?

① 독수리파
② 매파
③ 비둘기파
④ 올빼미파

해설

비둘기파는 외교나 특히 경제 분야에서 대립하는 세력들 사이를 온건하게 중재하고 타협하는 등 부드럽게 일을 처리하려는 성향을 말한다. 반면 매파는 강경하게 자신의 입장을 관철시키려는 태도로 가령 경제에서는 경기과열 조짐을 보일 경우 통화를 거둬들이고 물가를 안정시키는 긴축정책을 선호하는 사람들을 말한다. 올빼미파는 매파와 비둘기파 사이에서 중간적인 성향을 보이는 중도파들을 가리킨다.

18 다음 중 딥러닝에 대한 설명으로 틀린 것은?

① 인공지능이 스스로 문제를 해결하도록 한다.
② 인공신경망을 기반으로 한다.
③ 머신러닝 이전에 먼저 개발됐다.
④ 인공지능의 획기적 도약을 이끌었다.

해설

딥러닝(Deep Learning)은 컴퓨터가 다양한 데이터를 이용해 마치 사람처럼 스스로 학습할 수 있게 만든 인공신경망(ANN ; Artificial Neural Network)을 기반으로 하는 기계학습 기술이다. 이는 컴퓨터가 이미지, 소리, 텍스트 등의 방대한 데이터를 이해하고 스스로 학습할 수 있게 돕는다. 딥러닝의 고안으로 인공지능이 획기적으로 도약하게 됐으며, 기존 머신러닝(기계학습)의 한계를 넘어선 것으로 평가된다.

19 범인을 식별하기 위해 구금 과정에서 촬영하는 머그샷에 대한 설명으로 옳은 것은?

① 공식적인 법률 용어로 쓰인다.
② 우리나라에서도 사안이 중대할 경우 일반에 공개할 수 있다.
③ 정면과 측면, 후면을 촬영한다.
④ 재판에서 최종 무죄 판결이 나면 폐기된다.

해설

머그샷(Mug Shot)은 피의자를 식별하기 위해 구치소, 교도소에서 구금될 때 촬영하는 얼굴사진이다. '머그(Mug)'는 정식 법률 용어는 아니며, 영어에서 얼굴을 속되게 이르는 말이기도 해 이러한 명칭이 생겼다. 피의자의 정면과 측면을 촬영하며, 재판에서 최종 무죄 판결이 나더라도 폐기되지 않고 보존된다. 2023년 10월 중대범죄를 저지른 피의자의 머그샷을 공개할 수 있도록 한 중대범죄신상공개법이 국회를 통과해 2024년 1월부터 시행되고 있다.

20 1898년 남궁억과 나수연이 국민계몽을 목적으로 발간한 신문의 명칭은?

① 독립신문
② 매일신문
③ 한성순보
④ 황성신문

해설

〈황성신문〉은 1898년 창간된 국한문 혼용 일간지다. 남궁억과 나수연이 이미 발간 중이었던 〈대한황성신문〉의 판권을 인수해 창간했다. 외세침입에 대해 국민을 계몽하고 일제를 비판하기 위한 목적으로 창간했는데, 당시 신문의 주필이었던 장지연의 사설 '시일야방성대곡'이 실리기도 했다.

21 동계올림픽 종목으로 크로스컨트리 스키와 스키점프를 동시에 치르는 종목은?

① 프리스타일 스키
② 바이애슬론
③ 알파인 스키
④ 노르딕 복합

해설
노르딕 복합(Nordic Combined)은 북유럽의 스칸디나비아에서 발달한 스키 종목으로 크로스컨트리 스키와 스키점프를 함께 치르는 종목이다. 지구력과 스피드, 균형감각을 겸비해야 한다. 1924년 제1회 프랑스 샤모니 동계올림픽부터 정식으로 채택됐다.

22 우리의 몸을 구성하는 주요 원소에 해당하지 않는 것은?

① 산소
② 탄소
③ 규소
④ 질소

해설
우리 몸의 질량의 96%는 산소(65%), 탄소(18%), 수소(9.5%), 질소(3.2%)로 이루어져 있다. 나머지 4%는 칼슘과 인, 칼륨, 마그네슘 등의 무기질과 전체 질량의 0.3%에 해당하는 미량원소로 구성되어 있다.

23 PC 사용자의 인터넷 웹사이트 방문기록이 저장되는 파일을 뜻하는 용어는?

① 캐시
② 북마크
③ 쿠키
④ 브라우저

해설
쿠키에는 PC 사용자의 ID와 비밀번호, 방문한 인터넷 웹사이트 정보 등이 담겨 하드디스크에 저장된다. 이용자들의 홈페이지 접속을 도우려는 목적에서 만들어졌기 때문에 해당 사이트를 한 번 방문하고 난 이후에 다시 방문했을 때에는 별다른 절차를 거치지 않고 빠르게 접속할 수 있다는 장점이 있다. 하지만 개인정보 유출, 사생활 침해 등 개인정보가 위협받을 수 있다는 우려가 공존한다.

24 일부 주주에게 특별히 많은 의결권을 주어 그들의 지배권을 강화하는 전략은?

① 황금낙하산
② 포이즌 필
③ 차등의결권
④ 경영진 매수

해설
차등의결권은 적대적 인수합병(M&A)에 대응하기 위한 기업의 경영권 방어전략이다. 일부 주주에게 특별히 많은 수의 의결권을 주어 지배력을 강화시키는 것이다. M&A에서는 인수 주체 기업이 인수되는 기업을 장악하고 경영권을 위협할 수 있기 때문에 인수되는 기업이 대표나 소수의 경영진에게 많은 의결권을 부여해 이를 방어하게 한다.

내일은 ▶ TV 퀴즈왕

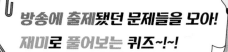
01

'[   ], 겨우 이거야?'에서 빈칸에 들어갈 단어는? [우리말 겨루기]

① 에계
② 에개

정답

'에계'는 감탄사로 뉘우치거나 탄식을 할 때 내는 소리 또는 어떤 것이 작고 하찮거나 기대 따위에 훨씬 못 미쳐 업신여길 때 내는 소리를 말한다.

02

다음 보기 중 틀린 것은? [우리말 겨루기]

① 혼곤하게
② 떼꾼하네
③ 헤죽하니

정답

'헤죽하니'는 '해죽하니'의 잘못된 표현으로 원형인 '해죽하다'는 '만족스러운 듯이 귀엽게 살짝 한 번 웃다'라는 뜻이다.

03

제시된 지문에 띄어쓰기를 올바로 적용하면? [우리말 겨루기]

> 저녁때부터동틀녘까지마음먹고공부했는데눈치싸움하느라마음고생하고우승의꿈은못다이뤘다.

정답

지문에 띄어쓰기를 올바로 적용하면 '저녁때부터 동틀 녘까지 마음먹고 공부했는데 눈치 싸움 하느라 마음고생하고 우승의 꿈은 못다 이뤘다.'가 된다.

04

고대 유대인들은 한 번 쏜 화살을 되돌릴 수 없는 것처럼 이것을 통해 나온 것은 다시 주워담을 수 없다고 여겨 이것을 화살에 비유했다. 이것은 무엇인가? [유 퀴즈 온 더 블럭]

정답

혀는 우리 몸의 감각기관 중 하나로 뼈 없이 근육으로만 이루어져 있다. 고대 유대인들은 험담을 극도로 경계해 혀를 화살에 비유하기도 했다.

05

2차 세계대전 당시 윈스턴 처칠 영국 총리가 연합군이 승리한다는 의미로 자주 한 제스처로 승리와 영광을 상징하게 된 이것은 무엇인가? [유 퀴즈 온 더 블럭]

정답

가장 보편적인 사진 포즈 중 하나인 브이(V)는 윈스턴 처칠 영국 총리가 사진을 찍을 때 의식적으로 했던 동작으로 'Victory(승리)'의 첫 글자인 'V'를 손으로 표현한 것이다.

06

고대 인도 서사시 〈마하바라타〉에 등장하는 신의 이름에서 비롯된 용어로 싸움과 분란으로 난장판이 된 곳을 뜻하는 말은? [유 퀴즈 온 더 블럭]

정답

아수라장(阿修羅場)은 끔찍하게 흐트러진 현장을 뜻하는 말로 인도 신화에서 악신으로 일컬어지는 '아수라'의 이름에서 유래한다. 불교에서 아수라장은 아수라왕이 제석천(인드라)과 싸운 마당을 가리킨다.

07 다음 그림은 각 직선의 개수에 대해 교점이 가장 많은 경우다. 직선의 개수가 10개일 때 가장 많은 교점은 몇 개일까?

[문제적 남자]

정답

그림을 그려서 발견되는 규칙을 활용해 풀 수 있는 문제다. 제시된 그림을 보면 직선이 1개일 때는 교점이 없고, 직선이 2개일 때는 교점이 1개다. 직선이 3개일 때는 기존에 그려진 직선 2개와 추가되는 직선이 모두 만나게 하면 되므로 교점은 $1+2=3$개가 된다. 즉, 직선이 n개일 때 0부터 차례대로 $(n-1)$까지 모두 더한 수가 교점의 개수가 된다. 따라서 직선이 10개일 때는 $1+2+3+4+5+6+7+8+9=45$이므로 정답은 45개이다.

08 타일러는 경이와의 약속시각을 쪽지에 적어 탁상시계 옆에 두었다. 두 사람이 만나기로 한 시각은 몇 시 몇 분일까?

[문제적 남자]

$$D \to E \to F$$
$$E \to B \to A \to D \to E \to F \to C$$
$$D \to A \to B \to E \to F \to C$$
$$D \to A \to B \to C \to F \to E \to B$$

정답

A	D
B	E
C	F

보기에 제시된 알파벳의 의미를 먼저 파악하는 것이 중요하다. 각 알파벳은 디지털 숫자를 이루는 부분을 의미하는데, 이를 디지털 숫자처럼 나열하면 왼쪽 그림과 같다. 이를 바탕으로 보기에 제시된 알파벳 순서대로 따라 그리면 'D → E → F'는 1이 된다. 같은 방법으로 나머지 숫자를 구해보면 각각 9, 5, 6이 된다. 따라서 두 사람이 만나기로 한 시각은 19시 56분이다.

09 이승엽이 세계 최연소 300호 홈런을 기록했던 날이 무슨 요일이었는지 궁금했던 현무는 항상 참말만 하는 친구 타일러와 항상 거짓말만 하는 친구 지석 중 한 명에게 다음과 같이 물었다.

> 현무 : 이승엽 선수가 300호 홈런을 친 날이 월요일이야?
> 친구 : 홈런 친 전날이 월요일이었지.
> 현무 : 아~ 그럼 홈런 친 날이 화요일 이었나?
> 친구 : 아니지. 홈런 친 이틀 전이 화요일 이었지.

현무가 더 물었더니, 친구는 차례로 홈런 친 3일 전은 수요일, 4일 전은 목요일, 5일 전은 금요일, 6일 전은 토요일이었다고 답했다. 이승엽이 300호 홈런을 친 날은 무슨 요일일까?

[문제적 남자]

정답

우선 친구의 대답을 정리해보면 다음과 같다.

1일 전 : 월요일	2일 전 : 화요일
3일 전 : 수요일	4일 전 : 목요일
5일 전 : 금요일	6일 전 : 토요일

대답한 내용을 고려했을 때 모든 경우가 거짓이 되므로 문제에서 현무의 질문에 답한 친구는 항상 거짓말만 하는 지석이다. 또한 지석이가 말한 요일은 모두 거짓이고 남은 요일은 일요일뿐이기 때문에 정답은 일요일이다. 참고로 이승엽은 2003년 6월 22일 일요일 대구에서 세계 최연소(당시 26세 10개월 4일) 300호 홈런을 기록했다.

취업! 실전문제

최종합격 기출면접

기술보증기금의 면접전형은 1차 면접과 2차 면접으로 총 2단계에 걸쳐 진행된다. 1차 면접은 조직적합성 면접과 직무적합성 면접, 토론면접 내용을 토대로 합산하여 평가하며, 2차 면접은 종합적합성면접과 1차 면접전형의 점수, 필기전형의 점수를 합산하여 평가한다.

1 조직적합성 면접 (인성면접)

다대다로 이뤄지며 지원자의 자기소개서를 기반으로 진행된다. 제출한 자기소개서의 내용에 대한 숙지와 함께 기술보증기금의 핵심가치인 '공정, 혁신, 연대'를 반영한 답변을 준비할 필요가 있고, 모순되지 않은 솔직한 답변을 하도록 주의가 필요하다.

기출문제

- 본인이 원하지 않는 직무에 배정될 경우 어떻게 할 것인가?
- 현재를 개선하기 위해 했던 노력에 대하여 말해 보시오.
- 어떤 상사가 좋은 상사라고 생각하는가?
- 전국 순환근무에 적응할 자신이 있는가?
- 금융기관 직원으로서 지녀야 할 중요한 덕목은 무엇이라고 생각하는가?
- 본인만의 스트레스 해소방법은 무엇인가?
- 여러 금융기관 중 기술보증기금에 지원한 이유가 무엇인가?
- 기술보증기금이 여성을 배려하고 있는 점에 대하여 아는 것이 있는가?
- 다른 사람들이 생각하는 본인의 모습 중 본인의 생각과 다른 점이 있었는가?
- 부모님과 요즘 하는 이야기는 무엇인가?
- 본인의 강점은 무엇이고 그것을 기술보증기금에서 어떻게 활용할 것인가?
- 조직과 개인 중 어느 것이 더 중요하다고 생각하는가?
- 만약 상사로부터 부당한 대우를 받는다면 어떻게 할 것인가?
- 블랙컨슈머도 고객으로 보아야 한다고 생각하는가?
- 기술보증기금의 핵심가치 3가지 중 본인을 잘 표현할 수 있는 키워드 한 가지와 관련된 경험에 대해 말해 보시오.
- 기술보증기금이 공기업으로서 나아가야 할 방향은 무엇이라고 생각하는가?
- 기업의 사회적 책임과 노블레스 오블리주에 대해 어떻게 생각하는가?
- 경제 민주화란 무엇인지, 또 이에 대한 본인의 생각은 무엇인지 말해 보시오.
- 올해 목표 중 본인이 이루고 싶은 가장 큰 목표는 무엇인가? 단, 취업과 관련이 없는 것만 이야기해 보시오.

2 직무적합성 면접 (PT면접)

지원자 1명과 면접관 다수로 이뤄진 다대일 면접이며, 발표와 질의응답으로 진행된다. 시사 관련 주제가 나오기도 하므로 비즈니스, 4차 산업혁명, 기술보증기금의 사업과 관련된 것을 알고 가는 것이 좋다. 처음 보는 단어라도 문제지에 쓰인 뜻을 보고 차분히 생각해서 내용을 구상해야 한다.

기출문제

- 문화콘텐츠 보증에 대하여 발표하시오.
- 최신 IT기술을 기술보증기금 업무에 적용할 방안에 대하여 발표하시오.
- 문화콘텐츠(영화, 드라마, 게임, 캐릭터 등) 평가 방안에 대하여 발표하시오.
- 대기업의 중소기업 기술탈취에 대해 어떻게 생각하는가?
- 금리 인하로 인한 앞으로의 우리 정부의 방향은 어떠한지 말해 보시오.
- 빅데이터에 3V가 있는데 4V, 5V에서 V가 뜻하는 바가 무엇인지 아는가?
- 본인이 생각하기에 기술평가에서 중요하게 생각할 요소와 각 비중을 정해 설명하시오.
- 기술평가와 관련하여 어떤 경험과 역량을 쌓아왔는가?
- 실제 기술평가 시 어떤 평가요소를 중점적으로 평가할 것인가?
- CAMP에서 베타는 어떻게 구하는가?
- 기술이 눈에 보이지 않는데 어떻게 이를 증명할 것인가?

3 임원면접

약 30분간 다대다로 이뤄지는 종합적합성 면접으로, 공통질문 2개와 개인질문 2개 정도를 물어보는 형식으로 진행된다.

기출문제

- 남들이 생각하는 본인의 모습 중 본인의 생각과 다른 것이 있는가?
- 기금의 경제활성화 방안에 대하여 설명해 보시오.
- 본인이 생각하는 기술금융이란 무엇인가?
- 기술보증기금의 보증절차에 대해 설명해 보시오.
- 본인이 지원한 직무에서 가장 중요하다고 생각하는 점은 무엇인가?
- 거주하고 있는 지역 외 근무를 하게 돼도 괜찮은가?
- 남들보다 경쟁력이 있다고 생각하는 것은 무엇인가?
- 조직융화와 전문성 중에 어떤 것을 중시하는가?
- 본인과 닮은 동물과 그 동물을 선택한 이유를 말해 보시오.
- 진상 고객이 왔을 때 어떻게 대처할 것인가?
- 일하면서 동료와 갈등이 있을 때 어떻게 할 것인가?
- 학창시절에 기억에 남는 경험을 말해 보시오.
- 중소기업에서 일했던 경험이 있던데, 어떤 고충이 있었나?
- 마지막으로 하고 싶은 말을 한 문장으로 말해 보시오.

'비전 달성을 위한 전문 역량과 리더십을 겸비한 리더'를 추구하는 하나금융그룹은 정직과 성실을 바탕으로 '열정, 열린 마음, 손님 우선, 전문성, 존중과 배려'의 5가지 핵심가치를 갖춘 전문인이 인재상이다. 하나금융그룹의 1차 면접은 BEI면접, PT면접, 세일즈면접, 문화적 합성 면접 등으로 구성되어 있고, 2차 면접은 인성중심 면접으로 진행된다.

BEI면접

은행 기초직무와 자기소개서를 기반으로 한 다대다 인성면접이다. 3명의 실무진 면접관이 평가하며, 지원자 5~7명이 한 조가 되어 면접을 치르는데 평균 1시간가량 소요된다. 직무지식 외 자기소개서에 작성한 본인의 경험을 바탕으로 솔직하고 자신있게 대답해야 한다. 간혹 면접관이 질문에 대해 생각나는 사람이 먼저 손을 들고 대답하라고 하는 경우도 있으므로 면접 참여 시 적극성을 보이는 것이 중요하다.

기출문제

- 조직문화가 나와 맞지 않다고 생각할 때 어떻게 대처할 것인지 말해 보시오.
- 하나원큐를 사용해 봤을 때 느낀 장점과 단점에 대해 말해 보시오.
- 디지털 전환 시대에 고령층에게 어떤 식으로 서비스를 할 것인지 말해 보시오.
- 은행 내 모든 직무에 대해 알고 있는 대로 말하고, 해당 직무 역량을 기르기 위해 했던 경험에 대해 말해 보시오.
- 자신이 은행원으로서 가지고 있는 강점과 역량에 대해 말해 보시오.
- 회계에서 어떠한 계정과목이 가장 중요하다고 생각하는가?
- 재무제표에서 중요하다고 생각되는 3가지 항목은 무엇인가?
- 금융지식을 쌓기 위해 어떠한 노력을 했는가?
- 기업금융 측면에서 생각해 본 상품이 있는가?
- 개인적으로 인상 깊었던 하나은행 상품은 무엇인가?
- 하나은행이 직면하고 있는 문제상황은 무엇이라고 생각하는가?
- 하나은행 하면 떠오르는 좋은 이미지와 나쁜 이미지에는 무엇이 있는가?
- 하나은행의 글로벌 역량 신장을 위해 어느 나라로 진출하면 좋을지 말해 보시오.
- 비전공자인데 왜 은행에 관심을 갖게 되었는가?
- 본인의 커리어패스를 위해 어떠한 노력을 했는가?
- 자신의 성격의 단점이 은행원으로서 단점이 될 수 있다. 이를 어떻게 극복할 것인가?
- 고객과 조직 중 어느 이익이 중요한가?
- IoT는 무엇인가?
- 진상손님 대처방법을 말해 보시오.
- 가장 행복했던 기억과 가장 슬펐던 기억을 말하고, 그로 인해 얻었던 교훈을 말해 보시오.
- 하나은행이 유스고객을 위해 해야 하는 마케팅은 무엇인가?
- 주거래 은행이 어디인가?
- 창의적 활동 경험에 대해 말해 보시오.
- PB에 대해 어떻게 생각하는지 말해 보시오.
- 현재 IT 발달로 지점 방문 고객이 줄고 있는데, 은행원을 줄여야 하는 것은 아닌가?
- 방문해 본 하나은행 지점에 대해 말해 보시오.

2 PT면접

PT면접은 총 45분간 진행되며, '발표 준비(30분) – 발표(7분) – 질의응답(8분)'으로 구성되어 있다. 두 가지 주제에 대한 자료를 받고 30분간 A4 용지에 발표할 내용을 정리할 수 있는 시간이 주어진다. 두 가지 주제 모두 발표해야 하며, 면접관 2~4명이 있는 곳에서 혼자 발표를 진행하게 된다. 이후 발표한 내용에 대한 꼬리질문 3~4가지가 이어진다. 이때 창의적이고 현실적인 방안을 도출하여 핵심키워드 중심의 논리적인 설명을 하는 것이 중요하다.

기출문제

- 이스라엘 - 하마스 전쟁이 세계 금융시장에 미치는 영향과 그에 따른 은행의 대응 방안에 대해 제시해 보시오.
- AI 챗봇 도입 시 하나은행이 가질 장점과 활용 방안에 대해 제시해 보시오.
- 기업금융 측면에서 BaaS 활용 방안에 대해 제시해 보시오.
- 온라인 대환대출 플랫폼을 구축하는 데 있어 핀테크 업체와 은행 간 의견 차이가 발생하는 이유와 원인을 설명해 보시오.
- 중소기업 특화은행의 등장에 따른 하나은행의 대응 방안에 대해 제시해 보시오.
- 사적연금시장의 변화에 따른 하나은행의 대응 방안에 대해 제시해 보시오.
- 실버시대 비대면 마케팅 방안에 대해 말해 보시오.
- 하나은행의 ESG경영 실천 방안에 대해 제시하고, 기업금융과 ESG를 결합할 수 있는 아이디어가 있다면 말해 보시오.
  - E, S, G 중 가장 중요한 한 가지와 그 이유는 무엇인가?
  - G 측면에서 수익성과 공공성에 대한 논란의 해결법을 제시해 보시오.
  - 기업금융 측면에서 ESG 컨설팅을 제시하는 게 당행에 이득일 것 같은가? 손해일 것 같은가?
- 금융서비스에서 업무 자동화가 가능한 영역(외환/글로벌/기업금융 중 택 1)과 자동화 시 개선 가능한 금융서비스는 무엇이 있을지 말해 보시오.
- MZ세대의 특징과 MZ세대 고객 유치 및 자산 증대 전략에 무엇이 있을지 말해 보시오.
- 인터넷전문은행의 기업금융 진출에 대한 하나은행의 대응책을 제시해 보시오.
- 2022년의 3고(高)현상에 대한 파급효과로 2023년 3고(苦)현상이 우려되는 상황이다. 이러한 경제 흐름 속, 하나은행의 기업금융 방향에 대해 말해 보시오.
- 세 가지 금융 트렌드(피지털/알파세대/줍줍) 중 가장 주목해야 할 트렌드와 전략에 대해 말해 보시오.
- 아트테크가 유행하고 있다. 이러한 트렌드 속에서 하나은행이 어떠한 자산관리 서비스를 시도해 볼 수 있을지 제안해 보시오. 또한 비금융적인 측면으로 손님들에게 어떤 서비스를 제시할 수 있을지 말해 보시오.
- 현재 금리 상승으로 인하여 은행 예금으로 돈이 몰리고 있는데, 손님의 행복을 위해 이를 어떻게 사용하면 좋을지 아이디어를 제시해 보시오.
- 주어진 자료를 토대로 앞으로의 환율 등락에 대해 예측해 보시오.
- 기업 내 AI 면접 도입에 대한 의견과 예상되는 어려움에 대해 말해 보시오.
- 클래시페이크(Classy Fake) 활용 방안 및 발전 방향에 대해 말해 보시오.
- 최근 대형견이 사람을 해치는 경우가 잦아 입마개 착용을 의무화하려는 움직임을 두고, 동물보호단체는 동물의 권리 침해라며 반대하고 있다. 이러한 논란을 최소화할 수 있는 방안을 제안하시오.
- 어린이 코딩 교육을 위한 좋은 방법을 제안하시오.
- ○○지점 영업 활성화 방안에 대해 말해 보시오.

기업별 최신기출문제

1. 의사소통능력

01 다음 글에서 화자의 태도로 가장 적절한 것은?

> 거친 밭 언덕 쓸쓸한 곳에
> 탐스러운 꽃송이 가지 눌렀네.
> 매화비 그쳐 향기 날리고
> 보리 바람에 그림자 흔들리네.
> 수레와 말 탄 사람 그 누가 보아 주리
> 벌 나비만 부질없이 엿보네.
> 천한 땅에 태어난 것 스스로 부끄러워
> 사람들에게 버림받아도 참고 견디네.
>
> — 최치원, 『촉규화』

① 임금에 대한 자신의 충성을 드러내고 있다.

② 사랑하는 사람에 대한 그리움을 나타내고 있다.

③ 현실에 가로막힌 자신의 처지를 한탄하고 있다.

④ 사람들과의 단절로 인한 외로움을 표현하고 있다.

⑤ 역경을 이겨내기 위한 자신의 노력을 피력하고 있다.

해설 제시된 시는 신라시대 6두품 출신의 문인인 최치원이 지은 『촉규화』이다. 최치원은 자신을 향기 날리는 탐스런 꽃송이에 비유하여 뛰어난 학식과 재능을 뽐내고 있지만, 수레와 말 탄 사람에 비유한 높은 지위의 사람들이 자신을 외면하는 현실을 한탄하고 있다.

02 다음 글에 대한 설명으로 적절하지 않은 것은?

중국 연경(燕京)의 아홉 개 성문 안팎으로 뻗은 수십리 거리에는 관청과 아주 작은 골목을 제외하고는 대체로 길 양옆으로 모두 상점이 늘어서 휘황찬란하게 빛난다.

우리나라 사람들은 중국 시장의 번성한 모습을 처음 보고서는 "오로지 말단의 이익만을 숭상하고 있군"이라고 말하였다. 이것은 하나만 알고 둘은 모르는 소리이다. 대저 상인은 사농공상(士農工商) 사민(四民)의 하나에 속하지만, 이 하나가 나머지 세 부류의 백성을 소통시키기 때문에 열에 셋의 비중을 차지하지 않으면 안 된다.

사람들은 쌀밥을 먹고 비단옷을 입고 있으면 그 나머지 물건은 모두 쓸모없는 줄 안다. 그러나 무용지물을 사용하여 유용한 물건을 유통하고 거래하지 않는다면, 이른바 유용하다는 물건은 거의 대부분이 한 곳에 묶여서 유통되지 않거나 그것만이 홀로 돌아다니다 쉽게 고갈될 것이다. 따라서 옛날의 성인과 제왕께서는 이를 위하여 주옥(珠玉)과 화폐 등의 물건을 조성하여 가벼운 물건으로 무거운 물건을 교환할 수 있도록 하셨고, 무용한 물건으로 유용한 물건을 살 수 있도록 하셨다.

지금 우리나라는 지방이 수천리이므로 백성들이 적지 않고, 토산품이 구비되어 있다. 그럼에도 산이나 물에서 생산되는 이로운 물건이 전부 세상에 나오지 않고, 경제를 윤택하게 하는 방법도 잘 모르며, 날마다 쓰는 것을 팽개친 채 그것에 대해 연구하지 않고 있다. 그러면서 중국의 거마, 주택, 단청, 비단이 화려한 것을 보고서는 대뜸 "사치가 너무 심하다"라고 말해 버린다.

그렇지만 중국이 사치로 망한다고 할 것 같으면, 우리나라는 반드시 검소함으로 인해 쇠퇴할 것이다. 왜 그러한가? 검소함이란 물건이 있음에도 불구하고 쓰지 않는 것이지, 자기에게 없는 물건을 스스로 끊어 버리는 것을 일컫지는 않는다. 현재 우리나라에는 진주를 캐는 집이 없고 시장에는 산호 같은 물건의 값이 정해져 있지 않다. 금이나 은을 가지고 점포에 들어가서는 떡과 엿을 사 먹을 수가 없다. 이런 현실이 정말 우리의 검소한 풍속 때문이겠는가? 이것은 그 재물을 사용할 줄 모르기 때문이다. 재물을 사용할 방법을 알지 못하므로 재물을 만들어 낼 방법을 알지 못하고, 재물을 만들어 낼 방법을 알지 못하므로 백성들의 생활은 날이 갈수록 궁핍해진다.

재물이란 우물에 비유할 수가 있다. 물을 퍼내면 우물에는 늘 물이 가득하지만, 물을 길어내지 않으면 우물은 말라 버린다. 이와 같은 이치로 화려한 비단옷을 입지 않으므로 나라에는 비단을 짜는 사람이 없고, 그로 인해 여인이 베를 짜는 모습을 볼 수 없게 되었다. 그릇이 찌그러져도 이를 개의치 않으며, 기교를 부려 물건을 만들려고 하지도 않아 나라에는 공장(工匠)과 목축과 도공이 없어져 기술이 전해지지 않는다. 더 나아가 농업도 황폐해져 농사짓는 방법이 형편없고, 상업을 박대하므로 상업 자체가 실종되었다. 사농공상 네 부류의 백성이 누구나 할 것 없이 다 가난하게 살기 때문에 서로를 구제할 길이 없다.

지금 종각이 있는 종로 네거리에는 시장 점포가 연이어 있다고 하지만 그것은 1리도 채 안 된다. 중국에서 내가 지나갔던 시골 마을은 거의 몇 리에 걸쳐 점포로 뒤덮여 있었다. 그곳으로 운반되는 물건의 양이 우리나라 곳곳에서 유통되는 것보다 많았는데, 이는 그곳 가게가 우리나라보다 더 부유해서 그러한 것이 아니고 재물이 유통되느냐 유통되지 못하느냐에 따른 결과인 것이다.

— 박제가, 『시장과 우물』

① 재물이 적절하게 유통되지 않는 현실을 비판하고 있다.

② 재물을 유통하기 위한 성현들의 노력을 근거로 제시하고 있다.

③ 경제의 규모를 늘리기 위한 소비의 중요성을 강조하고 있다.

④ 조선의 경제가 윤택하지 못한 이유를 부족한 생산량으로 보고 있다.

⑤ 산업의 발전을 위해 적당한 사치가 있어야 함을 제시하고 있다.

해설 네 번째 문단에서 백성들이 적지 않고, 토산품이 구비되어 있지만, 이로운 물건이 세상에 나오지 않고, 경제를 윤택하게 하는 방법도 잘 모른다고 하였다. 즉, 조선의 경제가 윤택하지 못한 이유를 부족한 생산량이 아니라 유통의 부재로 보고 있다.

🔒 01 ③ 02 ④

03 길이가 200m인 A열차가 어떤 터널을 60km/h의 속력으로 통과하였다. 잠시 후 길이가 300m인 B열차가 같은 터널을 90km/h의 속력으로 통과하였다. A열차와 B열차가 이 터널을 완전히 통과할 때 걸린 시간의 비가 10:7일 때, 이 터널의 길이는?

① 1,200m

② 1,500m

③ 1,800m

④ 2,100m

⑤ 2,400m

> **해설** 터널의 길이를 xm라 하면 다음과 같은 식이 성립한다.
>
> $$\frac{x+200}{60} : \frac{x+300}{90} = 10:7$$
>
> $$\frac{x+300}{90} \times 10 = \frac{x+200}{60} \times 7$$
>
> $$\rightarrow 600(x+300) = 630(x+200)$$
>
> $$\rightarrow 30x = 54,000$$
>
> $$\therefore x = 1,800$$
>
> 따라서 터널의 길이는 1,800m이다.

04 가격이 500,000원일 때 10,000개가 판매되는 K제품이 있다. 이 제품의 가격을 10,000원 인상할 때마다 판매량은 160개 감소하고, 10,000원 인하할 때마다 판매량은 160개 증가한다. 이때, 총 판매금액이 최대가 되는 제품의 가격은?(단, 가격은 10,000원 단위로만 인상 또는 인하할 수 있다)

① 520,000원

② 540,000원

③ 560,000원

④ 580,000원

⑤ 600,000원

> **해설** 가격을 10,000원 인상할 때 판매량은 (10,000−160)개이고, 20,000원 인상할 때 판매량은 (10,000−320)개이다.
>
> 또한, 가격을 10,000원 인하할 때 판매량은 (10,000+160)개이고, 20,000원 인하할 때 판매량은 (10,000+320)개이다.
>
> 따라서 가격이 (500,000+10,000x)원일 때 판매량은 (10,000−160x)개이므로, 총 판매금액을 y원이라 하면
>
> (500,000+10,000x)×(10,000−160x)원이 된다.
>
> y는 x에 대한 이차식이므로 이를 표준형으로 표현하면 다음과 같다.
>
> $$y = (500,000 + 10,000x) \times (10,000 - 160x)$$
>
> $$= -1,600,000 \times (x+50) \times (x-62.5)$$
>
> $$= -1,600,000 \times (x^2 - 12.5x - 3,125)$$
>
> $$= -1,600,000 \times \left(x - \frac{25}{4}\right)^2 + 1,600,000 \times \left(\frac{25}{4}\right)^2 + 1,600,000 \times 3,125$$
>
> 따라서 $x = \frac{25}{4}$일 때 총 판매금액이 최대이지만 가격은 10,000원 단위로만 변경할 수 있으므로
>
> $\frac{25}{4}$와 가장 가까운 자연수인 $x=6$일 때 총 판매금액이 최대가 된다.
>
> 따라서 제품의 가격은 500,000+10,000×6=560,000원이다.

05 다음은 2023년 K톨게이트를 통과한 차량에 대한 자료이다. 이에 대한 설명으로 옳지 않은 것은?

2023년 K톨게이트 통과 차량

(단위 : 천대)

구분	승용차			승합차			대형차		
	영업용	비영업용	합계	영업용	비영업용	합계	영업용	비영업용	합계
1월	152	3,655	3,807	244	2,881	3,125	95	574	669
2월	174	3,381	3,555	222	2,486	2,708	101	657	758
3월	154	3,909	4,063	229	2,744	2,973	139	837	976
4월	165	3,852	4,017	265	3,043	3,308	113	705	818
5월	135	4,093	4,228	211	2,459	2,670	113	709	822
6월	142	3,911	4,053	231	2,662	2,893	107	731	838
7월	164	3,744	3,908	237	2,721	2,958	117	745	862
8월	218	3,975	4,193	256	2,867	3,123	115	741	856
9월	140	4,105	4,245	257	2,913	3,170	106	703	809
10월	135	3,842	3,977	261	2,812	3,073	107	695	802
11월	170	3,783	3,953	227	2,766	2,993	117	761	878
12월	147	3,730	3,877	243	2,797	3,040	114	697	811

① 전체 승용차 수와 전체 승합차 수의 합이 가장 많은 달은 9월이고, 가장 적은 달은 2월이었다.

② 4월을 제외한 모든 달의 비영업용 승합차 수는 300만대 미만이었다.

③ 전체 대형차 수 중 영업용 대형차 수의 비율은 모든 달에서 10% 이상이었다.

④ 영업용 승합차 수는 모든 달에서 영업용 대형차 수의 2배 이상이었다.

⑤ 승용차가 가장 많이 통과한 달의 전체 승용차 수에 대한 영업용 승용차 수의 비율은 3% 이상이었다.

해설 3월의 경우 K톨게이트를 통과한 영업용 승합차 수는 229천대이고, 영업용 대형차 수는 139천대이다. 139×2=278>229이 므로 3월의 영업용 승합차 수는 영업용 대형차 수의 2배 미만이다. 따라서 모든 달에서 영업용 승합차 수는 영업용 대형차 수의 2배 이상이 아니므로 ④는 옳지 않은 설명이다.

① 각 달의 전체 승용차 수와 전체 승합차 수의 합은 다음과 같다.
  - 1월 : 3,807+3,125=6,932천대
  - 2월 : 3,555+2,708=6,263천대
  - 3월 : 4,063+2,973=7,036천대
  - 4월 : 4,017+3,308=7,325천대
  - 5월 : 4,228+2,670=6,898천대
  - 6월 : 4,053+2,893=6,946천대
  - 7월 : 3,908+2,958=6,866천대
  - 8월 : 4,193+3,123=7,316천대
  - 9월 : 4,245+3,170=7,415천대
  - 10월 : 3,977+3,073=7,050천대
  - 11월 : 3,953+2,993=6,946천대
  - 12월 : 3,877+3,040=6,917천대

따라서 전체 승용차 수와 승합차 수의 합이 가장 많은 달은 9월이고, 가장 적은 달은 2월이다.

② 비영업용 승합차가 가장 많이 통과한 달인 4월을 제외한 모든 달의 비영업용 승합차 수는 300만대 미만이다.

③ 모든 달에서 (영업용 대형차 수)×10≥(전체 대형차 수)이므로 영업용 대형차 수의 비율은 모든 달에서 전체 대형차 수의 10% 이상이다.

⑤ 승용차가 가장 많이 통과한 달은 9월이고, 이때 영업용 승용차 수의 비율은 9월 전체 승용차 수의 $\frac{140}{4,245}\times100 ≒ 3.3\%$로 3% 이상이다.

06 다음 글에서 알 수 있는 논리적 사고의 구성요소로 가장 적절한 것은?

> A는 동업자 B와 함께 신규 사업을 시작하기 위해 기획안을 작성하여 논의하였다. 그러나 B는 신규 기획안을 읽고 시기나 적절성에 대해 부정적인 입장을 보였다. A가 B를 설득하기 위해 B의 의견들을 정리하여 생각해 보니 B는 신규 사업을 시작하는 데 있어 다른 경쟁사보다 늦게 출발하여 경쟁력이 부족하는 점 때문에 신규 사업에 부정적이라는 것을 알게 되었다. 이에 A는 경쟁력을 높이기 위한 다양한 아이디어를 추가로 제시하여 B를 다시 설득하였다.

① 설득
② 구체적인 생각
③ 생각하는 습관
④ 타인에 대한 이해
⑤ 상대 논리의 구조화

해설 A는 B의 부정적인 의견들을 구조화하여 B가 그러한 논리를 가지게 된 궁극적 원인인 경쟁력 부족을 찾아내었고, 이러한 원인을 해소할 수 있는 방법을 찾아 자신의 계획을 재구축하여 B에게 설명하였다. 따라서 제시문에서 나타난 논리적 사고의 구성요소는 상대 논리의 구조화이다.
① 설득 : 논증을 통해 나의 생각을 다른 사람에게 이해·공감시키고, 타인이 내가 원하는 행동을 하도록 하는 것이다.
② 구체적인 생각 : 상대가 말하는 것을 잘 알 수 없을 때, 이미지를 떠올리거나 숫자를 활용하는 등 구체적인 방법을 활용하여 생각하는 것이다.
③ 생각하는 습관 : 논리적 사고를 개발하기 위해 일상적인 모든 것에서 의문점을 가지고 그 원인을 생각해 보는 습관이다.
④ 타인에 대한 이해 : 나와 상대의 주장이 서로 반대될 때, 상대의 주장 전부를 부정하지 않고 상대의 인격을 존중하는 것이다.

07 면접 참가자 A~E 5명은 〈조건〉과 같이 면접장에 도착했다. 동시에 도착한 사람은 없다고 할 때, 다음 중 항상 참인 것은?

> **• 조건 •**
> • B는 A 바로 다음에 도착했다.
> • D는 E보다 늦게 도착했다.
> • C보다 먼저 도착한 사람이 1명 있다.

① E는 가장 먼저 도착했다.
② B는 가장 늦게 도착했다.
③ A는 네 번째로 도착했다.
④ D는 가장 먼저 도착했다.
⑤ D는 A보다 먼저 도착했다.

해설 마지막 조건에 따라 C는 항상 두 번째에 도착하게 되고, 첫 번째 조건에 따라 A-B가 순서대로 도착했으므로 A, B는 첫 번째로 도착할 수 없다. 그러므로 가능한 경우를 정리하면 다음과 같다.

구분	첫 번째	두 번째	세 번째	네 번째	다섯 번째
경우 1	E	C	A	B	D
경우 2	E	C	D	A	B

따라서 E는 항상 가장 먼저 도착한다.

1. 의사소통능력

01 다음 글의 주제로 가장 적절한 것은?

> 지난 5월 아이슬란드에 각종 파이프와 열교환기, 화학물질 저장탱크, 압축기로 이루어져 있는 '조지 올라 재생 가능 메탄올 공장'이 등장했다. 이곳은 이산화탄소로 메탄올을 만드는 첨단시설로, 과거 2011년 아이슬란드 기업 '카본리사이클링인터내셔널(CRI)'이 탄소 포집·활용(CCU) 기술의 실험을 위해서 지은 곳이다.
>
> 이곳에서는 인근 지열발전소에서 발생하는 적은 양의 이산화탄소(CO_2)를 포집한 뒤 물을 분해해 조달한 수소(H)와 결합시켜 재생 메탄올(CH_3OH)을 제조하였으며, 이때 필요한 열과 냉각수 역시 지역발전소의 부산물을 이용했다. 이렇게 만들어진 메탄올은 자동차·선박·항공 연료는 물론 플라스틱 제조 원료로 활용되는 등 여러 곳에서 활용이 되었다.
>
> 하지만 이렇게 메탄올을 만드는 것이 미래 원료 문제의 근본적인 해결책이 될 수는 없었다. 왜냐하면 메탄올이 만드는 에너지보다 메탄올을 만드는 데 들어가는 에너지가 더 필요하다는 문제점에 더하여 액화천연가스 LNG를 메탄올로 변환할 경우 이전보다 오히려 탄소배출량이 증가하고, 탄소배출량을 감소시키기 위해서는 태양광과 에너지 저장장치를 활용해 메탄올 제조에 필요한 에너지를 모두 조달해야만 하기 때문이다.
>
> 또한 탄소를 포집해 지하에 영구 저장하는 탄소포집 저장방식과 달리, 탄소를 포집해 만든 연료나 제품은 사용 중에 탄소를 다시 배출할 가능성이 있어 이에 대한 논의가 분분한 상황이다.

① 탄소 재활용의 득과 실

② 재생에너지 메탄올의 다양한 활용

③ 지열발전소에서 탄생한 재활용 원료

④ 탄소 재활용을 통한 미래 원료의 개발

⑤ 미래의 에너지 원료로 주목받는 재활용 원료, 메탄올

> **해설** 제시문을 살펴보면, 먼저 첫 번째 문단에서는 이산화탄소로 메탄올을 만드는 곳이 있다며 관심을 유도하고, 두 번째 문단에서 메탄올을 어떻게 만드는지 어디에서 사용하는지 구체적으로 설명함으로써 탄소 재활용의 긍정적인 측면을 부각하고 있다. 하지만 세 번째 문단에서는 앞선 내용과 달리 이렇게 만들어진 메탄올의 부정적인 측면을 설명하고, 네 번째 문단에서는 이와 같은 이유로 탄소 재활용에 대한 결론이 나지 않았다며 글이 마무리되고 있다. 따라서 제시문의 주제로 가장 적절한 것은 탄소 재활용의 장점과 이면을 모두 포함하는 내용인 ① 탄소 재활용의 득과 실이다.

02 다음 글에서 언급되지 않은 내용은?

> 전 세계적인 과제로 탄소중립이 대두되자 친환경적 운송수단인 철도가 주목받고 있다. 특히 국제에너지기구는 철도를 에너지 효율이 가장 높은 운송수단으로 꼽으며, 철도 수송을 확대하면 세계 수송부문에서 온실가스 배출량이 그렇지 않을 때보다 약 6억톤이 줄어들 수 있다고 하였다.
>
> 게다가 철도의 에너지 소비량은 도로의 22분의 1이고 온실가스 배출량은 9분의 1에 불과해, 탄소배출이 높은 도로 운행의 수요를 친환경 수단인 철도로 전환한다면 수송부문 총배출량이 획기적으로 감소될 것이라 전망하고 있다.
>
> 이와 같은 전망에 발맞춰 우리나라의 S철도공단도 '녹색교통'인 철도 중심 교통체계를 구축하기 위해 박차를 가하고 있으며, 정부 역시 '2050 탄소중립 실현' 목표에 발맞춰 저탄소 철도 인프라 건설 · 관리로 탄소를 지속적으로 감축하고자 노력하고 있다.
>
> S철도공단은 철도 인프라 생애주기 관점에서 탄소를 감축하기 위해 먼저 철도 건설 단계에서부터 친환경 · 저탄소 자재를 적용해 탄소배출을 줄이고 있다. 실제로 중앙선 안동~영천 간 궤도 설계 당시 철근 대신에 저탄소 자재인 유리섬유 보강근을 콘크리트 궤도에 적용했으며, 이를 통한 탄소감축 효과는 약 6,000톤으로 추정된다. 이 밖에도 저탄소 철도 건축물 구축을 위해 2025년부터 모든 철도 건축물을 에너지 자립률 60% 이상(3등급)으로 설계하기로 결정했으며, 도심의 철도 용지는 지자체와 협업을 통해 도심 속 철길 숲 등 탄소 흡수원이자 지역민의 휴식처로 철도부지 특성에 맞게 조성되고 있다.
>
> S철도공단은 이와 같은 철도로의 수송 전환으로 약 20%의 탄소감축 목표를 내세웠으며, 이를 위해서는 정부의 노력도 필요하다고 강조하였다. 특히 수송 수단 간 공정한 가격경쟁이 이루어질 수 있도록 도로 차량에 집중된 보조금 제도를 화물차의 탄소배출을 줄이기 위한 철도 전환교통 보조금으로 확대하는 등 실질적인 방안의 필요성을 제기하고 있다.

① 녹색교통으로 철도 수송이 대두된 배경

② 철도 수송 확대를 통해 기대할 수 있는 효과

③ 국내의 탄소감축 방안이 적용된 건축물 사례

④ 정부의 철도 중심 교통체계 구축을 위해 시행된 조치

⑤ S철도공단의 철도 중심 교통체계 구축을 위한 방안

> **해설** 세 번째 문단을 통해 정부가 철도 중심 교통체계 구축을 위해 노력하고 있음을 알 수 있으나, 구체적으로 시행된 조치는 언급되지 않았다.
>
> ① 첫 번째 문단을 통해 전 세계적으로 탄소중립이 주목받자 이에 대한 방안으로 등장한 것이 철도 수송임을 알 수 있다.
>
> ② 첫 번째 문단과 두 번째 문단을 통해 철도 수송의 확대가 온실가스 배출량의 획기적인 감축을 가져올 것임을 알 수 있다.
>
> ③ 네 번째 문단을 통해 '중앙선 안동~영천 간 궤도' 설계 시 탄소감축 방안으로 저탄소 자재인 유리섬유 보강근이 철근 대신 사용되었음을 알 수 있다.
>
> ⑤ 네 번째 문단을 통해 S철도공단은 철도 중심 교통체계 구축을 위해 건설 단계에서부터 친환경 · 저탄소 자재를 적용하였고, 또 탄소감축을 위해 2025년부터는 모든 철도 건축물을 일정한 등급 이상으로 설계하기로 결정하였음을 알 수 있다.

03 다음 〈조건〉에 따라 성우, 희성, 지영, 유진, 혜인, 재호가 근무할 때, 반드시 참인 명제는?

> **• 조건 •**
> • 성우, 희성, 지영, 유진, 혜인, 재호는 각자 다른 곳에서 근무하고 있다.
> • 근무할 수 있는 곳은 감사팀, 대외협력부, 마케팅부, 비서실, 기획팀, 회계부이다.
> • 성우가 비서실에서 근무하면, 희성이는 기획팀에서 근무하지 않는다.
> • 유진이와 재호 중 한 명은 감사팀에서 근무하고, 나머지 한 명은 마케팅부에서 근무한다.
> • 유진이가 감사팀에서 근무하지 않으면, 지영이는 대외협력부에서 근무하지 않는다.
> • 혜인이가 회계부에서 근무하지 않을 때에만 재호는 마케팅부에서 근무한다.
> • 지영이는 대외협력부에서 근무한다.

① 재호는 감사팀에서 근무한다. ② 희성이는 기획팀에서 근무한다.

③ 성우는 비서실에서 근무하지 않는다. ④ 혜인이는 회계부에서 근무하지 않는다.

⑤ 유진이는 감사팀에서 근무하지 않는다.

해설 일곱 번째 조건에 따라 지영이는 대외협력부에서 근무하고, 다섯 번째 조건의 대우에 따라 유진이는 감사팀에서 근무한다. 그러므로 재호는 마케팅부에서 근무하며, 여섯 번째 조건에 따라 혜인이는 회계부에서 근무를 할 수 없다. 세 번째 조건에 의해 성우가 비서실에서 근무하게 되면, 희성이는 회계부에서 근무하고, 혜인이는 기획팀에서 근무하게 되며, 세 번째 조건의 대우에 따라 희성이가 기획팀에서 근무하면, 성우는 회계부에서 근무하고, 혜인이는 비서실에서 근무하게 된다. 이를 정리하면 다음과 같다.

감사팀	대외협력부	마케팅부	비서실	기획팀	회계부
유진	지영	재호	성우 혜인	혜인 희성	희성 성우

따라서 반드시 참인 명제는 '혜인이는 회계부에서 근무하지 않는다'이다.

04 다음 문장에서 범하고 있는 논리적 오류로 가장 적절한 것은?

> 공부를 잘하는 사람은 무엇이든 잘할 것이다.

① 근접 효과 ② 초두 효과

③ 최신 효과 ④ 후광 효과

⑤ 현저성 효과

해설 후광 효과는 대상에 대해 긍정적 또는 부정적인 측면으로 인해 그와 무관한 영역에 대해서도 같은 시각으로 평가하는 논리적 오류이다.
① 평가대상 위치에 근접하거나 평가시점과 근접한 평가요소로 인해 평가 결과가 유사하게 나타나는 논리적 오류이다.
② 먼저 인지한 정보가 이후 접하는 정보보다 더 큰 영향력을 끼치는 현상이다.
③ 최근에 인지한 정보가 그보다 이전에 접한 정보보다 더 큰 영향력을 끼치는 현상이다.
⑤ 가장 눈에 들어오고 특징적인 정보에서 받은 인상만으로 대상을 판단하는 논리적 오류이다.

※ 다음은 2023년 승차권 정기권의 거리비례용 종별 운임에 대한 자료이다. 이어지는 질문에 답하시오.

거리비례용 종별 운임

종별	정기권 운임(원)	교통카드 기준 운임(원)	이용구간 초과 시 추가차감 기준	이용구간 14회 초과 시 추가비용 차감 후 정기권 잔액(원)
1단계	-	1,450	20km마다 1회	34,700
2단계	-	1,550	25km마다 1회	36,300
3단계	-	1,650	30km마다 1회	38,600
4단계	-	1,750	35km마다 1회	41,000
5단계	-	1,850	40km마다 1회	43,300
6단계	-	1,950	45km마다 1회	45,600
7단계	-	2,050	50km마다 1회	48,000
8단계	-	2,150	58km마다 1회	50,300
9단계	-	2,250	66km마다 1회	52,700
10단계	-	2,350	74km마다 1회	55,000
11단계	-	2,450	82km마다 1회	57,300
12단계	-	2,550	90km마다 1회	59,700
13단계	-	2,650	98km마다 1회	62,000
14단계	-	2,750	106km마다 1회	64,400
15단계	-	2,850	114km마다 1회	66,700
16단계	-	2,950	122km마다 1회	69,000
17단계	-	3,050	130km마다 1회	71,400
18단계	117,800	3,150	추가차감 없음	117,800

※ 원하는 종류의 정기권 운임을 충전하여 사용할 수 있으며, 사용 기간은 충전일로부터 30일 이내 60회이다.
※ 정기권 운임 가격에서 이용구간을 초과할 때마다 종별에 해당하는 교통카드 기준 운임이 차감된다.
※ 정기권 운임은 (교통카드 기준 운임)×44에 15%를 할인 후 10원 단위에서 반올림한다.
※ 승차권 사용불가 구간 및 추가차감 구간은 별도의 기준에 따른다.

05 지방에서 서울에 있는 학교로 통학하는 대학생 S군은 교통비를 절약하고자 거리비례용 정기권을 구매하려 한다. 다음 〈조건〉에 따를 때, S군이 충전할 수 있는 정기권으로 옳은 것은?(단, 교통카드 기준 운임에 대한 종별 정기권 운임의 비는 모두 37이다)

───────── ● 조건 ● ─────────

- S군의 이용거리는 편도 45km이다.
- S군은 교내 일정으로 한 달에 25일은 학교에 가는 것으로 계산한다.
- S군은 통학할 때에만 정기권을 사용하였으며, 통학 외에는 정기권을 사용하지 않았다.
- 승차권 사용불가 구간 및 추가차감 구간은 없었다.
- 정기권은 월 1회만 충전하는 것으로 가정한다.

① 7단계
② 9단계
③ 11단계
④ 13단계
⑤ 15단계

해설 S군의 편도 이용거리는 45km이므로 한 달 동안의 S군의 이용거리는 $45 \times 2 \times 25 = 2,250$km이다. 또한 정기권 운임에 대한 교통카드 기준 운임의 비는 운임 차감 횟수이므로 이 값에 종별 차감기준을 곱하면 종별 1회 충전 시 이용 가능 거리이다.

종별	이용 가능 거리(km)	종별	이용 가능 거리(km)
1단계	$37 \times 20 = 740$	10단계	$37 \times 74 = 2,738$
2단계	$37 \times 25 = 925$	11단계	$37 \times 82 = 3,034$
3단계	$37 \times 30 = 1,110$	12단계	$37 \times 90 = 3,330$
4단계	$37 \times 35 = 1,295$	13단계	$37 \times 98 = 3,626$
5단계	$37 \times 40 = 1,480$	14단계	$37 \times 106 = 3,922$
6단계	$37 \times 45 = 1,665$	15단계	$37 \times 114 = 4,218$
7단계	$37 \times 50 = 1,850$	16단계	$37 \times 122 = 4,514$
8단계	$37 \times 58 = 2,146$	17단계	$37 \times 130 = 4,810$
9단계	$37 \times 66 = 2,442$	18단계	—

따라서 이용 가능 거리가 2,250km 이상인 종별 중 정기권 운임이 가장 저렴한 것은 9단계이다.

🔒 05 ②

한국사능력검정시험

01 다음 자료에 해당하는 나라에 대한 설명으로 옳은 것은? [2점]

> ■ 위서에 이르기를, "지금으로부터 2천여 년 전에 단군왕검이 아사달에 도읍을 정했다."고 하였다.
>
> – 〈삼국유사〉 –
>
> ■ 누선장군 양복(楊僕)이 군사 7천을 거느리고 먼저 왕검성에 도착했다. 우거가 성을 지키고 있다가 양복의 군사가 적은 것을 알고 곧 나가서 공격하니 양복이 패해 달아났다.
>
> – 〈삼국유사〉 –

① 신성지역인 소도가 있었다.
② 낙랑, 왜 등에 철을 수출했다.
③ 화백회의에서 중요한 일을 결정했다.
④ 사회질서 유지를 위해 범금 8조를 만들었다.

기출태그 #고조선 #단군왕검 #아사달 #왕검성 #범금 8조

해설
④ 고조선은 사회질서를 유지하기 위해 8개의 조항으로 이루어진 범금 8조를 만들었으나 현재는 3개의 조항만 전해진다.

02 다음 일기의 소재가 된 유적으로 옳은 것은? [2점]

○○월 ○○일 ○요일

오늘은 동해안에 있는 절터에 갔다. 신문왕이 아버지 문무왕에 이어 완성한 곳으로, 절의 이름은 선왕의 은혜에 감사하는 마음을 담아 지었다고 한다. 마침 그곳에는 축제가 열려 대금 연주가 시작됐다. 마치 만파식적 설화 속 대나무 피리소리가 들리는 것 같았다.

①
경주 감은사지

②
여주 고달사지

③
원주 법천사지

④
화순 운수사지

기출태그 #만파식적 #신문왕 #감은사 #문무왕 #김유신

해설
〈삼국유사〉에서 전해지는 통일신라 때 전설상의 피리인 만파식적(萬波息笛) 설화에 따르면, 신문왕은 아버지 문무왕을 위해 동해에 감은사라는 절을 지었다. 이후 문무왕이 죽어서 된 해룡(海龍)과 김유신이 죽어서 된 천신(天神)이 용을 통해 보낸 대나무로 피리(만파식적)를 만들었으며, 이 피리를 불면 나라의 근심이 사라졌다고 한다.
① 감은사는 경주에 있는 통일신라의 절로, 현재는 감은사지 삼층석탑과 몇몇 건물터만 남아 있다. 문무왕 때 부처의 힘을 빌려 적의 침입을 막고자 절을 짓기 시작했고, 아들 신문왕이 완성했다.

03 다음 자료의 답사가 이루어진 지역으로 옳지 않은 것은? [2점]

2022년 정기답사

유네스코 세계유산, 백제역사유적지구를 가다

- **기간:** 2022년 ○○월 ○○일~○○월 ○○일
- **경로:** 공산성, 송산리 고분군 → 관북리 유적, 부소산성, 나성, 능산리 고분군, 정림사지 → 왕궁리 유적, 미륵사지
- **신청:** 방문 접수, 이메일 접수
- **문의:** □□ 문화원

공산성 능산리고분군 미륵사지

① 공주
② 부여
③ 익산
④ 전주

기출 태그 #백제역사유적지구 #유네스코 세계유산 #공산성, 송산리고분군, 미륵사지

해설

유네스코 세계유산에 등재된 백제역사유적지구는 충남 공주의 공산성, 송산리 고분군, 충남 부여의 관북리 유적과 부소산성, 나성, 능산리 고분군, 정림사지, 전북 익산의 왕궁리 유적, 미륵사지 등 모두 8곳의 문화유산으로 구성돼 있다.

---

04 (가)에 들어갈 세시풍속으로 옳은 것은? [1점]

오늘의 메뉴

음력 1월 15일, ___(가)___ 을/를 맞이해
특식을 준비했습니다.

건강과 풍년을 기원하는 '오곡밥'
여름 더위를 막아주는 '묵은 나물'
달콤한 꿀을 넣은 '약밥'
호두, 땅콩 등 '부럼'

맛있게 드세요

① 동지
② 추석
③ 삼진날
④ 정월대보름

기출 태그 #정월대보름 #음력 1월 15일 #오곡밥, 부럼

해설

④ 한 해의 첫 보름인 정월대보름은 음력 1월 15일로, 여러 곡식을 섞은 오곡밥과 묵은 나물을 먹는다. 건강과 안녕을 비는 의미로 호두, 땅콩 등의 부럼을 깨물기도 한다.

🔒 01 ④   02 ①   03 ④   04 ④

05 (가)에 들어갈 정치기구로 옳은 것은? [2점]

① 비변사
② 어사대
③ 도병마사
④ 군국기무처

06 다음 가상뉴스가 보도된 시기의 경제상황으로 옳은 것은? [2점]

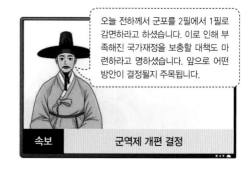

① 당백전이 유통됐다.
② 동시전이 설치됐다.
③ 목화가 처음 전래됐다.
④ 모내기법이 전국으로 확산됐다.

기출 태그 #비변사 #조선 중종 #삼포왜란
#국정최고기구 #비변사등록

해설

조선 중종 때 삼포왜란이 발발하자 이를 계기로 외적의 침입에 대비하기 위한 임시기구로 비변사를 처음 설치했다. 이후 임진왜란과 병자호란을 거치며 군사 문제뿐만 아니라 외교·재정·인사 등 거의 모든 정무를 총괄하는 국정 최고기구가 됐다. 비변사는 비국, 주사 등의 이름으로도 불렸으며 세도정치기에는 비변사를 중심으로 요직을 독점한 유력가문들이 권력을 장악해 의정부와 6조 중심의 행정체계가 무너졌다. 흥선대원군은 이를 바로잡기 위해 비변사를 폐지하고 의정부의 권한을 강화했으며, 삼군부를 부활시켜 군사 및 국방 문제를 전담하게 했다.
① 비변사는 조선 후기 국정 전반을 실질적으로 총괄했던 기구로서 활동내용을 〈비변사등록〉에 기록했다.

기출 태그 #균역법 #조선 영조 #결작 부과
#모내기법 #이모작

해설

조선 후기에 백성들의 군역부담이 심화되자 영조는 이를 덜어주기 위해 기존 1년에 2필씩 납부하던 군포를 1필로 줄이는 균역법을 실시했다. 균역법의 시행으로 부족한 재정은 지주에게 토지 1결당 쌀 2두를 납부하는 결작을 부과해 보충했다(1750).
④ 조선 후기에 모내기법이 전국적으로 확산되면서 벼와 보리의 이모작이 가능해져 농업 생산량이 증가했다.

07 밑줄 그은 '변고'가 일어난 시기를 연표에서 옳게 고른 것은? [3점]

> **답서**
> **영종첨사 명의로 답서를 보냈다.**
>
> 귀국과 우리나라 사이에는 원래 소통이 없었고, 은혜를 입거나 원수를 진 일도 없었다. 그런데 이번 덕산묘지(남연군묘)에서 일으킨 변고는 사람으로서 차마 할 수 있는 일이겠는가? …… 이런 지경에 이르렀으니 우리나라 신하와 백성은 있는 힘을 다해 한마음으로 귀국과는 같은 하늘을 이고 살 수 없다는 것을 맹세한다.

1863	1876	1884	1894	1905
(가)	(나)	(다)	(라)	
고종 즉위	강화도 조약	갑신 정변	갑오 개혁	을사 늑약

① (가)
② (나)
③ (다)
④ (라)

기출 태그 #오페르트 #흥선대원군 #남연군묘 도굴 #통상조약 요구 #신효철

해설
독일 상인 오페르트가 흥선대원군의 아버지인 남연군의 묘를 도굴하려다 실패하는 사건이 발생했다(1868). 오페르트는 백성들을 해치는 것보다는 나은 행동이었다며 오히려 자신의 행동을 정당화했다. 또한, 통상조약을 맺지 않으면 조선을 침략하겠다고 엄포를 놓았다. 이에 흥선대원군은 영종첨사 신효철의 명의로 오페르트의 제안을 강경하게 거절하는 답신을 보냈다.

08 (가)~(라)에 들어갈 내용으로 옳은 것은? [2점]

> **한국사 콘텐츠 기획안**
>
> ■ **주제**: 민중봉기로 본 우리역사
> ■ **제목**: 들풀이 꿈꾼 세상
> ■ **기획의도**: 우리역사에서 일어났던 시대별 민중봉기를 웹드라마로 제작해 그들이 지향한 세상을 살펴본다.
> ■ **구성방식**: 웹드라마, 4부작
> ■ **구성내용**
> 1부 사벌주 농민 원종과 애노, [(가)]
> 2부 경상도의 김사미와 효심, [(나)]
> 3부 최충헌의 사노비 만적, [(다)]
> 4부 '평서대원수' 홍경래 [(라)]
> ■ **주의사항**: 사료에 기반해 각 10분 분량으로 제작함

① (가) – 환곡의 폐단과 탐관오리의 횡포에 항거하다
② (나) – 정감록 신앙을 바탕으로 왕조 교체를 외치다
③ (다) – 무신정변 이래 격변한 세상에서 신분 해방을 도모하다
④ (라) – 특수행정구역인 소의 주민에 대한 수탈에 저항하다

기출 태그 #원종과 애노의 난 #김사미와 효심의 난 #만적의 난 #홍경래의 난

해설
(가) 원종과 애노의 난(889): 통일신라 말 진성여왕 때 무분별한 조세징수에 대한 반발로 사벌주(상주)에서 원종과 애노가 봉기를 일으켰다.
(나) 김사미와 효심의 난(1193): 고려 명종 무신정권기에 과도한 수탈과 차별에 반발해 청도와 초전(울산)에서 김사미와 효심이 난을 일으켰다.
(다) 만적의 난(1198): 고려 최씨 무신정권 때 최충헌의 노비 만적이 개경 송악산에서 신분차별에 반발하는 난을 도모했으나 사전에 발각돼 실패했다.
(라) 홍경래의 난(1811): 조선 순조 때 세도정치로 인한 삼정의 문란과 서북지역 차별에 대한 불만이 쌓여 평안도 지역 농민들이 몰락 양반 출신 홍경래를 중심으로 봉기를 일으켰다.

09 (가)에 해당하는 지역을 지도에서 옳게 찾은 것은? [2점]

결의안

[(가)]에 일본 정보원들이 침투하는 것을 차단하기 위해 다음 방안을 실시한다.

1. [(가)]에서 모든 고려인을 내보낸 후 카자흐 남부 지역, 우즈베크 소비에트 사회주의 공화국 등으로 이주시킴
2. 조속히 작업에 착수해 1938년 1월 1일까지 완료함

⋮

1937년 8월 21일
소련 인민위원회 의장 몰로토프
소련 공산당 중앙위원회 서기장 스탈린

① ㉠
② ㉡
③ ㉢
④ ㉣

기출 태그 #연해주 #신한촌 #고려인 #한인 강제이주
#스탈린 #중앙아시아

해설

일제강점기 러시아 연해주의 블라디보스토크에 한인들이 많이 이주하기 시작하면서 한인 집단거주지인 신한촌이 형성됐다. 스탈린은 만주지역이 일본의 침략을 받기 시작하자 극동지방의 안보를 우려해 국경지방에 거주하는 한인을 강제로 이주시키는 정책을 실시했다(1937). 이로 인해 연해주에 살고 있던 한인 약 20만명이 중앙아시아로 강제이주됐다.

10 (가)에 해당하는 인물로 옳은 것은? [2점]

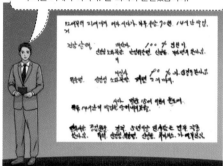

이 문서는 [(가)]이/가 작성한 평화시장 봉제공장 실태 조사서입니다. 당시 노동자들의 노동시간과 건강상태 등이 상세히 기록돼 있습니다. 열악한 노동환경의 개선을 요구하던 그는 1970년에 "근로기준법을 지켜라.", "우리는 기계가 아니다."를 외치며 분신했습니다.

① 김주열

② 장준하

③ 전태일

④ 이한열

기출 태그 #전태일 #노동운동 #근로기준법
#산업화 #비인간적 노동현실

해설

1960년대 급속한 산업화로 인해 노동자들은 저임금과 열악한 노동환경에서 고통을 겪었다. 이에 1970년 11월 전태일은 '근로기준법을 지켜라.', '우리는 기계가 아니다.' 등의 구호를 외치며 분신해 비인간적인 노동현실을 고발했다.

01 밑줄 그은 '이 지역'에서 볼 수 있는 문화유산으로 옳지 않은 것은? [2점]

안녕! 나는 지금 왕흥사 터에 와 있어. 이곳은 금, 은, 동으로 만든 사리기가 출토돼 유명해졌대. 사리기 표면에는 위덕왕이 죽은 왕자를 위해 절을 세웠다는 이야기가 새겨져 있어. 성왕이 도읍으로 정한 이 지역에는 다른 문화유산도 많아. 다음에 꼭 같이 와보자!

2021년 10월 왕흥사지 사리기

①
정림사지 오층 석탑

②
능산리고분군

③
관촉사 석조 미륵보살 입상

④
관북리 유적

⑤
부소산성

기출태그 #논산 관촉사 석조 미륵보살 입상
#부여의 문화유산 #왕흥사지 출토 사리기

해설
백제 성왕은 국호를 남부여로 고치고 웅진(공주)에서 사비(부여)로 천도하며 백제의 중흥을 도모했다. 부여 왕흥사지 출토 사리기는 우리나라에서 가장 오래된 백제의 사리기다. 금제사리병, 은제사리호, 청동사리합으로 구성돼 있으며, 청동제 사리합에는 위덕왕 때인 577년에 죽은 왕자를 위해 왕흥사를 세우고 사리를 묻었다는 기록이 새겨져 있다.
③ 논산 관촉사 석조 미륵보살 입상은 고려시대의 불상으로, 충남 논산시에 위치하고 있다.

02 교사의 질문에 대한 답변으로 옳은 것은? [1점]

지도와 같이 13곳의 조창에 조세를 모았다가 개경의 경창 등으로 조운했던 시기의 경제상황을 말해 볼까요?

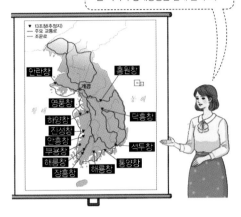

① 관료전을 지급하고 녹읍을 폐지했어요.
② 덕대가 광산을 전문적으로 경영했어요.
③ 고구마, 감자 등의 구황작물을 재배했어요.
④ 일본과의 무역을 허용하고 계해약조를 체결했어요.
⑤ 예성강 하구의 벽란도가 국제무역항으로 번성했어요.

기출태그 #고려시대 경제 #13조창제 #조운제도
#벽란도 #국제무역항

해설
고려시대에는 전국 13곳의 조창에 조세를 거두어 모아두었다가 조창이 위치한 포구에서 조운선에 싣고 개경의 경창 등으로 운반하는 조운제도가 운영됐다. 건국 초기 60여 개의 포구에 분산돼 있던 조창의 기능이 점차 12조창으로 집중되며 정비됐고, 문종 때 13조창제로 확대됐다.
⑤ 고려의 국제무역항인 벽란도는 예성강 하구에 위치했고 이곳을 통해 송·아라비아 상인들과도 교역을 전개했다.

03 다음 (가)~(라)를 일어난 순서대로 옳게 나열한 것은? [3점]

> (가) 양규가 무로대에서 거란군을 습격해 2천여 명을 죽이고, 포로가 됐던 남녀 3천여 명을 되찾았다.
> (나) 거란이 장차 침입하려 하므로 군사 30만명을 선발해 광군이라 부르고 광군사를 설치했다.
> (다) 왕이 소손녕의 봉산군 공격 소식을 듣고 서희를 보내 화의를 요청하니 소손녕이 침공을 중지했다.
> (라) 강감찬 등이 귀주에서 거란군을 맞아 싸웠다. 고려군이 맹렬하게 공격하니 거란군이 북으로 도망쳤다.

① (가) – (나) – (다) – (라)
② (가) – (나) – (라) – (다)
③ (나) – (가) – (라) – (다)
④ (나) – (다) – (가) – (라)
⑤ (다) – (라) – (나) – (가)

기출 태그 #거란의 고려 침입 #광군사 #서희
#강조의 정변 #강감찬 #귀주대첩

해설

(나) 광군사 설치(947): 고려 정종 때 최광윤의 의견을 받아들여 거란의 침입에 대비하기 위한 군사조직으로 광군을 조직했다. 전국의 광군 조직은 개경에 설치된 광군사의 통제를 받았다.

(다) 거란의 1차 침입(993): 10세기 초 통일국가를 세운 거란(요)이 고려를 여러 차례 침략했다. 고려 성종 때 거란이 고려가 차지하고 있는 옛 고구려 땅을 내놓고 송과 교류를 끊을 것을 요구했으나 서희가 소손녕과의 외교담판을 통해 강동 6주를 획득했다.

(가) 거란의 2차 침입(1010): 거란은 강조의 정변을 구실로 고려를 침입해 흥화진을 공격했다. 이때 고려 장수 양규는 무로대에서 거란을 기습공격해 포로로 잡힌 백성을 되찾았다.

(라) 거란의 3차 침입(1018): 거란의 소배압이 이끄는 10만 대군이 다시 고려를 침입했으나 강감찬이 이에 맞서 귀주에서 대승을 거두었다(귀주대첩, 1019).

04 (가) 인물의 활동으로 옳은 것은? [2점]

1380년 삼도 도순찰사 (가) 이/가 이끄는 고려군이 전라도 황산에서 왜구를 크게 격퇴했습니다.

조선 선조 때 이를 기념해 대첩비를 세웠지만 일제강점기 일본인들이 파괴해 파편만 남게 됐습니다.

그러나 탁본이 남아 있어 적장 아지발도를 죽인 (가) 의 활약상을 상세히 확인할 수 있습니다.

① 북방에 4군과 6진을 설치했다.
② 의종 복위를 도모해 군사를 일으켰다.
③ 위화도에서 회군해 정권을 장악했다.
④ 여진을 정벌한 후 동북 9성을 축조했다.
⑤ 좌·우별초와 신의군으로 삼별초를 조직했다.

기출 태그 #이성계 #황산대첩 #아지발도
#요동정벌 #4불가론 #위화도회군

해설

고려 말 도순찰사였던 이성계가 황산에서 왜구를 물리친 황산대첩(1380)은 홍산대첩, 진포대첩과 함께 왜구와의 3대 대첩 중 하나로 꼽힌다. 조선 선조 때 황산대첩의 승리를 후대에 널리 알리기 위해 대첩비를 세웠다(1577). 이는 일제강점기 때 파괴됐으나 탁본이 남아 있어 적장 아지발도를 죽이고 대승을 거둔 이성계의 활약상을 상세히 알 수 있으며, 1957년 남원에 다시 만들어 세웠다.

③ 고려 우왕 때 최영을 중심으로 요동정벌을 추진했다. 이성계는 4불가론을 제시하며 반대했으나 왕명에 의해 출병하게 됐고, 의주 부근의 위화도에서 개경으로 회군해 최영을 제거하고 우왕을 폐위하며 정권을 장악했다(1388).

05 (가) 기구에 대한 설명으로 옳은 것은? [2점]

이 그림은 중종 때 그려진 미원계회도(薇垣契會圖)입니다. '미원'은 ___(가)___ 의 별칭으로 간쟁과 논박을 담당한 관청이었습니다. 소나무 아래에는 계회를 하고 있는 모습이 보이고, 하단에는 참석자들의 관직, 성명, 본관 등이 기록돼 있습니다.

① 왕명의 출납을 관장했다.

② 수도의 행정과 치안을 담당했다.

③ 사헌부, 홍문관과 함께 3사로 불렸다.

④ 실록을 보관하고 관리하는 업무를 맡았다.

⑤ 반역죄와 강상죄 등을 범한 중죄인을 다스렸다.

기출태그 #사간원 #미원 #간쟁 · 논박 담당기관
#3사 #홍문관 · 사헌부

해설

③ 〈성세창 제시 미원계회도〉는 사간원 관료들이 풍류를 즐기고 친목을 도모하는 모임(계회)을 그린 조선 중종 때의 그림이다. '미원'이란 조선의 정치기구 중 하나인 사간원을 일컫는데, 사간원은 홍문관, 사헌부와 함께 3사를 구성했고, 정책에 대한 간쟁과 논박을 담당하는 관청이었다.

06 (가)~(마)에 들어갈 내용으로 옳은 것은? [3점]

온라인 한국사 교양 강좌

인물로 보는 조선 후기 사회개혁론

우리 학회에서는 조선 후기 학자들의 다양한 개혁론을 이해하는 교양강좌를 마련했습니다. 많은 분들의 관심과 참여 바랍니다.

◼ 강좌 안내 ◼

제1강 이익, ___(가)___
제2강 홍대용, ___(나)___
제3강 박지원, ___(다)___
제4강 박제가, ___(라)___
제5강 정약용, ___(마)___

- **기간**: 2021년 ○○월 ○○일~○○월 ○○일
  매주 화요일 16:00
- **방식**: 화상회의 플랫폼 활용
- **주최**: □□ 학회

① (가) – 의산문답에서 중국 중심의 세계관을 비판하다

② (나) – 목민심서에서 지방행정의 개혁안을 제시하다

③ (다) – 열하일기에서 수레와 선박의 필요성을 강조하다

④ (라) – 성호사설에서 사회폐단을 여섯 가지 좀으로 규정하다

⑤ (마) – 북학의에서 절약보다 적절한 소비를 권장하다

기출태그 #박지원 #조선 후기 실학자 #열하일기
#상공업 · 화폐유통 · 교역 주장

해설

③ 조선 후기의 실학자 박지원은 청에 다녀온 뒤 〈열하일기〉를 저술해 상공업의 발달과 화폐유통을 주장했다. 또한, 교역의 중요성을 인식해 수레와 선박의 필요성을 강조했다.

07 (가) 시기에 전개된 동학농민군의 활동으로 옳은 것은? [2점]

백산봉기 → (가) → 전주성 점령

① 황토현에서 관군에 승리했다.

② 남접과 북접이 논산에서 연합했다.

③ 우금치에서 일본군과 관군에 맞서 싸웠다.

④ 집강소를 중심으로 폐정개혁안을 실천했다.

⑤ 고부군수 조병갑의 탐학에 저항해 관아를 습격했다.

기출 태그 #동학농민운동 #보국안민, 제폭구민
#백산봉기 #황토현·황룡촌 전투 #전주성

해설

① 동학농민군은 '보국안민, 제폭구민'을 기치로 내걸고 백산에서 4대 강령을 발표하며 봉기했다(1894.3.). 이후 황토현 전투와 황룡촌 전투에서 관군에 승리하며 전주성을 점령하고 전라도 일대를 장악했다(1894.4.).

---

08 (가)에 해당하는 신문으로 옳은 것은? [1점]

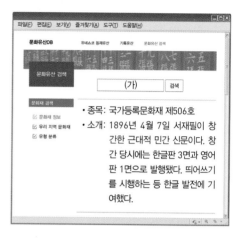

문화유산DB 유네스코 등재유산 기록유산 문화유산 검색

문화유산 검색

(가) 검색

문화재 검색
☑ 문화재 정보
☑ 우리 지역 문화재
☑ 유형 분류

• 종목 : 국가등록문화재 제506호
• 소개 : 1896년 4월 7일 서재필이 창간한 근대적 민간 신문이다. 창간 당시에는 한글판 3면과 영어판 1면으로 발행됐다. 띄어쓰기를 시행하는 등 한글 발전에 기여했다.

①
해조신문

②
제국신문

③
한성순보

④
독립신문

⑤
황성신문

기출 태그 #독립신문 #서재필 #국가등록문화재
#최초 민간신문·한글신문 #한글 띄어쓰기

해설

④ 갑신정변 이후 미국에서 돌아온 서재필은 1896년 정부의 지원을 받아 우리나라 최초의 민간신문인 〈독립신문〉을 창간했다. 최초의 한글신문이며 영문판으로도 제작됐다. 또한, 미국인 선교사 헐버트의 주장으로 최초로 한글 띄어쓰기가 사용되기도 했다. 국가등록문화재 제506호로 지정돼 연세대학교에 소장돼 있다.

09 (가) 단체에 대한 설명으로 옳은 것은? [2점]

이달의 독립운동가

민족독립과 여성해방을 꿈꾼
박차정(朴次貞)(1910~1944)

부산 동래 출신, 1927년 신간회의 자매단체로 결성된 ⬚(가)⬚ 의 중앙집행위원으로 활동했다. 광주학생항일운동에 동조해 서울에서 시위를 주도했다가 불구속으로 나온 후 중국으로 망명했다. 1938년 조선의용대의 부녀복무단장이 돼 남편 김원봉과 함께 무장투쟁을 활발히 전개했다. 이듬해 쿤룬산 전투에서 부상을 당해 후유증으로 순국했다.

① 상하이에서 대동단결선언을 발표했다.
② 일제의 황무지 개간권 요구를 저지했다.
③ 여성교육을 위해 배화학당을 설립했다.
④ 조선여성의 단결과 지위향상을 목표로 했다.
⑤ 〈어린이〉 등의 잡지를 발간해 소년운동을 주도했다.

기출 태그 #박차정 #근우회 #신간회 자매단체
#여성계몽활동 #여성지위향상운동

해설

박차정은 일제강점기 때 신간회에서 활동한 오빠 박문희의 영향을 받아 근우회 동래지회 결성에 참여하고 근우회 중앙집행위원으로 활동했다. 이후 광주학생항일운동 관련자로 일본경찰에 체포된 후 3개월 만에 풀려나와 중국으로 망명했다. 박차정은 난징에서 조선혁명군사정치간부학교 교관, 조선의용대 부녀복무단장 등을 역임하면서 독립운동을 전개했다. 1939년에는 남편 김원봉과 쿤룬산 전투에도 참여했다.
④ 신간회의 자매단체로 조직된 근우회는 강연회 개최 등 여성계몽활동과 여성지위향상운동을 전개하며 여성의 권익을 옹호했다(1927).

10 (가) 단체의 활동으로 옳은 것은? [2점]

접견 기록

■ **날짜 및 장소**
1943년 7월 26일, 중국군사위원회 접견실

■ **참석 인물**
• ⬚(가)⬚ : 주석 김구, 외무부장 조소앙 등
• 중국: 위원장 장제스 등

■ **주요 내용**
• 장제스: 한국의 완전한 독립을 실현하는 과정은 쉽지 않을 것입니다. 그러나 한국 혁명 동지들이 진심으로 단결하고 협조해 함께 노력하면 광복의 뜻을 이룰 수 있을 것입니다.
• 김구 · 조소앙: 우리의 독립주장이 이루어지도록 귀국이 지지해 주기를 희망합니다.

① 좌우합작 7원칙을 발표했다.
② 〈개벽〉, 〈신여성〉 등의 잡지를 간행했다.
③ 조선혁명선언을 활동지침으로 삼았다.
④ 한글맞춤법통일안과 표준어를 제정했다.
⑤ 삼균주의를 바탕으로 하는 건국강령을 선포했다.

기출 태그 #대한민국 임시정부 #김구 · 조소앙
#카이로 회담 #대한민국 건국강령 #삼균주의

해설

연합국은 2차 세계대전 종전을 앞두고 카이로 회담을 준비했다. 1943년 7월 대한민국 임시정부 주석 김구와 외무부장 조소앙은 장제스를 찾아가 카이로 회담에서 한국의 독립이 다루어지도록 부탁했다. 이 결과 11월에 열린 카이로 회담에서 한국독립을 명기한 카이로 선언이 발표됐다.
⑤ 대한민국 임시정부는 충칭에서 독립운동의 방향과 독립 후의 건국과정을 명시한 건국강령을 발표했다(1941). 이는 조소앙의 삼균주의에 입각한 것으로 정치적 민주주의 확립과 사회계급 타파, 경제적 균등주의 실현을 주창했다.

발췌 ▶ 2022 한국사능력검정시험 기출이 답이다 심화(1 · 2 · 3급) · 기본(4 · 5 · 6급)

직업인의 가치관을 묻는
인성 관련 질문들

NCS직업기초능력의 10개의 하위영역 중 직업윤리는 다른 영역들과 다르게 비교적 명확하게 판별되는 지식이나 기술이 아닌 개개인의 태도, 가치관 등 내재적인 특성에 중점을 두고 있는 영역입니다. 특히 직업윤리와 관련된 평가는 필기시험에서 다루기도 하지만 그 특성상 면접에서 '인성적 측면'으로 폭넓게 다뤄질 수밖에 없는 영역이기도 합니다. 이번 호에서는 직업윤리의 개념과 가장 많이 제시되는 핵심키워드를 중심으로 질문과 예시답변을 살펴보겠습니다.

면접에서 직업윤리를 평가할 때 인성적 측면에서 가장 많이 나오는 핵심키워드는 '근면', '정직', '봉사', '책임'입니다. 먼저 '근면'이란 부지런한 것을 의미하며, 성공을 이루는 기본조건으로 여겨집니다. 이는 외부로부터 강요당한 근면과 자진해서 실행하는 근면으로 나뉘는데, 기업에서 원하는 근면은 후자의 경우입니다. '정직'은 신뢰를 형성하고 유지하는 데 가장 기본적인 규범으로, 사람과 사람 사이에 함께 살아가는 사회시스템이 유지·운영되기 위해서는 구성원들 간 신뢰가 있어야 합니다. 그 신뢰를 형성하고 유지하는 데 가장 필요하고, 필수적인 규범이 바로 정직이라 할 수 있습니다.

'봉사'는 일반적으로 국가나 사회 또는 자신이 속한 조직에서 다른 구성원을 위해 자신의 이해를 돌보지 않고 몸과 마음을 다해 일하는 것을 의미합니다. 이러한 의미가 확장되어 현대사회에서는 고객의 가치를 최우선으로 하는 기본적인 서비스 정신의 개념으로 받아들여지고 있습니다. 마지막으로 '책임'이란 "모든 결과는 나의 선택으로 말미암아 일어난 것"이라는 태도나 가치관을 의미하며, 근본적으로 각 개인이 스스로의 삶을 돌아보는 데 긍정적인 태도가 전제돼 있어야 합니다. 따라서 책임감이란 직무를

수행하는 과정에서 어떤 일에 대해 올바른 행동을 선택할 수 있는 스스로에 대한 긍정적인 태도 중 하나라고 할 수 있습니다.

그럼 직업윤리 중에서도 앞서 소개한 인성과 관련된 4개의 핵심 키워드를 중심으로 면접에서 제시될 수 있는 질문과 예시답변을 살펴보도록 하겠습니다.

Q. 귀하는 직장인으로서 근면에 대해 어떻게 생각하시나요? 귀하의 경험을 위주로 말씀해주십시오.

면접 경험이 있는 분들이라면 위와 유사한 질문을 받은 적이 있으리라 생각합니다. 이러한 유형의 질문은 '근면'이라는 용어의 의미를 묻는 것이 아니라 직장인으로서 근면이라는 덕목이 지원자의 구체적인 행동으로 어떻게 발현되는가를 묻기 위한 것입니다.

지원자A

근면은 직업인의 소명의식입니다. 제가 일을 잘하기 위해 모든 노력을 다해야 한다고 생각합니다. 저는 어떤 일을 하든 성실한 태도로 일을 했기 때문에 주위 분들은 늘 저를 성실한 인재라고 칭찬하셨습니다. 맡은 일에 대해 긍지와 자부심을 가지고 일을 하는 가치관과 태도가 저의 장점이자 직업관이라고 생각합니다.

지원자A의 답변에서 '직업인의 소명의식'이라는 키워드를 활용한 것은 좋은 점이라 판단됩니다. 다만 근면이라는 키워드에 관하여 구체적인 행동의 근거나 사례를 제시하지 않고 두리뭉실한 답변을 한 것은 아쉬운 측면이 있습니다.

지원자B

근면은 '자발적 근면'과 '비자발적 근면'이 있다고 생각합니다. 직장인으로서 근면하게 일을 해야 한다는 것은 너무나 당연한 사실입니다. 하지만 같은 근면이라도 자발적으로 근면하고자 하는 마음이 중요하다고 생각합니다. 저는 아르바이트를 할 당시, 하루의 업무를 마무리하며 스스로 업무일지를 작성하고 복기하는 습관이 있었습니다. 그리고 제가 한 업무에 대해 부족한 점이 없는지, 지시사항은 빠짐없이 이행을 잘 했는지 등을 스스로 확인했습니다. 비록 이로 인해 퇴근시간이 10~15분 정도 늦어졌지만, 이러한 태도는 다음 날 업무를 더욱 즐겁게 하는 요인이 됐습니다.

반면 지원자B의 답변의 경우 구체적인 사례를 제시했다는 것이 강점입니다. 특히 제시한 사례가 직장인에게 꼭 필요한 '업무정리'에 대한 것이므로 직업인으로서 준비된 인재라는 것을 어필했다는 점이 인상적입니다. 만약 직장에서 일한 경험이 없다면 아르바이트나 동아리활동 경험을 활용해 적극적으로 사례를 제시하는 것도 좋은 대안입니다. 아울러 마지막에 '(스스로의 태도로 인해) 일하는 것이 즐겁다'는 내용을 첨가한 것은 면접위원들에게 본인의 긍정적이고 자발적인 면을 자연스럽게 강조할 수 있는 좋은 답변입니다.

다음은 앞선 질문보다는 조금 더 상황적인 예시를 제시하고 '정직'이라는 덕목을 평가하기 위한 질문입니다. 이는 단순히 정직한가 그렇지 않은가를 묻고자 하는 의도가 아니라 공동체나 조직 안에서 정직한 인재인가를 묻기 위한 질문입니다.

Q. 만약 귀하가 본인의 손해를 무릅쓰고 정직한 행동을 하여 손해를 본 경험이 있다면 말씀해주십시오.

지원자C

전 직장에서 업무분장을 할 때, 다른 사람들과 비교해 상대적으로 많은 일을 맡게 된 적이 있습니다. 당시 신입사원이었던 상황이라 소소한 업무 위주로 많이 맡겨주셨는데, 저는 별다른 불만을 표현하지 않고 맡은 일을 묵묵히 수행했습니다. 비록 마음속으로는 불합리하다는 생각도 들었지만, 제가 막내 직원이고 다른 선배 직원들도 여럿 계셨기 때문에 별다른 핑계를 대지 않고 성실하게 제가 맡은 업무를 수행했습니다.

지원자C의 답변은 면접위원이 질문한 항목에 대해 성심껏 답변한 것은 맞지만 일부 아쉬운 측면도 있습니다. 답변에서 소개한 경험이 전반적으로 신입직원이라는 관점에서 다소 수동적으로 대응했다는 인상이 강하다는 것과 속으로는 불만이 있었지만 겉으로 불만을 표현하지 않았다는 느낌이 들기 때문입니다. 물론 이러한 답변의 구체적인 내용이 잘못됐다는 것은 아니지만, 지원자의 긍정적인 마인드를 더욱 어필했으면 좋았을 것이란 아쉬움이 남습니다.

지원자D

아르바이트를 할 때 당직업무를 순번제로 맡는 경우가 있었습니다. 당시에는 휴일이나 다른 일들이 겹쳐서 직원들이 선호하지 않는 당직일이 있었습니다. 하지만 저는 다른 동료분께 원하시는 당직일을 먼저 고르라고 말씀드린 다음, 남은 당직일에서 제 당직일을 선택한 적이 있습니다. 비록 작은 일이지만, 먼저 배려하고 양보하는 분위기에 일조한 것 같아 보람이 있었습니다. 더욱이 그 동료분이 고맙다며 다음번에는 저에게 당직일을 먼저 선택하라고 권유해주셨습니다. 덕분에 그분과 더욱 친해지는 계기가 됐습니다.

지원자D 역시 경험을 위주로 답변했습니다. 다만 본인이 양보를 해서 처음엔 손해를 봤음에도 불구하고 나중엔 자신에게도 이득이 있었다는 점을 부각했으며, 전반적으로 자신의 행동에 대한 긍정적인 믿음과 의지로 인해 좋은 결과가 있었다는 것이 자연스럽게 어필되고 있습니다. 이러한 답변은 면접위원의 관점에서도 가점의 요소가 될 것이라 생각합니다.

다음은 직장인에게 가장 중요한 공동체 윤리의 평가 항목 중 하나인 '봉사'에 관한 질문입니다. 서두에서 언급했던 것처럼 봉사와 관련된 질문이 주어질 경우 단순히 다른 사람을 돕는 선의의 행동을 포함해 내가 속한 조직 내에서 다른 사람에게 최상(최적)의 서비스를 제공하겠다는 마인드를 가지고 있다는 의도를 답변에 담아야 합니다.

Q. 귀하가 생각하는 봉사는 무엇인가요? 또 실제 봉사를 실천한 경험이 있다면 소개해주십시오.

위 질문은 봉사와 더불어 그에 관련된 실천경험을 묻고 있습니다. 이는 단순히 경험의 유무가 아니라 지원자가 봉사와 관련한 행동을 함에 있어서 선의와 최적의 서비스 태도를 겸비한 인재인지 파악하려는 의도로 보아야 합니다.

지원자E

저는 봉사정신이 직업인에게 매우 중요하다고 생각합니다. 모든 직업인은 일정한 직업을 통해 다른 사람에게 도움을 주고 사회적 기여를 해야 한다고 여기기 때문입니다. 저는 대학교 재학 당시, 고아원에 봉사활동을 간 적이 있습니다. 약 일주일이라는 짧은 기간이었지만, 부모님이 없는 아이들과 친구처럼 지내면서 봉사에 대해 많은 생각을 하게 돼 도움이 됐고 즐거운 경험이었습니다. 이러한 생각과 경험을 바탕으로 다른 사람을 돕는 직업인이 되겠습니다.

지원자E의 답변은 대체적으로 훌륭한 답변입니다. 봉사 경험의 제시도 적절했고, 본인이 가지고 있는 봉사에 관련한 마인드도 좋습니다. 다만 한 가지 아쉽다고 느껴지는 부분은 봉사와 관련한 경험이 일주일이라는 기간에 한정돼 있는, 지속적인 봉사활동은 아니라는 것입니다.

지원자F

봉사는 언제나 스스로의 노력이 필요하며, 작은 실천에서부터 시작된다고 생각합니다. 저는 매번 수업이 시작되기 전 책상이나 의자를 정리하고, 수업시간에 특이사항이 있으면 다른 친구들에게 해당 내용을 요약하여 전달하곤 했습니다. 이렇게 사소한 배려들로 인해 교수님이나 친구들에게 많은 격려와 칭찬을 받은 적이 있습니다. 큰 베품이라 볼 수는 없지만, 늘 일상에서 작은 베품을 실천할 수 있도록 노력하고 있습니다. 이러한 저의 긍정적이고 자발적인 마인드를 통해 직장에서도 다른 사람들에게 도움이 될 수 있도록 노력하겠습니다.

지원자E의 답변과 비교해 지원자F의 답변은 경험적 측면으로 봤을 때는 크게 대단하다고 볼 수 없습니다. 다만 평소 지원자의 생활에서 지속적이고 일상적인 봉사라는 것이 인상적입니다. 기업이나 조직이 지원자에게 바라는 봉사라는 덕목은 조직생활을 함에 있어서 늘 다른 사람을 배려하고 지속성을 갖추는 것입니다. 이러한 측면에서 지원자F의 답변을 면접위원은 더 좋은 답변이라고 판단할 것입니다.

마지막으로 '책임감'을 주제로 살펴보겠습니다. 이는 봉사와 더불어 직업인의 공동체 윤리를 구성하는 요소이기도 합니다. 이때 책임이라는 것은 궁극적으로 자신의 직무를 수행함에 있어 올바른 선택을 하려는 긍정적이고 자발적인 노력과 태도를 의미합니다.

Q. 귀하는 직장인으로서의 책임감이 왜 중요하다고 생각하십니까? 이와 관련한 귀하의 직업관은 무엇입니까?

위 질문은 단순히 '책임'이라는 덕목의 중요성이 아니라 직업인으로서 건전한 직업관을 가지고 있는지, 그러한 직업관에 일에 대한 책임의식이 전제되어 있는지를 묻기 위한 것입니다. 따라서 이러한 질문에 대해 답변할 때는 '긍정적이고 자발적인 선택'에 의한 행동을 책임감으로 표현하는 것이 중요합니다. 또한 본인의 책임감을 어필할 때에는 일을 수행함에 있어 올바른 행동을 선택하기 위한 내적 생각이나 가치관을 언급하는 것도 좋은 방법입니다.

지원자G

직장에서 공동의 목표를 수행하기 위해서는 구성원들 각자 책임감을 가지는 것이 필요합니다. 따라서 직장인으로서 가장 중요한 미덕은 책임감이라 생각합니다. 저는 맡은 업무를 잘 수행하기 위해 늘 노력하는 마음으로 최선을 다하겠습니다. 제가 실수하거나 일을 잘못하면 다른 동료에게 피해를 주기 때문에 그렇게 되지 않기 위해서라도 맡은 일은 성실하게 수행해야 하며, 이는 직장인으로서 누구나 갖추어야 할 미덕이라 생각합니다.

지원자G의 답변은 특별히 잘못된 답변은 아니지만 다소 아쉬운 부분이 있습니다. '책임감'에 대해 본인의 생각은 잘 표현했지만, 자신의 경험에 기반한 것이 아니라 일률적이고 교과서적인 표현으로 일관한 측면이 있습니다.

지원자H

직장인에게 있어 책임감이란 누구나 기본적으로 가져야 할 전제라고 생각합니다. 특히 공동체의 목표를 수행하기 위해선 각자가 갖고 있는 책임의식이 중요하게 작용합니다. 저는 식당에서 서빙 아르바이트를 한 적이 있

는데, 똑같은 시간이라도 맡은 일을 더 효율적으로 수행하기 위해 많은 고민을 했습니다. 그래서 일을 하며 동선을 줄일 수 있도록 고민하고 실행한 결과, 이전보다 시간적 여유가 생겼습니다. 또 이렇게 생긴 여유시간에 바쁘게 일하는 다른 동료를 도와주기도 했습니다. 이와 같은 행동으로 동료들과 관리자님께 칭찬을 받았습니다.

지원자H의 답변은 적절한 사례 제시를 통해 본인이 가진 책임감의 정도를 입체적으로 잘 표현했습니다. 또한 책임감이 있는 업무수행을 위해 어떻게 행동할 것인지 고민한 과정을 어필하고 있습니다. 이런 점에서 지원자H의 답변은 면접위원들에게 가점의 대상이 될 수 있을 것이라 예상됩니다.

지금까지 면접현장에서 주로 만날 수 있는 직장인으로서의 기본적인 인성에 관련한 질문들을 살펴보았습니다. 대부분의 면접, 특히 신입사원의 경우 '인성'이라는 측면이 매우 중요하게 작용합니다. 사회생활을 처음 시작하는 입장이므로 직업에 대한 가치나 직업인으로서의 철학, 조직에 대한 건전한 가치관이 더욱 중요하기 때문입니다. 따라서 앞에서 말씀드린 4가지 핵심 키워드와 구체적인 경험을 중심으로 답변을 준비하여 좋은 결과를 받아볼 수 있기를 바랍니다. 🔲

필자 소개

안성수. 경영학 박사(Ph.D.)
리더십/인사컨설팅 및 채용 관련 콘텐츠 개발
NCS 채용컨설팅/NCS 퍼실리테이터/전문평가위원
공무원/공공기관 외부면접위원
인사/채용 관련 자유기고가
저서 〈NCS와 창의적 사고기법〉, 〈NCS직무가이드〉 外

원칙과 프로세스 준수가 필수!
품질 직군

품질 직군 소개

품질 직군을 한마디로 표현하면?

• 기업에서 가장 외롭고 가장 강직해야 하는 직무
→ 제품이 표준규정에 해당하는 기준에 미치지 못했을 경우 제재를 풀 수 있는 사람은 기업에서 '품질팀장'과 '대표이사' 단 두 사람뿐이므로 이를 제외한 다른 인물이 품질 담당자에게 지시를 내려도 절대 따르면 안 된다.

품질 직무에 어울리는 사람은?

• 원리원칙에 철두철미한 성향을 지닌 사람
• 융통성보다 확고한 외골수 성향을 지닌 사람

품질 직무의 종류

❶ **품질관리(QC ; Quality Control)**
• 내부 품질관리 표준화 규정에 따른 '개발–구매–생산–출하'까지의 전 과정 점검
• 부적격 제품 발생 시 즉각적인 문제 제기 및 생산중지 제재
• 부적격 품질제품 생산부서 감시·지도 및 품질보증 업무 지원

❷ **품질보증(QA ; Quality Assurance)**
• 공정 모니터링 및 매개변수가 품질에 미치는 영향 파악 및 확인
• 품질관리 계획수립 및 공정품질 개선
• 부적격 제품 결정 및 품질관리 협력

1. 품질 직무에 대한 이해

일반적으로 품질 직군은 대학에서 화학을 전공한 학생들이 취업에 조금 더 유리한 측면이 있다. 화학과 학생들의 경우 상대적으로 전공실습 수업에서 다양한 분석을 경험했으며, 통계적 역량을 기반으로 툴을 활용하여 데이터를 분석해보는 수업도 많기 때문이다.

품질 업무는 크게 '품질관리'와 '품질보증' 업무로 나뉜다. 품질관리(QC ; Quality Control)는 입고부터 출하까지의 모든 과정에서 품질 이상 유무를 검사하여 편차 없는 안정된 품질 및 표준화된 규격을 유지하는 것을 목표로 한다. 품질 담당자는 '원부자재 구매–제품개발–생산–출하' 전 과정에 걸쳐 '품질검사–문제 발생 시 해당 부서에 통보–원인 분석–대책 수립'을 시행하게 된다. 품질보증(QA ; Quality Assurance)은 품질 확보를 위해 품질에 영향을 미치는 모든 요소에 대한 체계적 분석 및 검증 업무를 담당한다. 회사 외부에서의 품질 이슈가 발생하지 않도록 하기 위해 국내외 품질규격에 적합하도록 생산되는지 시험 및 측정을 진행한다. 또한 국제표준화기구(ISO), 국가표준(KS), 한국식품안전관리인증원(HACCP), 제조품질관리기준(GMP) 등 각 업종의 특성에 따른 품질경영시스템을 구축하고 이에 적합하도록 인증을 받는다.

하루 일과 예시
❶ **품질기획**
• 품질 이슈 및 당일 생산일정 확인
• 전주 품질 실적, 당일 품질 회의안건 공유
• 표준시스템 접속, 당일 표준 리비전(Revision, 개정) 현황 파악
• 관련 회의 참석하여 원인 및 대책 논의
• 부서장 보고 후 출하 중지 여부 결정

❷ 시험검사
- 제품 성능, S/W 측정, 안정성 체크
- 신규 문제 및 기존 문제의 재발, 부작용(Side Effect) 확인
- 관련 부서 피드백, 개선 확인된 문제점 판정
- 신제품 시험방법 및 장비사용법 학습

2. 필요 역량과 자질 및 핵심 키워드

품질 직무에 지원하고자 할 때 필요한 역량과 자질은 다음과 같다. 또 인사담당자나 면접위원들이 선호하는 핵심 키워드도 함께 알아두면 좋다.

필요 역량과 자질
- 통계 분석능력(엑셀 활용능력)
- 빠른 시스템 적응력
- 신속한 상황판단력 및 대처능력
- 생산제품에 대한 전공지식
- DMAIC 프로세스 이해
- 원리원칙 및 규정 준수

품질 직무 지원자 핵심 키워드
- 통계
- 규정 준수
- 솔직함
- 호기심
- 탐구심
- 끈기
- 표준화
- 프로세스
- 업종별 규격·절차 키워드(ISO, KS, HACCP, GMP, 밸리데이션(Validation, 판정기준 검증) 등)
- Quality Collaboration
- Quality Answer

위에 제시된 핵심 키워드 중 Quality Collaboration, Quality Answer의 의미에 대해 알아보도록 하자. 이는 각각 '품질관리', '품질보증'의 업무를 약간 비틀어 해석한 것이다. 정식 표현은 아니지만 자기소

개서나 면접에서 이러한 마인드를 갖고 일을 하겠다는 포부를 담은 메시지로 볼 수 있다.

만약 개발, 구매, 생산, 출하의 각 단계에서 품질 이슈가 발생하게 되면 품질관리 담당자는 신속하게 관련 부서들과의 협업을 통해 문제를 정확하게 해결해야 한다. 따라서 각 부서와의 '협업'이 매우 중요한 직무라 할 수 있다. 그런 의미에서 전자는 QC의 C를 'Control(통제)' 보다는 'Collaboration(공동작업)'에 의미를 두고 일하겠다는 마음가짐을 나타냈다. 또한 품질보증 담당자는 고객사와 시장으로부터 늘 'OK'라는 답을 들어야 한다. 즉, 후자는 QA의 A를 단순히 'Assurance(장담, 확약)' 하겠다는 의미만이 아니라 늘 Yes라는 'Answer(대답)'을 듣도록 업무를 하겠다는 의지를 표명한 것이라 할 수 있다.

3. 품질 직무에 지원하기 위한 사전 준비항목

그렇다면 품질 직무에 지원하기 위해서는 어떤 준비를 해야 할까. 품질 직무를 지원하는 취업준비생들은 6시그마(경영관리 기법) 자격증을 교내 또는 외부과정을 통해 많이 취득하고 있다. 하지만 어차피 취득해야 할 자격증이라면 이보다 더 높은 단계인 BB(Black Belt)를 취득할 것을 권장한다. BB 과정에서 미니탭이라는 통계 툴을 제대로 활용하게 되는

데, 바로 이러한 통계 툴 활용능력이 실무에서 매우 중요하게 사용되기 때문이다. 그리고 무엇보다 원리 원칙을 준수하며 규칙과 프로세스대로 프로젝트를 완수하려 노력한 사례를 반드시 찾아놓는 것이 중요하다.

사전 준비항목

- 다양한 분석 툴 활용(화학 전공자의 경우 특히 중요)
- 통계적 공정관리, SPC(Statistical Process Control) 관련 교육과정 수료
- 6시그마 BB 과정 목표 학습 : 미니탭(통계)과 DMAIC 과정 이해
- 업종별 특화된 인증 및 절차 확인
- 교내 · 외 프로젝트 경험 수행 시 프로세스를 준수하려고 노력한 사례 준비
- 융통성이 떨어지더라도 원리원칙을 지키려 했던 사례 준비

---

4. 제약 · 바이오 품질 업무에 대한 이해

제약 · 바이오 품질은 의약품의 품질을 담당하는 직무로서 각 공정이 진행될 때마다 정해진 방법에 따라 시험을 진행하고, 정해진 기준에 따라 판단하여 제품의 품질을 시험 및 향상시키는 데 기여하는 업무다. 특히 제약 · 바이오는 사람의 생명과 직결되는 업종이기 때문에 그 어느 업종의 품질보다 지켜야 하는 규정이 많고 기준이 높아 꼼꼼함과 분석력, 데

이터의 정직성을 준수하는 역량과 자질이 요구된다. 참고로 일반 제약기업 중에서는 '대웅제약'의 채용 페이지에 직무소개가 매우 잘 정리되어 있어 이를 참고하여 주요 업무를 살펴보도록 하자.

제약 품질 업무

❶ QC

- 원료 · 제품(생물학적 제제 포함) 시험
- 이화학시험 및 기기분석을 기본으로 원료 및 제품 품질검사
- 시험법 · 분석기기에 대한 밸리데이션 진행
- 모든 분석기기에 대한 등급 구분 및 그에 따른 적격성 평가 수행
- 분석법 밸리데이션 및 기술 이전을 통한 시험법 검토
- 공정 및 세척 밸리데이션에 필요한 시험 수행
- 원자재, 고형제, 주사제, 생물학적 제제의 미생물 존재 여부 검사
- 환경 모니터링 진행

❷ QA

- 품질에 영향을 주는 모든 요소에 대한 체계적 관리 및 평가 수행
- GMP(Good Manufacturing Practice) 기준을 고려하여 생산 · 관리 업무 규정, GMP 절차 수립 및 문서화
- 원료 물질과 포장재료의 제조 · 공급 및 사용을 위한 절차 마련
- 제조단위가 허가기준, 제조 및 품질관리 기준에 따라 생산되고 시험됐는지를 검토하여 출하 승인
- 제조공정, 세척방법, 시험방법 및 유틸리티, 기기 · 설비의 적격성 평가
- 의약품 사용기간 동안 품질이 유지되도록 보관 및 유통절차 수립
- QA 시스템의 유효성 · 적절성을 주기적으로 평가하는 품질감사(또는 자체 실사) 실시
- 의약품 전 주기에 걸쳐 품질위험관리(QRM)를 기반으로 의약품 품질 관리 및 보증

바이오 위탁생산(CMO ; Contract Manufacturing Organization) 사업은 반도체로 따지면 파운드리

(Foundry) 사업과 유사하다. 즉 글로벌 제약사들의 개발 완료된 신약 양산을 전담하는 것이다. CMO 업체는 제약·바이오 업계에 대한 기본적인 이해 외에도 많은 글로벌 제약사의 의약품을 위탁생산하고, 나아가 개발까지 맡아줄 인재를 필요로 한다. 특히 바이오시밀러(바이오의약품 복제약)는 화학합성 의약품과 달리 유전자 재조합 기술과 세포배양 기술 등 새로운 생물공학 방식을 이용하기 때문에 난이도가 높다.

5. 필요 역량과 자질

제약 품질은 크게 '이화학 QC(원료 파트, 제품 파트)', '미생물 QC', 'EM(Environment Monitoring)', '밸리데이션'으로 나뉜다.

QC 업무 필요 역량과 자질

- 이화학시험과 기기분석에 관련된 일반화학 및 분석화학 지식
- 화학분석기사 자격증 취득
- 미생물시험의 경우 미생물 관련 전공 또는 전문성 보유 필요
- 신중하고 정확하면서 빠른 업무처리능력
- 우수제조관리기준(GMP) 내에서 수행되는 밸리데이션에 대한 이해와 지식
- 분석기기의 적격성 평가와 컴퓨터화 시스템 밸리데이션(CSV)에 대한 전문성(관련 자격증 : 밸리데이션 기술인, GMP 기술인)
- 법적 규제사항 및 GMP에 대한 이해와 지속적 학습 의지

QA 업무 필요 역량과 자질

- GMP 규정과 가이드라인 학습으로 최신 GMP 규정 접목
- 타 부서와의 협업능력
- 제조공정 및 제조기기, 제조지원설비 등에 대한 지식
- 확실한 업무추진력
- 의사결정의 일관성 및 객관성 유지

특히 GMP와 밸리데이션은 제약업 품질에서도 가장 핵심이라고 할 수 있으므로 기본개념을 잘 모른다면 관련 학습자료들과 함께 미리 공부하는 것이 중요하다. GMP란 'Good Manufacturing Practice'의 약자로 의약품 등의 제조나 품질관리에 관한 규칙을 말한다. 이를 제대로 이해해야만 밸리데이션, 즉 시장 인증을 할 때 법과 테크니컬 측면에서 이해하는 데 도움이 될 수 있다. 밸리데이션이 중요한 이유는 GMP법상에서 규정 및 규제사항이 매우 포괄적으로 적혀 있기 때문으로, 밸리데이션 담당 부서에서 'Validation Approach'를 어떻게 가져가는지에 따라서 사업장 전체의 성패가 좌우되기도 한다. 때문에 제약 품질 직무를 준비하고 있다면 주요 업무와 함께 GMP와 밸리데이션에 대한 기본적인 개념을 바탕으로 체계적으로 준비하는 것이 필요하다. 시대

밸리데이션의 이해

- Equipment(장치, 설비) 및 System Validation을 진행하는 역할
- 실제 Protocol 및 Report의 수행 및 개발에서 각 장비 담당자들이 Test(시험)가 논리적으로 적법한지, GMP Regulation(규정)을 잘 지키는지 확인
- 1차로 밸리데이션을 마친 Equipment · System이라 할지라도 변경이 발생할 때마다 재차, 혹은 주기적으로 밸리데이션 수행
- CMO의 경우 Product Change(제품 교체)가 발생할 시에도 밸리데이션을 재차 수행

구글도 모르는 직무분석집

취업준비 왕초보부터 오버스펙 광탈자까지!
취업 성공 사례로 알아보는 인문상경계 및 이공계 직무에 대한 모든 것을 총망라했다.

저자 류정석
CDC취업캠퍼스 대표로서 15년간 대기업 인사팀 외 다양한 부서에서 근무한 경험을 바탕으로 직무 중심의 취업 전략을 제공한다.

영양사에 대한 이모저모!

Q1 영양사란?

최근 건강에 대한 관심이 높아지면서 인기가 높은 직업 중 하나로 영양사 역시 의사나 간호사처럼 보건의료 관련직으로 분류됩니다. 일정한 자격을 갖추고, 국가고시를 치러서 보건복지부 장관의 명의로 된 영양사 면허증을 발급받은 자를 영양사라고 합니다. 건강증진이나 질병치료·예방을 목적으로 급식을 제공할 뿐만 아니라 식품영양 서비스도 제공하고 있습니다.

영양사 시험 응시 자격 (2010.05.23. 이후 대학 입학자 기준)
- 식품 및 영양학 관련 전공자
- 영양 관련 교과 18과목 52학점 이수
- 현장실습 80시간 이상 이수

영양사 시험정보
- 대상 : 4과목 220문항
- 유형 : 객관식 5지선다형 (문항당 1점)
- 기준 : 평균 60점 이상 (과목당 40점 미만 과락)

Q2 면허 취득 후 진로는 어떻게 되나요?

예전에는 면허를 따면 집단급식소에서 일을 하거나 식단을 작성하는 것만 생각하는 경우가 많았는데요. 요즘에는 건강에 대한 관심도 굉장히 높아지고 노령인구도 많아지면서 보건소나 어린이급식관리지원센터, 보육정보센터, 식품제조가공업소, 건강기능식품회사 등 영양사로 근무할 수 있는 활로가 다양해졌어요. 다시 말하면 상담뿐만 아니라 급식서비스 등을 제공하는 영양사의 역할이 굉장히 중요해진 시기라고 볼 수 있습니다. 식품위생직 공무원을 준비하는 경우에는 가산점도 받을 수 있는데요. 특히 특채로 보게 되면 영양사 면허가 있는 경우에만 응시할 수 있는 자격이 주어집니다. 또 학교에서도 근무할 수 있는데 이 경우에는 교원임용자격증을 보유한 분들이 영양교사로 근무하게 돼요. 학부에서 영양교사 교직이수를 해서 교원자격증 2급을 받거나 교육대학원에 진학해서 영양교사 2급을 취득한 다음 공립학교 임용고시를 볼 수 있습니다.

이외에 전문영양사로 근무를 할 수도 있어요. 면허를 취득한 다음 병원에서 질환을 가진 환자를 대상으로 상담을 조금 더 심도있게 할 수 있는 임상영양사 자격도 2012년부터 국가시험이 진행이 되고 있습니다. 위생사는 영양사 시험과목과 두 과목이나 겹치기 때문에 영양사를 준비하는 분들이 위생사도 같이 준비하면서 급식관리에 전반적인 위생관리도 하고 있습니다.

임상영양사 정보
- 개요 : 질병예방과 건강관리를 위한 특수영양사
- 시험 : 3과목, 150문제, 150점 만점 객관식 시험
- 자격 : 영양사 경력 1년 이상 + 임상대학원 졸업자
- 주관 : 한국영양교육평가원

시험과목은 크게 ▲ 영양학 및 생화학 ▲ 영양교육, 식사요법 및 생리학 ▲ 식품학 및 조리원리 ▲ 급식, 위생 및 관계법규로 총 4과목이지만 세세하게 살펴보면 10과목이 넘어요. 그래서 본격적으로 시험을 준비하기도 전에 굉장히 방대한 분량에 먼저 치여서 힘들다고 느껴질 수 있습니다. 한 가지 팁을 드리자면 강의를 듣는 것을 추천합니다. 사실 강의를 듣는 게 내 공부는 아니에요. 강의는 내용을 이해하기 위한 선행학습이기 때문에 강의를 듣고 복습을 해야 합니다. 또 기본이론 공부와 문제풀이까지 철저하게 하고, 모의고사 문제도 풀어보세요. 참고로 국가고시 1교시에는 무려 125문제를 100분 안에 풀어야 하고, 2교시에는 100문제를 85분 안에 풀어야 합니다. 때문에 여러분이 더 중점적으로 생각해야 하는 것은 시간 내에 문제를 푸는 능력입니다. 시간 안배도 테스트의 일부이므로 실력을 점검하고 시간 안에 풀 수 있도록 노력하면 될 것 같습니다.

Q4 영양사의 미래 전망은 어떤가요?

급식제공뿐만 아니라 상담 분야, 영양서비스 분야에 대한 비중이 굉장히 커졌어요. '생활습관병'이라고 해서 우리의 생활습관이 잘못되어서 생기는 질환들이 최근 증가하고 있는데요. 특히 서구화된 식습관으로 성인병이 늘어나고 있는데, 이런 시대적인 흐름이나 상황에 따라 여러 기업에서 영양사를 상담인력으로도 채용하고 있고요. 또 2010년에는 '국민영양관리법'이라고 해서 대국민 건강관리를 위한 법이 제정·시행됐어요. 그래서 영양사에 대한 수요도 증가하는 추세입니다.

영양사 **이유정**

- **학력** 경희대학교 교육대학원 영양교육 전공
- **자격** 영양사, 임상영양사, 식품위생사 등 다수
- **경력** 한화푸디스트 영양사
- **경력** 한국건강상담아카데미 사내강사
- **경력** 서울시 어린이집 영양·위생 교육 강사
- **현** 시대에듀 영양사 교수

시대에듀 유튜브 채널 토크레인
인터뷰 영상 보러가기

03:47 / 10:00

영양사 시험 대비 시리즈

최신 시험을 반영한 기출문제와 기출키워드를 중점적으로 수록하여 수험생들이 방대한 양의 이론을 효율적으로 학습할 수 있도록 한 도서이다. 다른 시험과 비교해 상대적으로 합격률이 낮은 영양사 국가고시에 대비하기 위한 최적의 구성과 시험 시행일에 맞춘 최신 식품·영양관계법규를 반영하여 수험생들이 보다 전략적으로 시험을 준비할 수 있도록 했다.

상식 더하기 +

WHY?

더울 때는 얼음물?
미지근한 물이 더 좋아요

덥고 목마르다고 찬물만 마시면 좋지 않아

여름에 땀을 많이 흘리면 탈수증상이 나타나기 쉽습니다. 발열, 경련 등이 나타나고, 심하면 혼수상태에 빠질 수도 있죠. 그래서 갈증을 느끼기 전에 수분을 충분히 섭취하는 게 중요합니다. 하지만 덥거나 목이 마르다고 찬물을 많이 마시는 건 좋지 않은데요. 소화효소는 섭씨 35~40도에서 가장 활발하게 작용하는데, 찬물은 위장의 온도를 떨어뜨려 소화작용을 더디게 합니다. 또 물을 평소 위장의 온도와 비슷하게 데우는 데 에너지가 소비되면서 그만큼 소화에 필요한 에너지가 줄어들게 되죠.

운동 후에 찬물은 더 주의해야

운동 후에는 더 조심해야 하는데요. 운동 직후엔 혈액이 근육에 우선 전달되면서 소화기관으로 가는 혈액이 줄어들어 소화기능이 약화됩니다. 이때 찬물을

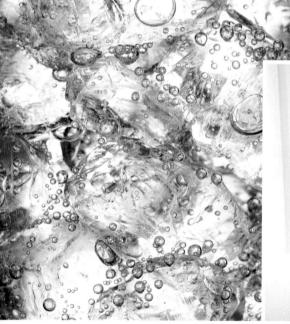

많이 마시면 소화불량, 복통, 설사 등을 유발할 수 있죠. 찬물은 혈관을 수축시켜 심장에도 무리를 줄 수 있는데요. 심장이 불규칙하게 뛰는 부정맥을 앓고 있거나, 혈액순환이 원활하지 않은 노인 또는 심장병·고혈압 환자는 특히 조심해야 합니다. 또 찬물을 마셔 체온이 떨어지면 면역력이 약해져 각종 질병에 취약해질 수 있습니다.

오영택 중앙대학교병원 응급의학과 교수는 "차가운 음식이나 물을 섭취하면 일시적으로 뇌혈관이 확 수축했다가 다시 이완하는 과정에서 두통이 발생하게 된다. 머리가 아플 정도의 얼음물은 주의해야 한다"고 말했습니다.

물은 되도록 미지근하게 마셔요

물은 더운 여름이라도 미지근하게, 적당히 마시는 게 좋은데요. 신우영 중앙대학교 가정의학과 교수는 "미지근한 물은 체온과 유사하기 때문에 체내에서 더 쉽게 흡수되기도 좋고 소화기관이나 다른 신체 시스템에 덜 부담을 줄 수 있다. 찬물보다 소화효소 작용과 혈류도 원활하게 할 수 있어서 신체 여러 기능을 지원할 수 있을 것으로 본다"고 설명했습니다.

이와 함께 많은 양의 물을 한 번에 마실 경우 체내 수분과 나트륨의 균형이 깨지면서 두통과 구토를 유발할 수 있습니다. 식수 온도는 30도 전후가 적당하고, 하루 권장 섭취량인 1.5~2L를 200~300mL씩 나눠 마시는 게 좋습니다. 또 땀을 많이 흘렸거나 운동을 오래 했을 때, 물로만 보충을 하면 염분이 희석돼 구역감, 두통 같은 부작용이 일어날 수 있습니다. 따라서 물보다는 이온음료로 전해질을 보충하는 것이 권장됩니다. 시대

올 여름에도 폭염 기승 …
온열질환 조심하세요!

올해는 6월부터 전국적으로 때 이른 폭염이 기승을 부리면서 열탈진·열사병 등의 온열질환자가 속출했습니다. 먼저 흔히 '일사병'으로 부르는 열탈진은 열에 의한 스트레스로 염분·수분이 소실돼 생기는 질환입니다. 흔히 여름철 '더위 먹었다'고 말하는 게 이 질환이죠. 의식은 명료하지만 두통과 구토, 피로, 무력감 등의 증상이 나타납니다. 열탈진이 의심된다면 서늘한 곳에서 쉬도록 하면서 시원한 음료(염분이 포함된 음료)를 마시게 하는 게 바람직합니다. 차가운 물로 샤워하거나 목욕을 하는 것도 좋죠.

반면 열사병은 신체의 열 발산이 원활히 이뤄지지 않아 몸속 체온이 섭씨 40도 이상으로 상승하는 경우를 말합니다. 고열에도 땀은 잘 나지 않으며 발작이나 혼수 같은 의식변화가 동반되기 때문에 예후가 심각할 수 있죠. 만약 고온에 노출된 이후 이 같은 문제가 발생했다면 우선 열사병으로 의심하고 환자를 가능한 서둘러 병원으로 이송해야 합니다.

이송을 기다리는 단계에서는 서늘한 그늘로 환자를 옮기고 옷을 풀어 시원한 물수건으로 닦는 등 열을 떨어뜨리는 조처가 필요합니다. 다만, 환자에게 물을 먹이는 건 주의해야 하는데요. 의식이 있을 때는 환자에게 찬물을 주는 게 도움이 되지만, 열사병처럼 의식이 없는 경우에는 물을 먹이다가 폐로 흡입될 경우 환자의 상태가 더 위험해질 수 있기 때문입니다.

여행하려면 돈 내라?
관광세 도입 논란

최근 세계적으로 이슈가 되는 키워드가 있는데요. 바로 '관광세'입니다. 코로나19로 그동안 자유롭게 여행을 하지 못했던 여행객들이 엔데믹 이후 소위 '보복여행'에 나서면서 각국의 유명 관광지에 여행객이 과도하게 몰려 여러 피해가 속출하고 있다고 하죠. 이에 일부 도시들이 관광객들을 대상으로 입장료, 즉 관광세를 받기 시작했습니다. 하지만 이를 두고 비판의 목소리도 적지 않은데요. 이번 호에서는 관광세 도입 논란에 대해 알아보겠습니다.

엔데믹 시대를 맞아 해외여행객이 급증하고 있습니다. 세계관광기구(UNWTO)에 따르면 2022년 9억 6,300만명이던 전 세계 해외여행객 수가 2023년에는 12억 8,600만명으로 약 34%나 증가했다고 하는데요. 이에 따라 각국의 유명 관광지가 외지사람들로 붐비고 있습니다. 하지만 여러 부작용이 나타나면서 일부 도시들이 관광객들을 대상으로 입장료를 받기 시작했습니다.

관광지가 수용할 수 있는 범위를 초과한 관광객의 방문으로 지역주민의 삶과 환경에 나타나는 부작용을 '오버투어리즘(Overtourism)'이라고 합니다. 실제로 세계 유명 관광지들은 환경오염과 물가상승, 소음 문제뿐만 아니라 산업화에 따라 임대료가 올라 원주민이 터전 밖으로 내몰리는 젠트리피케이션 현상까지 나타나고 있다고 합니다. 이런 문제가 점점 심각해지면서 대책 마련이 시급해진 것이죠.

관광세를 도입했거나 도입을 검토하고 있는 도시는?

이탈리아 베네치아는 관광 성수기인 올해 4월 25일부터 7월까지 당일치기 관광객에게 입장료 5유로(약 7,400원)를 받았고, 6월부터는 단체관광객의 규모를 25명으로 제한하고 관광가이드의 확성기 사용을 금지하고 있습니다. 이밖에 영국의 맨체스터나 스페인 발렌시아, 포르투갈 어촌마을 올량 등에서도 관광세를 속속 도입하고 있죠. 또 인도네시아의 최대 관광지로 꼽히는 발리는 올해 2월부터 외국인 관광객을 상대로 발리에 도착할 경우 15만 루피아(약 1만 3,000원)의 관광기여금을 걷고 있다고 합니다.

일본의 지자체들은 외국인이나 관광객에게 추가요금을 요구하거나 세금을 징수하는 대책을 내놨습니다. 스키 여행지로 유명한 홋카이도 니세코는 오는 11월부터 1박당 최고 2,000엔(약 1만 8,000원)의 숙박세를 걷을 예정이며, 내년 4월 오사카·간사이 만국박람회를 개최하는 오사카부는 기존에 시행하고 있던 내외국인에게 모두 징수하는 숙박세(1박당 최대 300엔, 약 2,700원)와 별개로 외국인 관광객만을 대상으로 '징수금'을 걷는 방안을 추진 중입니다. 다만 이러한 대책들은 총무상의 동의가 필요하고, 해결해야 할 과제도 많다고 알려져 있어 실제로 제도가 도입되기까지 지켜볼 필요가 있습니다.

유명 관광지에서 관광세 도입을 검토하는 이유는?

이처럼 세계 각국의 유명 관광지에서 관광세를 도입하는 표면적인 이유는 지나치게 몰리고 있는 관광객의 유입을 막고, 물가 관리와 더불어 환경을 보호하거나 문화유산을 관리하기 위해서입니다. 하지만 결국은 정책 실행에 필요한 재원을 마련하기 위해서입니다. 일각에서는 이러한 관광세가 실질적인 문제 해결에 도움이 되지 않는 데다 '이동의 자유'를 침해한다는 지적도 나오고 있는데요. 지난 3월 제주도는 관광객을 대상으로 제주 환경보전을 위한 비용이라는 명목하에 '입도세(환경보전분담금)' 부과를 추진하다가 지나치다는 반발이 제기되면서 결국 '당분간'이라는 조건하에 유보하기로 결정한 바 있습니다. 지역주민과 관광객 모두 '윈윈'할 수 있는 해결법이 마련될 필요가 있어 보입니다. 시대

관광세란?
국가나 지자체가 해당 지역을 방문하는 외부인에게 세금을 부과하는 것

관광세 시행 중인 기타 도시

❶ 스페인 바르셀로나
: 2012년부터 관광세 도입, 2023~2024년 2년간 단계적으로 요금 인상
→ 10월부터 기존 3.25유로(약 4,800원)에서 4유로(약 6,000원)로 인상, 숙박요금에 포함돼 청구

❷ 포르투갈 포르티망
: 올해 3월부터 관광세 도입
→ 4~10월 1박당 2유로(약 3,000원), 11~3월 1박당 1유로(약 1,500원)

❸ 오스트리아 빈·잘츠부르크
: 숙박요금에서 1인당 3.02%가 관광세 명목으로 추가

❹ 벨기에
• 앤트워프·브뤼헤
: 객실당 요금 부과
• 브뤼셀
: 호텔의 크기와 등급에 따라 차등
→ 대략 7.5유로(약 1만 900원)

국내 오버투어리즘 문제 제기 지역

❶ 서울 북촌 한옥마을
: '특별관리지역'으로 지정되어 이르면 올해 10월부터 일부 지역에 한해 오후 5시 이후 관광객 통행제한 예정

❷ 전주 한옥마을
: 인근 호수로 관광객을 분산하기 위해 '케이블카 설치 타당성 조사' 돌입

❸ 부산 감천문화마을
: 주민과 관광객의 상생을 위한 재원 마련 및 차로 확대 등 방안 검토

별주부전 주인공은
자라!

별주부가 울며 여짜오되,

맹획을 칠종칠금하던
제갈량의 재주 아니어든
한번 놓아 보낸 토끼를
어찌 다시 구하리까?

– 이날치, '별주부가 울며 여짜오되' 중

머나먼 옛날, 우리 조상들은 바닷속에도 육지처럼 궁전이 있고 바다를 다스리는 임금은 용이라 상상했다. 이는 어느 정도 현실에 기반한 믿음이었는데, 바다에서 하늘로 솟구쳐 올라가는 용오름 현상을 보며 이무기가 용이 되어 승천하는 장면이라 생각하기도 했다. 자연과학 지식이 부족했던 당시로선 거대한 물기둥이 회전하며 하늘까지 솟구쳐 구름에 닿는 현상을 이해하기 위해선 그렇게 설명하는 것이 최선이었다.

토끼의 간을 약으로 바치다

그래서인지 민담에서도 용궁과 용왕 이야기가 심심치 않게 등장했고, 판소리 '수궁가'에도 바닷속 임금님은 용이라고 나온다. 이 '수궁가'의 원형이 바로 자라가 남해 용왕에게 토끼의 간을 약으로 바치려다 실패한다는 내용의 '별주부전'이다.

우리가 전통설화라고 알고 있는 토끼와 거북 이야기는 사실 불교의 석가모니가 현생에 태어나기 전 전생에 행한 547개 이야기를 모은 '본생경(本生經)'에 나오는 설화 중 하나다. 용왕의 왕비가 병에 걸렸는데 물고기 의사가 원숭이의 심장을 먹어야 한다고 처방을 해 거북이 원숭이를 겨우 속여 데려오지만, 원숭이가 꾀를 내어 결국 도망간다는 내용이다. 이 이야기가 불교와 함께 우리나라에 전파되는 과정에서 한반도에 없는 원숭이 대신 토끼로 바뀐 것이 아닐까 하는 추측이 있다.

이후 이야기는 조금씩 변형되어 용왕의 아내 대신 딸이 아프기도 하고, 심장 대신 간이 특효약으로 바뀌어 고려시대 '삼국사기'에 실리는가 하면, 조선시대에는 용왕 본인을 환자로 각색한 판소리가 등장해 여러 소리꾼에 의해 전승됐다. 그러다 19세기 말 전북 고창지방 부호이던 신재효 선생에 의해 '수궁가'로 개작됐다.

주인공은 거북이 아니라 자라!

전래동화책에서도 토끼의 간을 구하러 간 동물이 거북이라고 써서 이솝우화 속 토끼와 거북의 달리기 시합 이야기와 혼동하는 경우도 많은데, 판소리 '수궁가' 속 주인공은 거북이 아니라 '자라'다. '삼국사기' 이야기까지는 분명 거북이 등장하는 것이 맞는데, 과연 언제 자라로 바뀐 것일까.

판소리를 기초로 한 '별주부전(鼈主簿傳)'은 이름에서 이미 등장하는 동물을 알려주었다. '별(鼈)'이라는 한자가 자라를 의미하기 때문이다. 주인공이 자라라는 사실을 제목에서부터 명확히 알려주는 것이다. 간혹 '별주부' 전체가 자라의 다른 이름이라고 소개하는 경우도 있는데, '주부(主簿)'는 벼슬을 지칭하는 말이다. 다시 말해 '별주부전'은 '자라 나리 이야기'라는 뜻이다. 주부라는 관직명이 낯선 이유는 고구려 · 신라 · 고려시대 6~8품 하급관리 관직명이기 때문에 그렇다.

보통 자라를 작은 거북이라고 오해하기 쉬운데, 실제 자라는 거북과 달리 주로 민물에서 살아서 목도 제법 길고 등껍질이 말랑하고 엄청 빠르게 움직인다는 특징이 있다. 또 무는 힘도 엄청 세서 큰 자라를 잘못 건드리면 손가락이 잘릴 만큼 위험하다. 그런 점에서 생각해보면 민물에 사는 자라를 깊은 바닷속 궁전에 산다고 한 것은 따지고 보면 고증 오류라 할 수 있다.

한편 지금 시대에는 이 옛날 이야기에서 "간을 육지에 두고 왔다"고 임기응변해 목숨을 구한 토끼의 지혜에 포커스를 맞추고 있지만, 원래 주제는 제목에서도 볼 수 있듯 자라의 무한한 충성심이다. 겉으로는 갖은 고생과 어려움에도 불구하고 용왕의 명을 끝까지 수행한 자라를 주인공으로 내세워 충성심을 칭송하는 것처럼 보이지만, 그 이면에는 멍청한 리더와 벼슬값 못 하는 고위직 나리들의 위선을 풍자하고 있어 특히 민간에서 인기를 끌었다. 〈끝〉

알아두면 쓸데 있는 유쾌한 상식사전 -우리말·우리글편-

내가 알고 있는 상식은 과연 진짜일까?
단순한 호기심에서 출발할 수 있는 많은 의문들을
수많은 책과 연구 자료를 바탕으로 파헤친다!

저자 조홍석
아폴로 11호가 달에 도착하던 해에 태어났다.
유쾌한 지식 큐레이터로서
'한국의 빌 브라이슨'이라 불리길 원하고 있다.

날리는 것을 빨아들이다
진공청소기

"이 놈의 먼지!"

부스는 오늘도 실험대 위의 먼지와 씨름 아닌 씨름을 하고 있었다. 마음 같아서는 먼지떨이로 휙휙 털어내고 싶었지만 실험기기들이 넘어지거나 깨질까 걱정됐고, 그렇다고 젖은 헝겊으로 닦아내고 있자니 여간 답답하고 번거로운 게 아니었다.

"하, 먼지만 안 날리면 좋겠는데 방법이 없나?"

실험대를 스치는 조신한 손길의 횟수만큼 구시렁거리는 혼잣말도 늘어가던 중이었다. 그때 문득 지난번 런던의 엠파이어 뮤직홀에서 열린 시연행사장에서의 기억이 떠올랐다. 그 행사는 최근 미국에서 발명된 기계들을 시연하는 자리였는데, 그의 관심을 끌었던 발명품이 있었다. 바로 의자 위의 먼지를 날려버리는 장치였다.

"먼지를 날려버릴 수 있으면 반대로 빨아들일 수도 있겠지?"

그는 들고 있던 젖은 헝겊을 내팽개친 후 주머니에서 곱게 접힌 손수건을 꺼내 들어 펼쳤다. 그리고 두 손수건의 양 끝을 각각 잡은 뒤 한 겹이 된 손수건으로 입을 막고는 먼지가 쌓인 실험대 위로 고개를 숙였다. 다음 순간 그는 있는 힘껏 숨을 들이켰다. 한 번, 또 한 번…. 여러 번 큰 들숨을 반복한 후 부스는 손수건을 확인했다. 실험대 위에 있었던 먼지 오물이 자신의 입을 막고 있던 손수건 표면에 달라붙었다.

"이거다!"

'흡입장치가 얇은 필터를 거쳐 외부공기를 빨아들인다'는 단순한 구조의 청소기는 그렇게 탄생

허버트 세실 부스(오른쪽)와 그의 진공청소기

마차에 싣고 다니던 부스의 청소기

담는 새로운 청소기를 고안해냈다. 그리고 다음 해인 1908년 스팽글러의 친척인 윌리엄 후버가 특허권을 사들여 판매하면서 대중화되기 시작했다. 시대

했다. 1901년 청소를 귀찮아하던 잉글랜드 태생의 공학자 허버트 세실 부스(Hubert Cecil Booth, 1871~1955)에 의해서였다.

그 이전에 청소를 위한 기계가 없었던 것은 아니다. 부스가 시연행사장에서 본 것도 그중에 하나다. 그러나 그것은 먼지를 흡입하는 것이 아니라 바람을 이용해 날려버리는 방식이었다. 그런 의미에서 프로펠러를 빠른 속도로 돌려 공기를 바깥으로 퍼지게해 내부의 진공을 만들어냄으로써 먼지를 빨아들이는 부스의 청소기는 먼지를 한데 모을 수 있다는 점에서 획기적이었다.

그런데 문제가 있었다. 커도 너무 크다는 것이었다. 그러다 보니 청소부 격인 '청소대원'들이 마차나 수레에 청소기를 끌고 다니며 영국 런던의 상점이나 호텔, 부잣집, 거리 등을 주문받아 청소했다. 당시 부잣집 부인들은 응접실에 친구들을 불러 놓고 청소기로 청소하는 광경을 자랑스럽게 보여주기도 했다. 영국왕실도 왕궁에 전염병이 돌자 부스에게 청소기로 청소해달라는 부탁을 할 정도로 인기를 끌었다.

크기 문제가 해결된 것은 1907년 미국의 체임스 스팽글러에 의해서였다. 그는 낡은 선풍기 모터로 먼지를 빨아들이고, 빈 비누통으로 빨아들인 먼지를

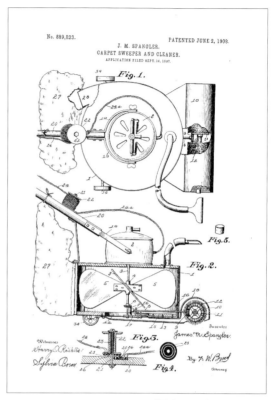

스팽글러의 진공청소기 설계도면

부스의 것에 비해 소형화된 가정용 진공청소기

알 듯 말 듯 미래전략기술?!
양자기술

6월 30일 국회에서 이른바 '양자기술산업법'이 통과되면서 올해 11월부터 시행을 앞두게 됐다. 첨단산업의 혁신과 국방의 게임체인저인 양자기술을 전방위적으로 지원할 수 있는 법적 근거가 마련됐다고 한다. 첨단과학의 신기술이 난무하는 산업생태계에 양자기술이라는 미래전략기술이 본격적으로 힘을 받게 된 것이다. 양자역학을 바탕으로 하는 이 기술이 고안된 게 그리 최근의 일은 아니지만, 아직 많은 이들에게는 낯설다. 그건 무엇보다 양자라는 개념을 이해하기가 난해하기 때문일 것이다. 이번 호에서는 '양자컴퓨터'를 중심으로 양자기술에 대해 거들떠보자.

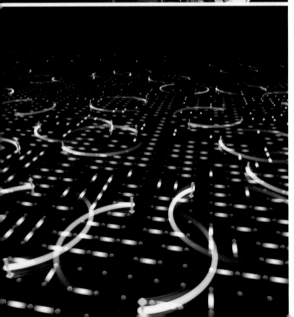

양자(Quantum)란 무게·길이·농도·온도 같은 물리량의 한 종류로서, 물질의 상태를 나타내는 최소단위라고 할 수 있다. 원자·전자처럼 더이상 쪼갤 수 없는 기본적인 물리량을 측정하는 단위인 만큼 양자역학은 아주 작아 관찰조차 힘든 미시세계를 다룬다. 즉, 아주 작은 물질들의 세계와 운동을 다루는 것, 그것이 바로 양자역학인 것이다. 양자기술은 기본적으로 이 양자역학에서 설명하는 양자의 중첩과 얽힘 현상을 바탕으로 한다.

먼저 '슈뢰딩거의 고양이'를 익히 들어본 사람이라면 중첩에 대해서는 이해가 빠를 것이다. 간단히 말하자면, 양자는 동전의 앞면과 뒷면처럼 두 가지 상태로 동시에 존재하다가 관찰하는 순간 하나의 상태로 확정되는 것이다. 아울러 얽힘 현상은 두 개 이상의 양자가 만약 '얽혀 있다면' 아무리 먼 거리에 떨어져 있더라도 한 쪽의 상태가 확정되거나 변하면 다른 한 쪽도 같은 상태로 확정된다는 것이다. 언뜻 들어선 이해하기가 어렵지만, 양자세계에선 우리의 상식을 뛰어넘는 현상이 벌어지며 이미 물리학계에서도 증명된 바 있다. 그렇다면 이 같은 비상식적인 양자 현상을 어떻게 첨단기술로 활용할 수 있을까?

비트 대신 큐비트!

양자역학의 산물 중 하나인 양자컴퓨터는 전기신호를 전달하는 트랜지스터 대신에 양자를 사용한다. 보통의 컴퓨터는 트랜지스터 게이트를 통해 0과 1의 2진법으로 명령을 전달하고 수행한다. 전기신호를 켜고 끄는(ON/OFF) 두 가지 선택지를 켜켜이 연결해 다양한 명령을 조합해 전달한다. 그러나 양자컴퓨터는 0과 1의 상태가 동시에 가능한 중첩되는 특성으로 병렬식 명령체계를 운용할 수 있다. 두 가지 명령이 한 번에 가능한 양자게이트가 전달하는 명령의 가짓수는 기하급수적으로 늘어나고, 그만큼 컴퓨터의 연산과 처리능력도 획기적으로 증가한다. 여기서 계산단위인 0과 1의 데이터값을 컴퓨터에서는 '비트(bit)'라고 하고, 양자컴퓨터의 중첩된 0과 1은 '큐비트(qubit)'라고 부른다. 이 큐비트가 양자컴퓨팅의 핵심이다. 큐비트는 또 한 가지의 특성인 얽힘 현상을 만들어 서로 다른 곳에 떨어진 큐비트의 상태를 상호 동일하게 변환시킴으로써, 훨씬 효율적인 연산을 가능케 한다.

초전도 기반 50큐비트 양자컴퓨터의 모형

다만 관건은 이 양자로 된 게이트를 어떻게 제어하느냐는 것이다. 작디작은 양자게이트는 그 상태를 유지시키는 것도 쉽지 않다. 미약한 전자기파만으로도 상태가 붕괴될 수 있고, 이에 따른 연산 결과의 오류도 정정하기 어렵다. 때문에 '초전도 환경'처럼 양자게이트를 안정적으로 유지하는 컴퓨터 환경을 꾸미는 데만도 막대한 비용이 든다. 아울러 기존 컴퓨터의 트랜지스터는 아주 작게 만들어 최대한 빽빽하게 배치해 컴퓨터가 다양한 기능을 수행토록 하고 오류를 줄일 수 있다. 그러나 양자컴퓨터의 경우 현존하는 기술로는 이러한 고도의 집적화가 불가능하다. 따라서 현재 개발된 양자컴퓨터는 연산 같은 제한된 기능만 수행이 가능한 상황이고, 아직 상용화는 갈 길이 먼 셈이다.

"양자컴퓨터 환상에서 벗어나야", 지적도

양자컴퓨터가 기존 컴퓨터의 연산능력을 초월하는 것을 '양자우위(Quantum Supremacy)'라고 부른다. 보통 50큐비트 수준의 양자컴퓨터가 달성할 수 있다고 알려져 있다. 50큐비트란 2의 50승(1,000조) 규모의 정보를 한 번에 연산할 수 있는 수준을 말한다. 구글, 마이크로소프트, IBM 등 세계 유수의 기업들은 50큐피트 양자컴퓨터를 개발해 이 양자우위를 달성하기 위해 무진 애를 쓰고 있다. 양자컴퓨터가 뿜낼 가공할 연산능력은 보안혁명을 일으킬 '양자통신'과 지금껏 상상하지 못할 수준의 정밀함을 과시하는 '양자센서' 개발에 응용될 것으로 보여, 과학기술산업계의 기대감은 최고조에 오르고 있다.

그러나 한편으로 지나친 기대는 금물이라는 의견도 나오고 있다. 단순히 연산이 우월한 양자우위에만 목맬 것이 아니라, 양자게이트 집적이나 양자게이트의 기능을 효과적으로 제어할 알고리즘을 찾는 게 우선이라는 것이다. 이러한 기술적 한계점 때문에 현재로서는 생각보다 양자컴퓨터의 실용성이 폭넓지 않을 것이라는 지적도 제기되고 있다. 양자기술에 대한 연구와 개발이 지속되고는 있지만, 투입된 노력만큼의 효율을 얼마나 보여줄 수 있을지는 여전히 미지수다. 결국에는 초월적 능력을 가진 양자컴퓨터가 그 가치에 걸맞게 얼마나 더 큰 부가가치를 창출할 것인가가 관건인 것이다. 시대

100년의 기다림
백초월 지사

일제강점기에 조국을 구하기 위해 독립운동에 앞장섰던 종교인들이 적지 않다. 기미독립선언서 기초에 앞장선 이들도 대부분이 종교인이었다. 기독교, 천주교, 천도교는 물론이고 불교계도 그 험한 길을 피하지 않았다. 그러나 기독교와는 달리 만해(한용운)·백용성 스님을 제외하면 널리 알려진 불교계 독립지사는 거의 없다. 올해로 순국 80주기를 맞은 초월스님도 그렇게 잊힌 우리의 영웅이다.

2009년 5월 26일, 북한산 북쪽 자락에 있는 천년고찰 진관사(서울 은평구) 부속건물인 칠성각의 해체 복원을 하던 중 내부 해체과정에서 불단과 기둥 사이에서 낡은 천으로 싸놓은 보퉁이 하나가 나왔다. 농구공 크기나 될까 한 작은 보퉁이에서는 놀랍게도 70여 년 전 물건들이 20여 점이나 나왔다. 1919년 6월부터 12월 사이에 발행된 임시정부 기관지 '독립신문', 단재 신채호 선생이 발행한 신문 '신대한', 국내에서 발행된 지하신문 '조선독립신문', 그동안 이름만 전해질 뿐 실물이 전해지지 않았던 불교계 독립신문인 '자유신종보' 등 독립운동과 관련된 귀중한 자료들이었다.

그리고 그 자료들을 귀하게 품고 있던 낡은 천이 조명받았다. 그것은 왼쪽 상단이 불에 타고 여러 곳에 구멍이 뚫린, 가로 89cm 세로 70cm의 훼손된 태극기였다. 더욱이 애초에 태극기로 그려진 것이 아니라 일장기에 청색을 입히고 4괘를 그린 것이었다. 학자들은 발견된 신문들의 발행일을 통해 진관사 태극기 역시 3·1만세운동이 일어나고 대한민국 임시정부가 수립된 1919년 즈음에 제작된 것으로 추정했다. 당시 불교사찰이 독립운동의 배후 근거지나 거점지를 담당했다는 사실을 보여주는 증거라고도 했다. 그리고 발견된 자료들을 숨긴 사람으로 당시 진관사의 승려였던 백초월을 지목했다.

진관사 칠성각에서 발견된 보퉁이

보퉁이 안에 있던 1919년 발행 신문과 태극기

백초월 지사
(1878.2.17~1944.6.29)

백초월은 경상남도 고성 사람이다. 진주군에서 유년시절을 보내며 한문을 수학하다가 1891년에 돌연 지리산의 영원사로 입산출가해 승려가 됐다. 영원사에서 수행하며 '초월(初月)'이 됐고, 이후 해인사로 옮겨가 지금의 승가대학이라 할 수 있는 강원에서 경학(경전을 읽고 주석을 다는 학문)을 공부한 결과 20대에 교종의 최고 단계인 대교사(大教師) 법계를 받았다. 이는 그만큼 그의 경학 실력이 뛰어났음을 말해준다. 한마디로 그는 20대 후반, 30대 초반에 큰스님의 반열에 오른 지식인이었던 셈이다.

그런 그에게 포교와 불교교육 외에 손에서 놓을 수 없는 것이 있었다. 나라가 없는 현실이었다. 그런 때에 만세운동이 전국을 뒤덮었다. 1919년 3·1만세운동이다. 그해 4월 그는 서울로 와 '한국민단본부(전국불교도독립운동본부)'를 설치하고 군자금 모집을 주도하며 서대문형무소에 수감돼 있던 만해 한용운과 백용성을 대신해 전국 불교계를 기반으로 독립운동을 추진했다. 비밀소식지 '혁신공보'를 발간하는

진관사 칠성각에서 발견된 태극기

한편 민단본부의 승려들을 연락책으로 활용해 국내 불교계와 상해임시정부(임정)를 연결하고, 모금된 군자금을 임정과 만주의 독립군에 보냈다.

그는 임정의 경비지원을 목적으로 인천, 부산, 원산 항구의 관세를 담보로 미국에게 15억달러의 차관을 신청하기도 했고, 국내에서 임정의 공채를 발행할 계획도 세웠다. 11월 25일 단군 건국기념일을 기하여 만세운동을 전개하려는 시위계획에도 관여했다. 그러다 그해 12월 2일 군자금 모집의 배후로 지목돼 일제의 검사국으로 송치됐다. 증거부족 등으로 수감되지는 않았지만, 그때의 고문 후유증으로 거동이 불편해졌으며, 간혹 미치광이 행세를 하며 일제의 감시를 피하곤 했다.

이후 그는 '승려독립선언서' 작성과 배포, 의용승군제 추진, 일심교를 매개로 민족의식 고취를 위한 강연을 지속했다. 그는 우리 민족의 마음을 하나로 뭉치게 하면 나라의 독립은 가능하다고 보았다. 그리고 그 결과가 일심교(一心教)라는 항일이념 정비와 일심회(一心會)라는 비밀항일조직체의 결성이었다. 일제 비밀첩보 문건에는 그가 1934년 음력 9월, 전북의 정읍군에 소재하는 석탄사에서 동료 승려 몇 명과 함께 일심회를 본격적으로 조직했다고 기술돼 있다.

1919년에 시작된 체포, 고문, 복역, 출소, 감시가 그의 인생 후반을 채웠다. 그리고 1944년 또다시 체포됐고, 청주교도소에 구금 중이던 1944년 6월 29일 옥중에서 순국했다. 사망원인도 알려지지 않았다. 심지의 그의 시신은 6·25전쟁 때 손실됐다. 독립지사의 명예도 1986년에서야 겨우 인정받았다. 대한민국정부는 그의 공헌을 기려 1986년 건국포장을, 1990년 애국장을 추서했다. 시대

오해 더하기 오해
넥타이

용병은 대가나 보수를 받고 다른 나라나 집단을 위해 싸우는 병사 또는 군대를 말한다. 보통 군사력이 약한 나라에 의해 일정기간 고용되고 대가를 받는 방식으로 운영된다. 역사적으로 세계 최고의 용병이라고 하면 14세기에는 에스파냐의 알모가바레스 용병, 15세기에는 스위스·이탈리아·독일의 용병들, 19세기에는 네팔과의 전쟁 중 영국에 의해 양성되고 영국군 소속으로 활동했던 외인부대들 중 네팔과 인도 북부 출신 구르카족으로 구성된 구르카 용병이 꼽힌다. 그중 구르카 용병은 오늘까지도 이름을 떨치고 있는 세계 최고의 용병이다.

구르카 용병은 20세기 제2차 세계대전 중에도 동남아시아의 밀림지역에서 활약하며 일본군이 가장 만나기 두려워하는 존재였고, 21세기에도 시리아와 아프가니스탄 등에서 활약했으며, 지금도 인도와 싱가

세계 최고의 구르카 용병(19세기)

포르에 고용돼 있다. 특히 2018년 6월 12일 싱가포르가 자국에서 열린 미국과 북한의 정상회담의 경비를 맡긴 것도 구르카 용병이었다. 최근에는 러시아-우크라이나 전쟁에서 러시아정규군과 바그너그룹 등 러시아의 무장집단에도 적잖게 고용돼 있다.

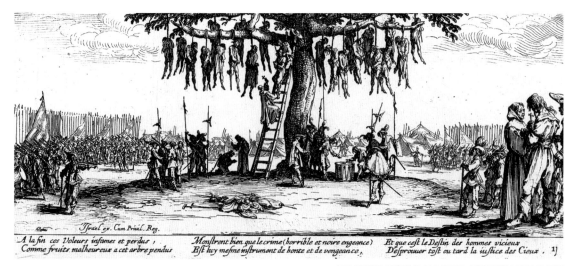

30년전쟁의 참혹함을 교수형으로 표현한 자크 칼로의 그림

그런데 용병의 역사에서 빠질 수 없는 용병이 있다. 바로 17세기 유럽에서 로마 가톨릭교회를 지지하는 국가들과 프로테스탄트교회를 지지하는 국가들 사이에서 벌어진 종교전쟁, 즉 서양 최초의 국제전쟁이라 할 수 있는 30년전쟁의 과정에서 탄생한 크로아티아 용병이다.

당시 프랑스왕국은 전통적으로 로마가톨릭 국가였지만 스페인과 신성로마제국 사이에서 껴 있던 중에 스웨덴제국 및 오스만제국과 동맹을 맺고 1635년부터 개신교 편으로 참전했는데, 충분한 병력을 갖지 못한 상태였다. 그래서 오늘날 6개국(슬로베니아, 크로아티아, 마케도니아, 보스니아헤르체고비나, 몬테네그로, 코소보)으로 분열된 구 유고연방공화국 중 하나인 크로아티아에 기병을 요구했다. 이에 헝가리군 출신 장교들이 크로아티아, 헝가리, 세르비아, 카자크, 타타르 등에서 장정을 모아 연합용병집단을 만들었다.

크로아티아 군인의 주축은 경기병이었다. 그들 중 귀족은 발목이나 무릎까지 내려오는 어둡고 좁은 바지, 승마에 더 적합한 굽이 있는 검은색 뾰족한 부츠, 자수와 모피로 장식된 코트, 담비모피 모자 또는 헬멧이 달린 흰색 셔츠를 갖춰 입었다. 또 허리에는 세이버를 매달기 위한 묶인 가죽끈이 있었다. 무

엇보다도 붉은색의 망토를 둘렀다. 무기로는 버클, 망치, 도끼, 단총의 일종인 아르케버스, 그리고 적어도 두 개의 권총을 사용했으며, 일부 기병은 그 외에도 긴 창과 채찍, 활과 화살을 휴대했다. 다만 말을 타고 민첩하게 움직여야 했기 때문에 보병과는 달리 보호장비는 최소한으로 줄였다. 그리고 마지막으로 붉은색의 스카프를 목에 둘러맸다.

붉은 스카프는 용병으로 고향을 떠나기 전 가족과 연인이 매주던 것에서 유래했다. 30년전쟁의 막바지, 프랑스에 고용된 자신의 남편, 아들, 오빠, 동생, 연인에게 '마귀를 쫓는다'는 의미가 있는 빨간색으로 만든 스카프를 목에 둘러 매주는 것으로 무사귀환을 기원했던 것이다. 우리식으로 따지자면 크로아티아 용병들에게 스카프는 일종의 부적이었던 셈이다. 그런데 마귀를 쫓아낸다는 크로아티아식 부적을 다른 용도로 눈여겨본 이가 있었다. 바로 프랑스의 루이 14세였다.

크로아티아 군대의 전통복장과 타이

어느덧 30년전쟁이 종식되고 병사들의 개선식이 있던 날이었다. 예닐곱 살의 어린 루이 14세는 행진을 위해 이동하던 크로아티아 용병들을 보고 고개를 갸웃했다.

**"저것이 무엇이냐(Qu'est-ce que c'est)?"
어린 왕의 손가락이 향한 그 끝에는 크로아티아 용병들
이 있었다. 질문을 받은 시종은 이렇게 답했다.
"크라바트(Cravate)입니다."**

크라바트는 크로아티아 용병부대를 가리키는 프랑스군의 정식 부대명칭이었다. 정작 어린 왕이 알고 싶었던 것은 이국의 용병들이 너 나 없이 목에 두르고 있던 빨간 스카프였지만, 왕이 알고 싶었던 '저 것'을 시종은 '저들'로 대답하고 말았다. 소통에서 생긴 오해가 용병의 빨간 스카프 명칭을 부대명과 동일한 것으로 만들어버린 것이다.

이후 루이 14세는 희고 긴 레이스 비단천을 목에 두르는 것을 왕실 공식행사 참석 시 필수복장으로 지정하고, '크라바트'라고 부르게 했다. 겉으로는 "크라바트 착용에는 30년전쟁의 교훈을 되새기는 의미가 담겨 있다"는 이유를 댔지만, 실상은 왕권강화의 일환으로 귀족의 복식통제에 나선 것이었다. 루이 14세의 진짜 속내가 무엇이었든 크라바트는 17세기 이후 프랑스 귀족 남성의 필수 아이템으로 자리 잡았고, 나중에는 면 같은 흔하고 싼 천일지언정 평민들까지도 즐겨 하게 됐다. 그러다 보니 크라바트를 매는 방법을 그림으로 설명해놓은 책까지 다양하게 출판되기에 이르렀다. 이런 유행은 명예혁명 와중에 프랑스로 도피해 있던 제임스 2세가 복귀하면서 가지고 가 영국으로까지 전파됐고, 폭이 좁고 긴 모양으로 변형된 데 이어 명칭마저 영국식으로 바뀌어 비로소 우리가 알고 있는 그것, '넥타이(Neck-Tie)'가 됐다.

크라바트가 없던 16세기 복장

화려한 크라바트가 유행한 17~18세기

간소화한 19세기의 크라바트

로마 병사들의 포칼레

여성과 달리 남성에게는 넥타이가 거의 유일한 패션 아이템이다. 그래서인지 현대사회에서 넥타이에는 다양한 '의미'가 부여되기도 한다. 도널드 트럼프 전 미국 대통령도 재임 때 정치적 메시지를 넥타이 색깔로 전달했는데, 대체로 청색은 우호와 친선, 빨간색은 경계와 우월감, 노란색은 호황 또는 부를 과시하기 위한 용도였다. 또 우리나라 정치인들은 정당의 색깔을 드러내는 상징으로 사용하고 있다.

참고로 크로아티아 용병이 역사적으로 가장 처음 목에 스카프를 두른 건 아니다. '최초'의 명예는 로마 제국의 병사들에게 있다. 그들은 행군할 때 물에 적신 천을 목에 둘러 열기를 식혔는데, 이를 포칼레(Focale)라고 했다. 하지만 포칼레에는 오로지 한낮의 땀을 식히기 위한 실용적인 목적만 있었다. 그러니 멋을 목적으로 하는 넥타이의 원형은 루이 14세의 크라바트라고 봐야 할 것이다. 시대

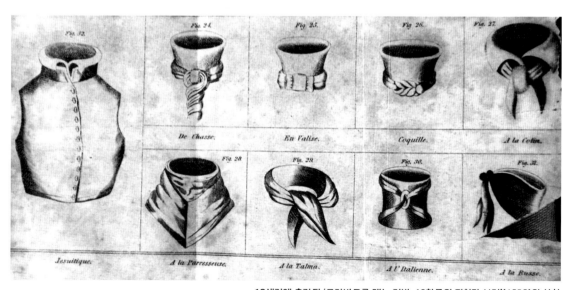
19세기에 출간된 '크라바트를 매는 기법, 16항목의 지침과 보기'(1828)의 삽화

영화와 책으로 보는 따끈따끈한
문화가 소식

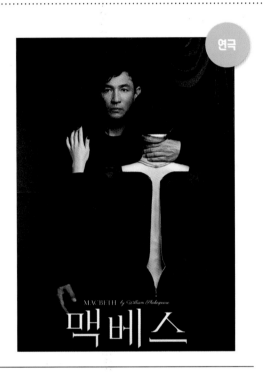

연극

콘서트

맥베스

셰익스피어의 4대 비극 가운데 하나인 〈맥베스〉가 국립극장 해오름극장에서 국내 관객과 만난다. 고전 중에 고전이라고 할 수 있는 걸작을 세련된 미장센과 현대적 언어로 해석해 선보인다. 8월 18일까지 열리는 이번 공연에는 자타공인 국민배우인 황정민이 주연 맥베스로 분했고, 김소진과 송일국, 송영창 등 쟁쟁한 배우들이 힘을 보탰다. 욕망과 파멸을 주제로 한 이번 작품의 무대에서는, 셰익스피어의 비극답게 격렬하게 휘몰아치는 배우들의 감정과 뜨거운 호연을 만날 수 있을 것으로 기대된다. 화려한 출연진의 무대 위 연기대결도 볼만한 포인트다.

장소 국립극장 해오름극장
주요 출연진 황정민, 송일국 등
날짜 2024.07.13~2024.08.18

2024 인천펜타포트 락 페스티벌

국내 최대 규모의 음악축제인 인천펜타포트 락 페스티벌이 8월 그 뜨거운 막을 연다. 1999년 '트라이포트 락 페스티벌'이라는 이름으로 시작된 펜타포트 페스티벌은 올해로 19회째를 맞았다. 수도권에서 열리는 유일한 락 페스티벌로 국내외를 가리지 않고 뛰어난 아티스트를 만날 수 있는 드문 기회이기도 하다. 올해 페스티벌의 헤드라이너로는 미국 그래미어워즈 12회 수상에 빛나는 기타리스트 '잭 화이트(Jack White)', 하드코어 펑크 락밴드 '턴스타일(TURNSTILE)', 대한민국 인디 록 대표주자 '잔나비' 등이 이름을 올렸다.

장소 송도달빛축제공원
주요 출연진 잭 화이트, 잔나비 등
날짜 2024.08.02~2024.08.04

서양 미술 800년展

유럽미술 역사 전체를 다뤘다 해도 과언이 아닌 서양 미술 800년전이 9월 18일까지 열린다. 시대별 당대 최고 예술가들의 환상적인 원화 컬렉션을 만날 수 있다. 삶과 종교가 하나였던 14세기 고딕 종교미술부터 16세기 찬란한 르네상스, 명암의 시대였던 17세기를 지나 고전주의와 사실주의까지 아우른다. 그리고 이어서 낭만주의와 인상주의에 이르는 켜켜이 퇴적된 서양 미술사를 살펴보며 후대 미술은 전대 미술의 무엇을 물려받았고 또 무엇에 도전했는지 한눈에 탐구할 수 있다. 인류의 이념과 사상, 역사까지 끌어안는 미술의 위대함을 조망하는 전시다.

장소 더현대 서울 6층 ALT.1　　　**날짜** 2024.06.05~2024.09.18

OLD 올드

14년간 70만 독자들에게 큰 사랑을 받았던 대한민국 대표 가족생활만화 '비빔툰' 홍승우 작가의 새로운 카툰에세이, 〈OLD 올드〉가 출간됐다. '비빔툰'이 젊은 부부가 결혼하고 아이를 낳아 키우며 겪는 아기자기한 일상 이야기를 진솔하고 꾸밈없이 담았다면, 이번에는 '노부모와의 일상' 이야기를 그렸다. 여든이 넘은 노부모의 자식으로 사는 것, 또 2030 젊은 세대 자녀들의 부모로 산다는 것은 4050세대 중년에게 어떤 의미인지 작가의 생생한 경험과 이야기를 통해 생각해볼 수 있는 책이다.

저자 홍승우　　　**출판사** 트로이목마

초역 부처의 말

세상살이에 지친 현대인들에게 지혜가 될 부처의 말씀을 오롯이 담은 도서가 출간됐다. 도쿄대 출신으로 현재는 출가해 사찰 주지로 지내고 있는 저자는 2500년간 이어진 부처의 가르침이 현대인들에게는 실천적 마음훈련법이 된다고 전한다. 어떤 종교를 가지고 있든, 부처의 가르침은 시공간을 초월한 동양철학의 진수로서 누구에게나 유용한 삶의 지혜가 된다고 말한다. 저자는 직접 부처의 말 중 190개 구절을 골라 열두 개의 주제로 구성해 재배치했는데, 처음에는 일상적인 주제로 가볍게 읽다가 끝에 다다라서는 삶의 마지막인 죽음까지 곱씹어 볼 수 있도록 책을 썼다.

저자 코이케 류노스케　　　**출판사** 포레스트북스

내 인생을 바꾸는 모멘텀

박재희 교수의
마음을 다스리는 고전이야기

도망가는 것이 상책이다

주위상(走爲上) - 〈삼십육계(三十六計)〉

우리가 흔히 쓰는 '줄행랑'이란 말은 병법 '삼십육계(三十六計)' 중 가장 마지막 전술인 '주위상(走爲上)'을 한글식으로 잘못 풀이한 것입니다. 정확한 뜻은 '상대방이 나보다 훨씬 강한 상대라서 싸울 수 없다면 도망가는 것도 상책이 된다'라는 것입니다. 만약 상대방이 우세한 상황이어서 도저히 싸워 이길 수 없다면 결전을 피하기 위해서라도 다음 세 가지 방법 중에서 하나를 선택해야 합니다.

항복할 것인가?
강화를 맺을 것인가?
후퇴할 것인가?

이 셋 중에 하나를 선택해야 한다면 도망가는 것도 상책일 수 있다는 것입니다. 항복하면 완전히 패하는 것이요, 강화를 맺으면 절반의 패배요, 후퇴하면 아직 패배하지 않는 것이기 때문입니다. 후퇴의 목적은 감정을 잠깐 추스르고 한 발짝 뒤로 물러서서 시간을 버는 일입니다. 싸움의 결과는 끝까지 가봐야 압니다.

三十六計走爲上計
삼십육계 주위상계

서른여섯 가지 계책 가운데
때로는 도망가는 것도 상책이 될 수 있다.

용기는 물러서고 나아가는 것을 아는 것입니다. 물러서야 할 때 나아가는 건 만용이고, 나아가야 할 때 물러서는 건 비겁입니다. 인생도 마찬가지입니다. 나아가야 할 때도 있고 물러나야 할 때도 있고 기다려야 할 때도 있습니다. 지금 아니라고 판단되면 한 발짝 물러설 줄도 알아야 합니다.

**도망가는 것은 수치가 아니라
지혜로운 결정입니다.**

走	爲	上
도망갈 주	될 위	위 상

목불견첩(目不見睫)

중국 춘추시대 때의 일입니다. 초(楚)나라 장왕(莊王)은 군사를 일으켜 중원의 패자(覇者)로 거듭나고 싶었습니다. 그래서 수년간 출전을 위한 준비를 했고, 마침내 경제가 번영하고 군사력을 갖춘 강대국이 되자 문무백관(文武百官)을 불러모았습니다.

"과인은 오랫동안 중원의 주인이 되기를 소망해왔소. 마침내 우리 초나라가 강성해졌으니 제후국 정벌에 나서려 하오. 어느 곳을 먼저 치는 것이 좋겠소?"

그러자 신하들은 입을 모았습니다.

"가까운 월나라부터 치는 게 좋겠습니다."

"마침 월나라는 조정이 분란으로 결속이 어려우니 절호의 기회가 아닐까 합니다."

"사회적으로도 혼란해 민심이 흉흉한 만큼 싸워볼 만할 것입니다."

모두가 월나라를 첫 번째 희생양으로 지목할 때 한 사람만이 고개를 가로저었습니다. 직언을 잘하기로 이름이 높은 두자(杜子)였습니다.

"폐하께서는 월나라와 싸워 이길 자신이 있으신지요?"

"우리 초나라에는 강대한 군사력과 넘쳐나는 곡식이 있는데 그깟 월나라 하나쯤이야 식은 죽 먹기 아니겠소? 가까운 만큼 전쟁을 오래 끌지 않을 수 있고, 애초에 월나라 군대가 약한 데다가 정치도 혼란스러워 단결하여 대응하지 못할 것이니 이보다 좋은 기회는 다시 없을 것이오."

장왕이 자신 있게 말하자 두자가 다시 물었습니다.

"하오면 폐하께서는 자신의 눈썹을 보실 수 있으신지요?"

장왕은 두자의 질문에 이맛살을 찌푸리며 버럭 역정을 냈습니다.

"자기 눈썹을 볼 수 있는 사람이 어디 있소? 그리고 그게 전쟁과 무슨 상관이오."

이에 두자를 예상했다는 듯 태연하게 입을 열었습니다.

"당연히 자신의 눈썹을 볼 수 있는[目不見睫] 사람은 없습니다. 이와 마찬가지로 자신의 허물 역시 보지 못하는 법입니다. 우리는 불과 얼마 전까지만 해도 싸우면 늘 패배하여 영토를 빼앗기고 병사들을 잃곤 했습니다. 또 지난해에는 간신 하나가 폐하 몰래 나라의 곳간을 도적질해 백성을 고통에 빠뜨렸지만, 벼슬아치들이 이를 모른 척한 탓에 한참만에야 적발할 수 있었습니다. 우리가 처지가 이러한데 어찌 우리가 월나라보다 뛰어나다고 장담할 수 있겠습니까? 이는 폐하께서 눈으로 눈썹을 보지 못함과 다를 바가 없다할 수 있지 않을는지요."

장왕은 두자의 말을 듣고 정신이 번쩍 들었습니다. 지금의 상황에 대해 다시 생각하게 된 것이죠. 그 결과 전쟁논의는 없던 것이 됐습니다.

'목불견첩(目不見睫)'은 '자기 눈썹을 보지 못한다'는 뜻인데, 나아가 '자신의 허물은 모르고 남의 허물만 안다'란 의미로 많이 쓰입니다. 흔한 말로 내로남불(내가 하면 로맨스, 남이 하면 불륜)과도 통한다 할 수 있습니다.

타인에 대한 신랄한 평가를 업이라며 상대가 상처를 입든 말든 펜의 칼을 휘두르는 언론인들이 자신들에 대한 비판에 마치 불의에 대응하듯 날을 세웁니다. 정작 불의라 할 만한 것에는 고개를 숙이며 순응하면서 말이지요. 내 눈썹은 내 눈에 보이지 않습니다. 그러나 내 눈에 보이지 않는다고 존재하지 않는 것은 아닙니다. 내 허물이 내 눈에 안 보인다고 저 혼자 깨끗하고 저 혼자 옳은 것이 아님을 알았으면 좋겠습니다. 시대

目	不	見	睫
눈 목	아닐 불	볼 견	눈썹 첩

완전 재미있는 낱말퀴즈

1	2					
	3			4		
				5		6
		7	8			
	9					

가로

❶ 빼앗긴 주권을 도로 찾음

❸ 고종의 막내딸로 열세 살 때 일본에 볼모로 잡혀갔다가 38년 뒤 귀국한 조선왕조 최후의 황녀

❺ 늘 써서 버릇이 되다시피 한 것

❼ 이치에 맞지 않거나 도리에 어긋나는 일

❾ 어떤 일을 맡아 처리해 준 데 대한 대가로서 주는 요금

세로

❷ 가옥이나 토지 같은 부동산을 매매하는 일이나 임대차를 중개하여 주는 곳

❹ 마그마가 냉각 응고함에 따라 부피가 수축하여 생기는 다각형 기둥 모양의 금

❻ 잘못한 사람이 아무 잘못도 없는 사람을 나무람

❽ 음식의 맛을 알맞게 맞추는 데 쓰이는 재료

참여방법 문제를 보고 가로세로 낱말퀴즈를 풀어보세요. 낱말퀴즈의 빈칸을 채운 사진과 함께 〈이슈&시사상식〉 203호에 대한 감상평을 이메일(issue@sdedu.co.kr)로 보내주세요. 선물이 팡팡 쏟아집니다!

❖ 아래 당첨선물 중 받고 싶으신 도서와 이름, 주소, 전화번호를 함께 남겨주세요.

〈이슈&시사상식〉 202호 정답

¹호	헌	철	폐		²열	
시			³공	치	사	
탐			매			
탐		⁴다	도	⁵해		
	⁶수	반		동		
		사		⁷성	품	
				국		

참여해주신 모든 분들께 감사드립니다. 당첨되신 분께는 개별적으로 연락드립니다.

당첨선물 ·······················

정답을 맞힌 독자분들 중 가장 인상적인 감상평을 남기신 분께는 〈날마다 도시락 DAY〉, 〈가볍게 읽는 부동산 왕초보 상식〉, 〈냥꽃의 사계정원〉, 〈미국에서 기죽지 않는 쓸만한 영어 : 일상생활 필수 생존회화〉 등 푸짐한 선물을 드립니다!

❖ 참여하실 때는 반드시 희망 도서를 하나 골라 기입해주세요.

현대인들에게 추천하는 책

 김＊훈 (서울시 마포구)

상식은 일반적으로 알고 있거나 알아야 하는 지식을 말한다. 기술의 발달로 현대인은 언제 어디서나 필요한 정보를 찾아볼 수 있게 됐지만, 아이러니하게도 오락이나 흥미 위주의 주제만 찾아볼 뿐 꼭 알아야 하는 이슈는 보려 하지 않는 사람들이 많다. 그러나 상식은 다른 사람과 대화하거나 취업준비를 할 때 등 우리 삶과 밀접한 관련이 있으므로 등한시해서는 안 된다. 또 상식공부는 한 번에 끝낼 수 있는 것이 아니라 꾸준하게 뉴스를 찾아보고 관련 용어를 체득하는 것이 중요하다. 이 책은 시사상식이 잘 정리되어 있어 현대인들이 꼭 한번 읽어봐야 책이 아닐까 싶다.

자격증 시험준비도 OK!

 서＊준 (고양시 일산동구)

시사와 관련된 이슈는 언제나 중요하지만, 정치적·사회적으로 큰 이벤트가 있을 때 사람들의 관심이 더더욱 집중되곤 한다. 〈이슈&시사상식〉은 발간 시점을 기준으로 가장 화제가 됐던 사건들이 수록되어 있어 주요 이슈를 한번에 파악할 수 있다. 또 핫이슈 파트도 도움이 많이 됐지만, 특히 자격증 대비를 위한 취업! 실전문제 파트와 공모전·자격증 관련 일정이 정리된 코너가 인상깊었다. 개인적으로는 한국사능력검정시험이 중요하기도 해서 더 유익하게 느껴진 것 같다. 자격증 취득에 관심이 있거나 필요한 사람들이 꼭 읽어봐야 할 책이라는 생각이 든다.

최신이슈와 상식을 한 권으로!

 이＊희 (충남 당진시)

이직을 준비 중이라 논술시험 대비를 위해 〈이슈&시사상식〉을 꾸준히 챙겨보고 있다. 최근 국내외에서 이슈가 된 주제와 그와 관련된 이야기들이 잘 정리되어 있어서 이 책을 읽어보며 다양한 의견을 접하고 내 생각도 정리해볼 수 있어 좋다. 또 취업데스크나 유망 자격증, 취업! 실전문제와 같이 취업과 관련한 코너뿐만 아니라 새롭게 떠오르는 기술이나 생활상식, 역사, 문화생활 등 다양한 분야를 폭넓게 다루고 있어 관심사에 따라 골라 읽는 재미가 있다. 필기시험과 면접 대비에도 도움되고, 이해하기 쉽게 쓰여 있어 시사에 관심 있는 사람들에게 추천하고 싶다.

한 줄기 빛이 되어준 책!

😊 정＊영 (서울시 송파구)

취업준비를 할 당시 가장 어려웠던 부분이 바로 시사상식과 주요 이슈를 정리하는 것이었다. 전공이나 NCS는 이론공부와 문제풀이를 병행하면 어느 정도 끝이 보인다는 생각이 들었는데, 시사상식은 계속해서 새로운 사건과 용어가 등장하는 데다 범위도 워낙 넓어서 어디서부터 어떻게 공부해야 할지 막막하게 느껴졌다. 그런 때 우연히 〈이슈&시사상식〉을 알게 되어 경험 삼아 읽게 됐는데, 주요 이슈와 알아야 하는 상식용어들이 이해하기 쉽게 잘 정리되어 있었다. 마치 상식공부의 가이드라인을 잡아주는 듯 했고, 실제로 도움을 많이 받아서 꾸준히 찾아보고 있다.

독자 여러분 함께해요!

**〈이슈&시사상식〉은 독자 여러분의 리뷰를 기다리고 있습니다.
분야·주제 모두 묻지도 따지지도 않습니다. 보내주신 리뷰 중 채택된 리뷰는 다음 호에 수록됩니다.**

참여방법 ▶ 이메일 issue@sdedu.co.kr
당첨선물 ▶ 정답을 맞힌 독자분들 중 가장 인상적인 감상평을 남기신 분께는 〈날마다 도시락 DAY〉, 〈가볍게 읽는 부동산 왕초보 상식〉, 〈냥꽃의 사계정원〉, 〈미국에서 기죽지 않는 쓸만한 영어 : 일상생활 필수 생존회화〉 등 푸짐한 선물을 드립니다!
❖ 참여하실 때는 반드시 희망 도서를 하나 골라 기입해주세요.

나눔시대

함께 배우고 성장하는 배움터! (주)시대고시기획 시대교육(주) 입니다.
앞으로도 희망을 나누는 기업으로서 더 큰 나눔을 실천하겠습니다.
나눔은 행복입니다.

재외동포재단, 경인교육대학교
한국어능력시험 관련 교재 기증

장병 1인 1자격,
학점 취득 지원

전국 야학 지원
청소년, 어린이 장학금 지원

" 숨은 독자를 찾아라! "

〈이슈&시사상식〉을 함께 나누세요.

대학 후배들이 하루의 대부분을 보내고 있을
동아리 사무실에 〈이슈&시사상식〉을 선물하고
싶다는 선배의 사연

마을 도서관에 시사잡지가 비치된다면 그동안
아이들과 주부들이 주로 찾던 도서관을
온 가족이 함께 이용하게 될 것으로
기대한다는 희망까지…

〈이슈&시사상식〉, 전국 도서관
및 희망자 나눔 기증

양서가 주는 감동은 나눌수록 더욱 커집니다. 저희 〈이슈&시사상식〉도 힘을 보태겠습니다.
기증 신청 및 추천 사연을 보내주세요. 사연 심사 후 희망 기증처로 선정된 곳에 1년간 〈이슈&시사상식〉을 무료로 보내드립니다.

* 보내주실 곳 : 이메일(issue@sdedu.co.kr)
* 희망 기증처 최종 선정은 2024 나눔시대 선정위원이 맡게 됩니다. 선정 여부는 개별적으로 알려드립니다.

시대에듀

나는 이렇게 합격했다

당신의 합격 스토리를 들려주세요
추첨을 통해 선물을 드립니다

베스트 리뷰
갤럭시탭 / 버즈 2

상/하반기 추천 리뷰
상품권 / 스벅커피

인터뷰 참여
백화점 상품권

이벤트 참여방법

합격수기

시대에듀와 함께한
도서 or 강의 **선택**

> 나만의 합격 노하우
정성껏 **작성**

> 상반기/하반기
추첨을 통해 선물 증정

인터뷰

시대에듀와 함께한
강의 **선택**

> 합격증명서 or
자격증 사본 **첨부**,
간단한 **소개 작성**

> 인터뷰 완료 후
백화점 상품권 증정

이벤트 참여방법
다음 합격의 주인공은 바로 여러분입니다!

QR코드 스캔하고 ▷ ▷ ▷ ▶
이벤트 참여하여 **푸짐한** 경품받자!

합격의 공식
시대에듀

각종 자격증, 공무원, 취업, 학습, IT, 상식부터 외국어까지!

이 시대의 모든 **"합격"**을 책임지는

시대에듀!

"100만명 이상 수험생의 선택!"

독자의 선택으로 검증된 시대에듀의 명품 도서를 소개합니다.

"취득" 보장! 각종 '자격증' 취득 대비 도서

각 분야의 전문가들과 집필! 각종 기능사/기사/산업기사 및 국가자격/기술자격, 경제/금융/회계 분야 자격증 등 각종 자격증 '취득'을 보장하는 도서!

직업상담사 2급

사회조사분석사 2급

스포츠지도사 2급

사회복지사 1급

영양사

소방안전관리자 2급

화학분석기능사

전기기능사

드론 무인비행장치

운전면허

유통관리사 2급

텔레마케팅관리사

"**합격**" 보장! 각종 '시험' 합격 대비 도서

각 분야의 1등 강사진과 집필! 공무원 시험부터 NCS 및 각종 기업체 취업 시험, 중졸/고졸 검정고시와 같은 학습 관련 시험 및 매경테스트, 그리고 IT 관련 시험 및 TOPIK, G-TELP, ITT 등의 어학 시험 등 각종 시험에서의 '합격'을 보장하는 도서!

9급 공무원

경찰공무원

군무원

PSAT

지텔프(G-TELP)

NCS 기출문제

SOC 공기업

대기업·공기업 고졸채용

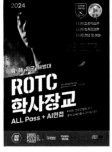
ROTC 학사장교

육군 부사관

한국사능력검정시험

영재성 검사

일본어 한자

토픽(TOPIK)

영어회화

엑셀

시대에듀

시사특강

면접·논술·인적성
취업준비를 한 번에!

매회 업데이트 되는

이슈&시사상식
무료 시사특강!

 언제 어디서나
수강

 매회 신규
업데이트

 실물 도서로도
확인

 쉽게 공부하는
시사상식

 시대에듀 무료특강 ▶
기업체/취업/상식 ▶ 상식
▶ 이슈앤상식

 유튜브 시대에듀 이슈&시사상식 검색 ▶
해당 강의 클릭 ▶ 무료 강의 수강

www.sdedu.co.kr

답'만 외우는

한식
조리기능사
CBT 필기

Since 2020
6만 독자의 선택
(시리즈 전체)

2025 최신개정판

기출문제
모의고사 +14회

MEMORIZE ANSWERS

편저 | 한은숙

NCS 기반 최신 출제기준 반영!

빨리보는 간단한 키워드(핵심요약집) 수록
정답이 한눈에 보이는 기출복원문제 7회
실제 시험처럼 풀어보는 모의고사 7회

합격의 모든 것!

CBT 모의고사
3회 무료쿠폰 제공

안심도서
향균 99.9%

시대에듀

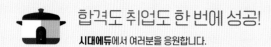
합격도 취업도 한 번에 성공!

시대에듀에서 여러분을 응원합니다.

편·저·자·약·력

한은숙

現 배화여자대학교 식품영양학과 교수

　　한식조리기능사 실기시험 감독위원

　　Food Coordinator 및 식품, 음식 관련 Contents Provider

신세계 FS, 아워홈 심사위원 및 외부 특강

끝까지 책임진다! 시대에듀!

QR코드를 통해 도서 출간 이후 발견된 오류나 개정법령, 변경된 시험 정보, 최신기출문제, 도서 업데이트 자료 등이 있는지 확인해 보세요! 시대에듀 합격 스마트 앱을 통해서도 알려 드리고 있으니 구글 플레이나 앱 스토어에서 다운받아 사용하세요.

또한, 파본 도서인 경우에는 구입하신 곳에서 교환해 드립니다.

편집진행 윤진영 · 김미애 | **표지디자인** 권은경 · 길전홍선 | **본문디자인** 정경일 · 조준영

※ 이 책은 저작권법에 의해 보호를 받는 저작물이므로 동영상 제작 및 무단전재와 복제를 금합니다.